领事方苏雅
滇越铁路与云南往事

［法国］德西雷·勒努瓦（希望）著
许涛 张蕊子 译

译林出版社

图书在版编目（CIP）数据
领事方苏雅：滇越铁路与云南往事 ／（法）德西雷·勒努瓦著；许涛，张蕊子译．—南京：译林出版社，2019.5
ISBN 978-7-5447-7528-1

I.①领… II.①德… ②许… ③张… III.①方苏雅－传记 IV.①K835.657=5

中国版本图书馆 CIP 数据核字（2018）第 221389 号

著作权合同登记号　图字：10-2019-015 号

Cet ouvrage a bénéficié du soutien des Programmes d'aide à la publication de l'Institut français.

本书获得法国对外文教局版税资助计划的支持。

领事方苏雅：滇越铁路与云南往事　[法国] 德西雷·勒努瓦（希望）／著　许　涛　张蕊子／译

责任编辑　宋　旸
装帧设计　薛顾璨
校　　对　张　萍
责任印制　单　莉

原文出版　Editions Nouveau Monde, 2011
出版发行　译林出版社
地　　址　南京市湖南路 1 号 A 楼
邮　　箱　yilin@yilin.com
网　　址　www.yilin.com
市场热线　025-86633278
排　　版　南京展望文化发展有限公司
印　　刷　江苏凤凰新华印务有限公司
开　　本　718 毫米 × 1000 毫米　1/16
印　　张　24.25
插　　页　2
版　　次　2019 年 5 月第 1 版　2019 年 5 月第 1 次印刷
书　　号　ISBN 978-7-5447-7528-1
定　　价　68.00 元

代序：白皮肤的“满大人”

德西雷·勒努瓦所著的《领事方苏雅：滇越铁路与云南往事》以下简称《领事方苏雅》）一书，可谓是有丰富翔实的资料支撑的历史著作，亦是一位非同寻常的人物的传记，同时不失为一部扣人心弦的小说，反映了19世纪末20世纪初，法国统治的越南东京[1]与中国边界接壤区域发生的故事。

我很高兴看到这部作品被翻译成中文出版。因为这是法国与中国共同经历的一段历史时期，而中国清朝末期那动乱的年代遗留下来的相关第一手资料为数甚少。勒努瓦女士搜集了诸多资料，尤其是在法国外交部查阅了大量档案文献，同时还参阅了方苏雅的笔记、信件、考察旅行图和珍贵的影像资料。

这也是法国外交史的一个重要部分。在那个时期，外交人员或领事赴任时，肩负着模糊不清，甚至矛盾的使命，加之距离和通信滞后等因素，他们不得不根据事态变化自行其是。作者描述了法国领事方苏雅与野心勃勃的法属印度支那总督保罗·杜美（Paul

1. 东京（Tonkin），越南北部某地区的旧称。——编注

Doumer) 之间复杂而对立的关系。前者先后担任法国驻广西龙州领事及云南府 (昆明) 领事；后者则是未来的 (法国) 共和国总统，热衷于实现吞并云南省并攫取其财富的计划。此外，本书主人公与远在北京的法国公使 (现称大使) 之间的紧张关系也跃然纸上，只不过公使的政治立场更加中立而已。事实上，这些矛盾反映出巴黎当局 (如外交部和殖民部) 之间的意见分歧，须知那是殖民征服的年代。原文副标题“法国在中国南部的秘密野心”意在其中。此外，该书涉及当时滇越铁路的修建过程，揭露了商界在利益驱使下玩弄的伎俩。在此期间，方苏雅领事负责履行铁路修建的监督和经济外交职责。

不要忘记当时法英敌对的地缘政治背景，英国人意在通过缅甸向中国渗透。对此，作者引述了保罗·杜美的原话“事关扬子江上的法绍达[1]”，印支总督企图为法国在非洲的那次失败行动雪耻。

在那种特殊的背景下，个人的品格尤为重要。方苏雅之所以给人留下“白皮肤的‘满大人’”的记忆，在于他对中国的情怀，在于他与中国人民的情感同化能力，在于他与广西苏元春[2]将军，以及云南当地官员亲切友好的关系。这种思维方式与他的同行惯有的殖民做派背道而驰，必然被河内和巴黎的同僚嗤之以鼻，因

1. 法绍达事件又叫法绍达冲突 (Fashoda Incident)，是1898年英、法两国为争夺非洲殖民地，在苏丹发生的一场战争危机。最终，冲突以法国放弃对尼罗河上游地区的领土要求，承认英国在苏丹的统治权为代价而和平解决。——编注

2. 苏元春 (1844—1908)，字子熙，广西永安人。清末湘军将领。中法战争中，助冯子材御法军，留镇广西。——编注

而迫使他与同僚和上级发生正面冲突。尤其1900年事件的爆发更加激化了这种矛盾。当时由于义和团运动引发的动乱，他不得不以和平的方式疏散云南府的法国侨民，因而避免了一场法国与中国的冲突。那时印度支那总督已经在东京边界集结兵力准备开战。

云南省保留着法国印象。我在中国任大使时，于2013年与德西雷·勒努瓦一道出席了昆明市政府组织的一个论坛。此次会议的主题在于宣传滇越铁路这一人类共有的建筑遗产，以及促进其申报联合国世界文化遗产。这条铁路被亲切称为“云南的小火车”；李昆武用图解小说形式漂亮地描绘出“云端上的铁路”；它的桥涵数不胜数，它的工艺以法国工程师设计的“人字桥”为典范，闻名遐迩，还有沿线迷人的法式小火车站、铁路经过的小城蒙自——这座城市在那个年代曾经容纳过数以千计的欧洲人……如此种种都值得保护和开发，使之成为高品位的自然文化旅游项目。我热切希望铁路申遗的美好计划通过法国、中国和越南三方的共同努力，能够在不远的将来得以实现。

SYLVIE-AGNÈS BERMANN (白林)

法国驻俄罗斯大使

2012至2014年任法国驻中国大使

2018年4月，于莫斯科

告读者

书中援引的人物、陈述、情景以及历史事件均具有真实性，均出自官方档案、主人公的书信和私人所藏材料。

我们对历史要负的唯一责任就是重写历史。

奥斯卡・王尔德（1854—1900）

谨以此书献给为修建滇越铁路捐躯的12 000位不知名的中国工人。[1]

1. 参加修建铁路的工人达40 000—46 000人之多（数字来源线索各异），其中约12 000人为此献出了生命。10 000—15 000名辅助人员参加了建筑器材、食物的运送，并参与了辅助工程的建设。

目 录

前 言

第一节

1995年，我第一次与他的目光相遇。那是在翻阅一本精美图册（《领事的视角：方苏雅在中国》[1]）的时候。书为我的公公所赠，里面刊载了一个世纪前关于中国的照片。那对目光犀利而明澈的眼睛摄人心魄。

我立刻被吸引住。只有非同寻常的人才能释放出这种极其专注而奇特的眼神。这是何人？

通过这些照片，他给法兰西带来了祥和的美景，更加意外的还有在他的视角下中国人的日常生活。然而，这是凭借独特的视角、稀有的品质发掘的事物。这是凌驾于当时附庸异国情调和殖民主义偏见

1.《领事的视角：方苏雅在中国》，多米尼克·里亚博夫、乔治·斯瓦茨曼著，巴黎，橡树出版社，吉美博物馆，1989年。

之风的摄影师们之上的作品，蕴含着对中国人予以尊重的真实。这种尊重不是心血来潮。方苏雅的精神世界会是什么样呢？

在读了当年他从亚洲寄回的书信集《白皮肤的“满大人”》[1]后，我对这个人物有了较清晰的印象。我似乎发现了一个介于领事、旅行家、摄影师、前方记者之间的令人惊讶的混合体，其中还夹杂着桀骜不驯的纯真。的确，这个外交官非同寻常。

方苏雅以明晰的笔调描述他的旅行及其印象，并记述他在中国任职期间几个最引人注目的事件之间的联系，从中折射出的是洞察事理、审时度势、临危不乱的个性。

这两部著作逐一援引的史料使人看到与主人公紧密相关的历史背景的一个侧面：方苏雅的历史与中国南部（现与越南毗邻的地区），以及两条铁路的建设项目（尤其是滇越铁路）有不解之缘。冰山一角已显露。但对他的其他事情，世人知晓几多呢？

详情于2002年春揭晓，源自一次与皮埃尔·赛杜（Pierre Seydoux）的会面。他是方苏雅协会的秘书和主要人物。据悉，除了该协会所存档案资料，另有大量档案线索遗失。这些史料四处分散，从未真正被盘点过。为了重新全面审视方苏雅在亚洲的活动，有必要启动一项细致并注定漫长的工程。这是一项无比巨大的线索查新工程，且无指南可循。这项工作虚位以待。

1.《白皮肤的“满大人”》（在中国出版时书名改为《晚清纪事——一个法国外交官的手记1886—1904》。——编注），皮埃尔·赛杜编著，巴黎，哈玛当出版社，2006年。在下文中，出自该著作的引文用*号标示。注意：方苏雅经常多次叙述同一事件，本书不再重复用*号标示出处。

了解这些情况之后，出于好奇，我打算以个人名义去吉美博物馆查阅文献。

一天上午，在阅览室，我发现了一些正方形的硬纸盒。这只能是来自中国的物件。它们被存放在一辆小推车上，上面有传统搭扣装置，就像中式衣服的系扣，中间嵌入一小段骨头，系在布纽的一端。

我至今还能回想起当时如何“钻开”第一只匣子，解开系扣，开始阅读。我在发掘一百年前的文字，以及混合着特有的中国墨汁味的纸张。一个陌生的世界向我敞开了。诸多的人名和事件，我一无所知。其中一些情况让人匪夷所思。很快，我沉迷其中，只能一口气读下去探究详情。我深陷其中不能自拔。此刻时间已不再重要。

然而，吉美博物馆仅收藏了一部分史料。我试图穿越时空去探寻第三共和国时期法国对亚洲的政策。于是我用了两年半的时间，在不同的地点，探究方苏雅在中国经历的一切。

在迈出可贵的第一步后的几个月，我向方苏雅协会提出写一部相关题材的书。协会主席伯纳尔·赛杜 (Bernard Seydoux) 欣然接受了计划。历险记继续上演。

第二节

2004年3月，云南省，昆明[1]，以前的云南府。

1. 关于地名和人名，本书原文选择参照当今国际音标注音。Pékin (Beijing)、Canton (Guangzhou) 仍被保留，以便法国读者辨识。

“我们无法为您预订车票，”旅行社的一位年轻女士用纯正的普通话对我说，“铁路已停运。”

“真的？”我惊讶地问，“为何停运？”

我身处一间狭小的办公室，房间三面墙被灰色的金属架占满，上面整齐地摆放着为顾客准备的各种折叠式印刷品和预定出游的表格。一幅巨大的云南省地图几乎完全遮盖了第四面墙。

我走近地图，根据索引找到那条昆明通往越南边界的铁路线。然后我问道：

“但是，在你们的地图上，这里，铁路没有注明停运。”

她正准备回答，这时来了她的一个同事。后者不容置疑地说：

“只有一部分线路开放。”

“既然这样，”我还嘴道，“我想知道是哪部分，还有如何弄到一张票。”

两位年轻女士开始争论，各持己见。

“也许你可以给火车站打电话了解下情况。”

“他们也不一定知道，”第一位女子几乎是面带同情地对我说，“现在没有人走这条线了。”

第三位女士从我未曾注意到的里间出来，她被不同寻常的热闹吸引，显然想知道缘由。在弄明白什么事情后，她肯定地说：“不对，可以乘这趟火车！我想，凌晨6点半有一班早车。”

我面前的三个人给出了三种不同的说法。她们大概是看到我一脸困惑的样子，爆发出一阵笑声。我进一步说明，我专程从法国来乘这列昆明到河口的列车。她们当中的一位首先对我嚷道：“您中文说得很好。”我突然发现困惑的一方变了。她问我：“这是为什么？”于是，我解释说我正在写一本关于一位法国领事的书，他名叫方苏雅，一个世纪前曾在她们的城市昆明任职，负责与中国官员谈判建设这条铁路的事务，我想追溯修铁路遇到的困难局面。

“真的？这很有意思！”她对我说，而她的同事则点头微笑表示赞许。

“所以我想亲自看看这条铁路是什么样子，明白了吧？我要去火车站了解情况，那里的人应该知道铁路现在的状况。”

“您应该去老火车站，北站。明早开门就去。”最后她一边指点我，一边在一张城市地图上给我标明地点。

一个小小的奇迹发生了，商业意识让位给真诚的善意。这种真诚是我在中国经常遇到的。之后，三位年轻女士与我握手道别。

翌晨，我步行穿过昆明城去老火车站。我一路思量着她们反常的说法，揣度这三种说法的可能性：有一趟火车在运营，或者没有，事情就这样！这段小插曲将我带回到二十年前我所了解的中国。那是经济大繁荣前的中国，出行一票难求。然而那个年代已一去不复返。

也许有些事情我已淡忘，但是经验告诉我，在中国需要有耐心才能成事。不过，这里与所有同样大小的中国城市一样，一切都追求现代化。在这样的大背景下，昆明不断扩展的城市化建筑，甚至阻断了人们遥看近郊群山的视野。方苏雅当时在昆明，山峦是视线所及唯一的地平线。我思忖他会对此作何感想。

在一条街的尽头，我终于找到了著名的火车站。那是一幢正方形的建筑物，上面高悬醒目的标识“云南铁路博物馆”。

我注意到车站周围倒还清静，视线之内没有行人，也不见流动商贩。我越过一辆靠站停泊的出租车，车内的司机在看报。他给我指点了通往车站入口的路。经过玻璃门时我本能地放慢了脚步，因为旅客接待大厅内一片昏暗。只有朦胧的灯光从天花板倾泻下来。面对我的是二十来个售票窗口，但那里空无一人。一种极其古怪的气氛笼罩着大厅，变压器低沉的嗡嗡声构成了背景音乐。不流通的空气里混杂着塑料的气味。灰暗的塑料地板清扫得非常洁净，右面墙上一张巨幅云南省地图勾勒出蜘蛛网状的铁路线。经查核，确实有昆明至河口的火车，但注明已停运。

我用目光搜寻可以咨询的人。突然我看到一个窗口（唯一的窗口）有些异样：灰色的布帘只垂下一半，隐约可见一个印有鲜红牡丹花的白色大号保温杯。我走上前去，辨认出一位女士的轮廓。她在窗内走动，整理着抽屉里无穷尽的车票存根。这些票据上都印有红章，这种代表行政当局的印记在中国随处可见。

“请问，有人吗？”

那位年约五十的妇女停止走动，靠近柜台。

“下班了。”她对我说，口气礼貌但坚决，眼睛从镜片上方注视着我。

我向她表示了打扰，开始向她解释我需要了解开往边境城市河口的火车的情况，如票价、时刻表……

“这条线已经停运，不卖票了。”她简洁地回答。

“彻底停运了？”

她有片刻犹豫，接着说：“我们不卖票了。”

我注意到她没有直接回答我的问题。

“太遗憾了！”我强调着，接着向她详细讲述我来访的缘由。

她饶有兴致地听我诉说，圆脸上甚至掠过一丝瞬间即逝的微笑。坚冰最终被击破。

“很遗憾，现在这趟火车已向公众关闭了。我们在等待批示。只有坐车去上班的员工可以乘车。但是有公共汽车去那边。”

“如果不能乘这趟列车，我情愿去参观博物馆。我刚才在外面看见有一个铁路博物馆。”

“的确有。”她用手指向大厅的右侧，“大门就在那里，不过现在还不能参观。”她立即明示。

我转过身去。在铁路网示意图的右侧，一扇可滑动的镂空栅栏门低垂而立，可以看到里面的大理石台阶，博物馆位于二楼。

“博物馆什么时候开放呢？”

她再次迟疑，然后说：“开放的日子还没定。”

我向她道谢，然后带着更多没能解答的疑问离开，同时沮丧于不能乘坐这趟列车，而它的轨道就在我适才离开的建筑物的另一边。我对方苏雅所有的探究正是围绕这条铁道进行的。

后来我才知道事情的底细。在中国一切都需要时间。

时值2004年3月，第十届中国人民代表大会在北京召开。电视节目每天转播会议讨论概要。我发现一切都得到了印证。关于滇越铁路命运的各种说法，昆明北站那位售票员的迟疑，中国共产党在北京的讨论，所有这些事情貌似孤立，实际不无关联。

官方高层认为，滇越铁路的经营费用过高，这种情况已经持续多年。此外，稀少的乘客使这条铁路入不敷出；在高低不平、迂回曲折的线路上运行的慢速米轨火车严重制约运输效率。于是决定将以往由该铁路承担的贯通沿线地区的使命改由快捷的空调大客车来完成。政令已颁布，这趟列车从各方面考虑都已经不符合云南省应有的现代化形象。

昆明的铁路工人看到在火车北站大楼上挂起了“铁路博物馆”的大字招牌。这当儿，对新规划一无所知的他们感觉受到了伤害。因为他们是这条铁路线的最后一批员工，唯一享有使用特权的人，这条铁路是“他们的”铁路。但没有人给他们提供博物馆的确切信息。在他们眼里，事实上这就等于给这条米轨签发了死亡证书——永久关闭铁路。一时间不满情绪悄然而生，最终酝酿成一封请愿书，这是这些质朴的工人表达意愿的方式。他们表示，这条铁路是他们的交通工具，任何其他交通工具都过于昂贵。出乎意料的是，这封请愿书最后得到了大量签名支持，声势之浩大，使得云南代表团在人代会上提交了议案。滇越铁路问题已超出了地方范畴，上升到（非正式的）国家层面。此后，事情形成悬而未决的局面，永久关闭的决定暂且被束之高阁。即使铁路正式向公众关闭，也仍以局部用途的名义继续运载工人。

因此，以明显的历史嘲讽的方式，滇越铁路成为2005年的政治事件。须知，法国委托其印度支那政府于一个世纪前以国家名义修建了老街至云南府铁路[1]，目的是打开中国的大门；这个举动自始就将这条铁路置于一个政治、经济和外交计划中，带有复杂的交易和战略目的。不乏幽默感的方苏雅恐怕会笑看这场最终的历史变迁。

经过一个世纪，昆明的中国人表现出对这条铁路的眷恋。而一个出生于洛林的法国人比任何人更了解这条铁路。这个法国人鬼使神差地在中国经历了外交官和探险家的生涯。

方苏雅曾经日复一日地协同中国当局分析研究铁路建设计划。他在工作中显示出惊人的敏锐，并且揭露了印度支那总督保罗·杜美于其中隐藏的不可告人的野心——吞并云南省，进军邻省四川。虽然这个计划符合当时的协约，但是计划的实施将使法国卷入一场主要与中国和英国的国际军事冲突中。然而，印度支那政府屡屡试图推波助澜。此间正值方苏雅的任职期，是他阻止了这种企图。

与他一样，我惊愕地发现法国企图吞并中国某些省份的计划。一些纸上谈兵之人任凭野心的驱使随意改划边界线，如同弹响指一般轻松。他们觊觎的地区范围随着一张张的草图而任意扩张。何等利令智昏！第三共和国（法国短暂的共和制）的官方公告[2]与这些

1. 老街是滇越铁路通往东京地区的起点。

2. 在法国第三共和国（1887—1940）时期，政府坚持一种宣传，试图使人相信：它进行殖民征服的目的是给被征服地区带去文明与进步（发展教育、商业、技术等）和与法国本土一样的法律（法国在中国相当于一个相对本土的“法人”）。这种理论在法国被称为“共和国正式公告”(messianisme)，其核心是自由、平等、博爱和尊重法律的共和思想。然而，这种官方论调常常与现实大相径庭。因为法国印度支那当局的实际战略计划和行动目的在于打开中国的西大门，吞并中国的一两个省份，而不是像它自圆其说的那样与中国通商。如果说巴黎政府不知道其下属印度支那当局的所作所为，这的确令人震惊和匪夷所思。——译注

隐藏于巴黎最高当局的阴谋之间的差异之大确实令人匪夷所思。

这些事实在法国人的记忆中已丧失殆尽，它们却是历史的真相。现今，法国的公众舆论在反省其殖民的历史，但是这种反省是有区别的。人们更多想到的是“黑非洲”和北非，而不是亚洲。即使注意力顾及亚洲，也仅聚焦于印度支那。对此有两种对立的视角：一种是奠边府的伤痛，另一种是没有冲突的梦幻般美好的黄金岁月。文学和电影致力于渲染那种理想化的感情。因为对法国人来说，更惬意的事情是去幻想由社交晚会点缀的轻松生活，而不情愿面对越南是其殖民国家中唯一击败法国军队的国家这一事实。他们也不愿多谈征服印度支那的内幕。

1885年，保罗·贝尔 (Paul Bert) 和方苏雅到达东京的前一年，英国在数月间吞并了上缅甸 (曼德勒)，进一步加紧地缘政治控制。为了实现进入中国的计划，法国必须“抓住”东京。但是，所谓“绥靖政策”的外交和军事行动止步不前。法国想得到无条件的归顺，然而，他们碰到的是一个不屈不挠的民族。军政高层不情愿地看到上缅甸被2 000个英国人占领和控制。然而，他们却在东京原地踏步了五年，尽管驻军人数明显增加[1]。这种窘境很大程度归因于法国远征军由国籍不一的新兵组成，他们是被军事法庭判决过的外籍军团军人，属惩戒连队编制。他们的既往史决定了这些年轻人不具备与不同文化接触和对付顽强抵抗的能力。更糟糕的是，各级军官屡屡容忍他们的暴行，从任意征用牲畜粮食、征招劳工到动辄杀戮，无

1. 1885年夏，远征军人数达到36 000多人 (其中30 000人来自法国本土)。

不滥用暴力，还有那些被新任印度支那总督拉奈桑 (Lanessan) 轻谈的“小争斗”之类的行径。此外，还有海军与陆军之间的矛盾，缺乏分析研究，以及对陷入错综复杂局面的恐惧等问题。对后者，没有任何政治家能真正做出清晰的中远期展望。种种因素汇集在一起导致了法国远征军失败的延续。

至于法国对中国的觊觎，无人坦言。由于官方回忆录对史实有所选择的记录，导致法国人对此一无所知。为何要将一个以失败告终的战略决策公之于众呢？因此，需要坚持不懈，甚至锲而不舍地探求，才能重现历史事件的本来面目。结果是：如今，只有为数不多的谙熟印度支那问题的专家了解事实真相，且仅限于部分事实。事实上，印度支那政府的官方档案有失公正且与事实不甚相符。因为他们通常在档案中抹杀了方苏雅其人以及他的外交活动。因此，需要变成福尔摩斯来比较、对照、核实、补充在档案中获取的残留信息。因为这些档案带有相互冲突的观点。种种隐情使人无法捕捉方苏雅在中国两段任期内 (龙州，1896—1897 年；云南府，1899—1904 年) 活动的意义和影响，无法明白印度支那的世界。正是通过命运强加给他的印度支那短暂逗留，方苏雅得以清楚地知道，要在中国取得成功，他必须面对的是什么。

这是一个罕见的历史人物。他属于这一类人：他们可以改变历史的进程，因为顺应天时地利；他们勇敢而智慧地抗争，当他们认为自己在行使道义上的否决权的紧要关头。

19 世纪末的时代氛围被殖民主义精神所污染，方苏雅对此十分厌恶，因为这其中的专横跋扈夹杂了过多的愚昧无知。这种愚昧一方面表现为对实际情况的不了解，另一方面表现为对欧洲以外传统文化的孤陋寡闻。对异国文化是不屑一顾抑或保持兴趣，方苏雅历来坚持对后者的选择。他对人一视同仁，无论是面对某位中国官员，还是统领印度支那的总督保罗·杜美。按照现今民主主义者认同的人道主义价值观来看，可以说他在那个时代就具有相当的超前性。他是一个自由、充满活力、富于人格魅力的人。如此种种理由促使我想要让世人了解他。现在是重新给他定位的时候了。他毕竟是法国历史的一部分，并至少同样在中国历史中占有一席之地。

方苏雅领事具有共和主义思想，恪守法律，廉洁正直。他正视并检举他看到的违反法规的行为，甚至上报给政府高层。他一直与奥赛码头[1]商榷在亚洲这个地区所实行的政策的合法性。

方苏雅使法国避免了一场战争。由于他中肯地提出了被认为是令人难堪的问题，还因为他敢于质疑权贵们的行为，方苏雅为此付出了被封杀的代价。但是，他刚直不阿的行为准则至今仍不失为典范，发人深省。

1. 法国外交部在巴黎的所在地，故常以此地名作为其代名词。——译注

初出茅庐

1886年3月，河内

殖民代理政府驻地是一幢巨大的白色殖民风格的别墅。矩形建筑坐落在一个充斥着各种热带植物的大花园内。香蕉树伸展开深绿色的宽大叶扇，近旁是硕大的龙舌兰，这种植物肥厚的灰色叶掌可达三米高。天空呈铅灰色，空气沉闷。首席执政官保罗·贝尔在此地组建了他的内阁。彼时他刚上任不久。

保罗·贝尔？这个名字鲜为人知，人们至多就是通过街道和学校的名称接触过它。这个称谓对我们来说十分空泛，无法将它与任何确切的历史痕迹联系在一起。只有对近代史感兴趣的人才能将他与甘必大 (Gambetta) 联系起来，1880年代的最初，他曾在甘必大领导的共和政府任教育部长，因此近代史研究者对此人的评价先入为主地予以肯定。显然，这几乎是这个历史人物唯一为人所知的一面。与此相反，保罗·贝尔殖民活动的那一面仅保留在专家们的记忆中。然而，方苏雅所熟悉的保罗·贝尔是法国政治格局中最虔诚的殖民主义者之一。

保罗·贝尔狂热地支持法国对东京的征伐。作为第一任驻地执政官的他发誓倾力开发这片热土。该官方职位刚刚设立，而他十分满意这个对胃口的新职务。时年五十二岁的他当属那个年代名副其实的政治家。他具有相应的特质：民族主义者，共和主义者，热忱的政教分离支持者，坚定的唯科学论者，尤其狂热地支持非洲和亚洲的殖民行动。在教育部任职期间，他留给人的印象是一位专横的铁腕人物。对他的支持主要归功于自1872年担任约讷省议员以来的业绩，以及他对扩张主义理论的维护。此人对折中路线不屑一顾。一位《费加罗报》的记者这样描述他："他行走时，昂着头，撇着嘴，圆帽紧扣在平整的头发上，笔直向前，用肩膀撞开挡道的人。生活中的他亦然如此，勇往直前，自信满满。"

当时待命赴任的方苏雅对他的看法也大致如此。从马赛出发，一路同行的五周旅程使方苏雅有足够的时间对保罗·贝尔形成初步印象，接下来十天从海防至河内的航程使这种印象更加细致清晰。在"墨尔本号"邮轮上，方苏雅看到保罗·贝尔当众宣称：他有最充分的资格评价未来的被治理者。他说得如此肯定，然而他对被治理者的了解仅限于在巴黎得知的法国在亚洲实行的政策。在方苏雅看来，这样一个自认为观念开明的人是难以令人信任的。但是他观察到保罗·贝尔网罗在身边的组阁成员已经接纳了他的世界观，而他很快就宁愿与这些人保持距离。

方苏雅明白必须与这些年轻的殖民狼共舞。他们戒备地注视着这个身材挺拔的黄头发年轻人，态度有所保留。方苏雅属于引人注目的人，沉稳的气度和毫无矫饰的自然举止与咄咄逼人的目光形成鲜明对照。他那炯炯有神的目光映衬着线条分明的白皙的脸庞，令人望而生畏。方苏雅谙熟此道，乐于将它用作与这些对手间的一道屏障。一抹上翘的、色泽比头发还深的小胡子，装点着带有讥讽表情的面容，与他近乎有威慑力的个性形成反差。

方苏雅在会客厅内的红木长桌旁就座。他审视着身旁的人。他们眼睛放光，因为分配职务的时刻到了。在客厅中央，保罗·贝尔依次宣读。优先权给了他的心腹，方苏雅注意到三个主要人物占据了最好的位置。

内阁首席位子归属于团队中最年轻的成员约瑟夫·夏耶(Joseph Chailley)。他年仅二十二岁，却已经是巴黎政治学院的教师。他为自己是《争论》杂志社的通讯记者而自豪；经过做律师的磨练，他对辩术驾轻就熟。此人野心勃勃。

他的死党是一位三十一岁的男子。这人面如满月，黄色唇须，来自奥塞尔，是保罗·贝尔的同乡。他名叫安托尼·科洛布科夫斯基(Anthony Klobukowski)。他那令人放心的圆胖外形具有欺骗性，骨子里他是一个绝对不容许任何人阻挡自己仕途的人。方苏雅此时尚不知道自己将终生与此人阶段性地打交道。他如同幽灵一般，一贯暗地里行事；他讨厌方苏雅，以致一有机会便阻碍后者行使权力。这是一个爱记仇的人。

最后是效忠于科洛布科夫斯基的保罗·吕斯 (Paul Luce)。此人三十岁，毕业于巴黎高等综合工科学校，在镇南关战役 (1885年) 中作为库贝上将的麾下表现出色，此时加入保罗·贝尔的作战部。

这三个同党是狂热的殖民主义代表人物。殖民热可以催生种种怪癖。对此，方苏雅还仅仅是有所察觉。他们赞同全方位扩大法国的影响：贸易强权主义、领土扩张、科学传播论、“文明传播”使命。方苏雅在他们身上预感到缺乏节制和顾忌的态度，而他拥戴的是在共和理想庇护下和平的法兰西形象。他因此被视为温和派，委派以办事员的职务，领取6 000法郎的薪金。他是不属于他们的人。他二十九岁，没有任何背景。的确，他此行充满悬念，连自己都感到意外。

怎么不令人费解？似乎有一只看不见的手鬼使神差般将他牵引至印度支那扑朔迷离的境遇中来。

方苏雅本可能永远不认识阿拉斯省长保罗·彼乌 (Paul Bihourd)。六年前，彼乌发现方苏雅身上具备睿智、勤奋、品行端正的品质。这些都是彼乌物色合作者时所期待的品质。经过短暂的试用期，方苏雅被任命为办公室主任。而后，他随彼乌来到巴黎，供职于内政部。1885年，方苏雅成为外交部干部队伍的候选人。当时这批干部是为安南和东京地区的行政部门配备的。就这样，按照他自己的话说，命运将他“抛向了远东之路”。

方苏雅于1857年8月20日出生在吕内维尔 (Lunéville)。父亲是经营呢绒的商人，母亲温柔含蓄。1870年战争失败导致他的家庭生计窘迫，其父不堪重负，死于伤寒热，不久母亲也因肺部充血而谢世。十六岁的方苏雅被抛入成年人的冒险生活。

如同那个时代的人一样，他的家庭具有爱国主义与共和主义思想。方苏雅继承了这些思想。他热爱大自然，本想进入享有盛名的林业大学学习。但是父母双亡促使他开始学习法律，获得了实实在在的法律知识。后来他提前应征入伍，加入重骑兵的行列。他本可以投身军旅生涯，在一个驻军城市从事适合无背景的勇敢男人的职业。但是1886年的这个春季，命运将他带到那个会客厅，面对保罗·贝尔。

保罗·贝尔制订了宏伟的政治计划，并打算坚决贯彻这些计划。其内容是稳定局面，建立一个非军方的政权，开发属地。若要推进前任们的事业，他必须克服以前的弊端。任务很艰巨。

1886年法国在印度支那要寻求什么？印度支那这个词的来源昭示了西方人在世界这一地区争夺地缘政治利益的痕迹。如今，进军亚洲俨然成为明显的趋势。凡是去过那里的人都会看到一个变革的世界。亚洲的经济发展速度超过其他地方。亚洲对西方的诱惑力首先是物质利益。这种现象在19世纪时已然如此，尽管法国官方的宣传遮遮掩掩。我们现今所说的世界一体化，某种程度上在亚洲早已不断上演。

那个时代，印度支那一词指位于英属印度帝国和中央帝国[1]之间的区域，显示出该地区对第三共和制时期法国的重要性。法国和

1. 本书中的“中央帝国”(l’empire du Milieu) 即指中国，这是一种法式表达，意思是“位于中央的国家”(pays du milieu)。——编注

英国当时是敌对国。继非洲之后，世界这一地区被看作是法、英野心角逐的主要舞台。法国在印度支那半岛的殖民扩张，旨在抵制大不列颠帝国的强权。法国不能容忍英国人在远东为所欲为，英国人已经通过《南京条约》(1842年8月29日)迫使中国特许香港作为他们得天独厚的经济贸易基地。诚然，这个协定也向欧洲人敞开了厦门、福州、宁波、上海和广州的大门。然而，法国殖民部、商业部、外交部以及一些有影响力的企业着实担心英国将香港作为桥头堡，向印度支那这个战略要地挺进，延伸其印度领地，同时进入中国。着眼于21世纪，观察香港这个几乎永不停歇的高效率城市就足以证实这种推测不无根据。香港曾经是，现在依然是得天独厚的经济枢纽。

然而，1870年的战败和割让阿尔萨斯—洛林的创伤使法国陷入萧条和衰落。经济在大萧条中挣扎。举国渴望复仇和重振雄风。按茹费里 (Jules Ferry) 的话说，法国指望从她的亚洲殖民帝国那里得到新的财富资源、势力范围和全新的工业及贸易活动的广阔空间。法国的产品需要在那里找到市场。修建必要的贯通道路，这对敢于冒险的人来说，意味着诸多机会的到来。由此看来，当代法国政界对直接与亚洲有出口贸易的法国企业所持的态度，可谓与当年如出一辙。人们在那里角逐，急功近利。如果持续这种局面而不愿深入理解对象国的文化，那么无论过去还是现在，堕入战略的失误通常在所难免。而这种谬误往往会误导那些瞄准同一市场的竞争者。虽然不能妄下结论，但一个不争的事实是：有些国家比另一些国家输出的产品多，无论在19世纪还是在21世纪。

与同时代人一样，方苏雅熟悉那位英雄的故事：此人如同神话般成为法国印度支那政治路线的表率，他就是弗朗西斯·安邺(Francis Garnier)[1]。他因1873年11月12日率领180人攻克河内要塞而被载入史册。这次胜利被描绘成传奇故事，故事中他不幸牺牲，成就了一段神话——“印度支那的法国武功歌”。

但是，人们从不谈及这次壮举直到事后才被海军部予以肯定。官方言论一味颂扬此事的丰功伟绩，而不愿涉及颇有争议的军事和政治行动，以及安邺与那些不清白人士的密切关系。然而这些因素也许有助于说明事情的结局。

安邺于1873年12月21日真正成为传奇人物。这个非典型的军人率领一小队人进行了袭击，之后被黑旗军[2]斩首。黑旗军的威名令西方人胆寒。那日，从南门离开河内大本营后，安邺将手下的12人分成几个小组，最终被大股的敌人分割包围。他喊出了著名的豪言壮语：“跟我来勇士们，胜利属于我们！”他挺身向前，打完左轮枪弹匣里最后的子弹，被对手的长矛穿透而倒地身亡。接着，黑旗军砍下他的头，作为战利品带走。安邺从此成为爱国主义和至死捍卫法国殖民利益的象征，成为荣耀和无畏的孤胆英雄的化身。然而，他的犯罪行为至少是有争议的。人们闭口不谈他与走私投机商涂普义(Jean Dupuis)[3]的密切关系。后者几年前曾激怒过安南人。因为他勘探过红河的适航性，继而在法国政府的默许下，利用红河向中国的马将军[4]

1. 弗朗西斯·安邺(1839—1873)。
2. 黑旗军持有长长的黑色旗帜，上面印有北斗七星，这种军旗是他们的标志，他们因此而得名。
3. 涂普义(1829—1912)。
4. 即马如龙。——译注

提供大量武器。那又能怎样……历史没有记下这笔账。方苏雅进入保罗·贝尔内阁时，东京还远未被法国彻底平定。当时法国人喜欢重温安邺的梦想，以应对一个挑战，那就是准备“进入广阔的中国内部市场……掌握了它就足以使国家富有强大，法国有足够的能力捷足先登”。这俨然是“中国市场”妄想症。在第三共和国时期，法国的终极目标正是这个市场，尤其是要在第一时间抢占毗邻东京的云南大市场。而那里正是方苏雅即将经历他职业生涯最富于使命和冲突的地方。涂普义以及安邺曾将这个省描绘成希望之光，主张在那里建立一个“非官方政治集团”[1]以对抗英国的势力。

无论对不知情的公众，还是对钟情于战无不胜的法国神话而无视不甚乐观的事实的人而言，安邺的故事的魅力都是经久不衰的。1987年，在弗朗索瓦·密特朗担任总统时期，举办了一个仪式（4月23日）[2]，雅克·希拉克（时任总理）作为政府的代表出席。仪式将安邺的骨灰移至他的纪念铜像下的台座里。铜像竖立在巴黎圣米歇尔大街与国王门大街的交会处。如今，安邺仍旧拥有很大的魅力，他的故事呈现在无数的历险记中，甚至被收入一些越南旅游指南。这并非带有恶意，但是他被描绘成一个正面的英雄，黑旗军的受害者，而凡是黑旗军的麾下则一律被视为奸诈之徒。奇怪吗？这个故事被几代人畸形传颂，同样的线索经久不变地被引用。有意延续一个美好故事的愿望造就了这个结果：我们只看我

1. 在后面的叙述中读者将更加清楚这个特殊的词汇所包含的意义，因为其他人也有同样的意图。
2. 举办这次仪式的契机是1983年（即在弗朗索瓦·密特朗偕同社会党政府执政的总统第一任期内）安邺的骨灰由“圣女贞德号”巡洋舰从河内运回国。

们想看到的。

* * *

在保罗·贝尔以及他周围的人身边做办事员加深了方苏雅对贝尔的初步印象：贝尔其人野心勃勃，喜好政客之道。方苏雅不愿与之同流合污。他之所以离开法国，就是为了避免可能淹没在被他称为“政治厨房”的职业生涯里。而他在贝尔的内阁里看到的却仍是官场上的所有勾当。

为了逃避这种官场氛围，他要求调任他处，最好去支那内地。首席执政官（保罗·贝尔）很恼火，草草将他打发到山西[1]，成为那里的第一任驻地执政官，时值1886年4月30日。

山西！旧时的防御据点，位于红河之滨，与之敌对的是可怕的黑旗军及其神话般的首领刘永福[2]，越南语称Luo Vin Phuoc。法国人的对头也有他们的英雄，刘永福当之无愧名列其中。他出生于广东一个贫穷的客家族[3]家庭，十七岁就成了孤儿。在太平天国运动[4]之前就参加过各种起义。年轻时，他做过一个有预知性的梦，梦中

1. 山西（Son Tay），越南河内以西的一个城镇。——编注
2. 刘永福（1837—1919）。
3. 客家（做客之人家）自认为是来自黄河流域的迁移族系。这种迁移大约发生在中国几个重要王朝消亡时（最久远的迁移可能发生于汉朝灭亡时）。客家人在中国被视为国内永久的迁居人，因此在进入移居地时受到歧视。这导致他们转向军事或者政治生涯，并不乏出类拔萃之人。如今他们主要生活在中国南部，包括台湾地区，整体分布比较分散。客家话（有几种方言）与普通话大相径庭。世界上约有一亿人使用这种语言。
4. 太平天国（建都南京）起义是一次民众运动，1851至1864年间遍及中国。它主张一系列以平等为目的的激进社会改良方针，其领袖洪秀全自称是耶稣的兄弟。

他被召唤成为军队首领，现身为名叫黑虎的将军，于是他决定竖起一面黑底白字的大旗。1869年他指挥了最初的战斗，几年过后，他的黑旗军被锤炼成一支威震八方的军队。

方苏雅在保罗·贝尔的内阁里听说了攻克山西的激烈战斗，即三年前（1883年12月16日）与9 000个“海盗”（7 000安南人，2 000黑旗军）的那场对抗。安南官方不具备真正的军队，于是请求黑旗军增援以抗击东京的法国人的进攻。以山西为据点，黑旗军沿河内方向大举进攻，击毙了非凡的李维叶（Henri Rivière）[1]少校，迅速包围了该城。李维叶曾任海军舰长，因1878年在新喀里多尼亚抗击美拉尼西亚人的暴乱而屡晋军阶。他还是那个时代的作家，与居斯塔夫·福楼拜、亚历山大·小仲马齐名，曾频繁地被欧仁妮皇后接见……

黑旗军维系了神话，对敌人毫不留情。人们长久地谈论一个恐怖的细节，据说他们将指挥官里维埃的头和手砍下，置于一个漆盒内，将盒子埋在大路下仅几公分深浅处，让行人践踏以示鄙夷。

黑旗军被法国的媒体和政治家称为“海盗”，一方面是由于他们耸人听闻的举动，另一方面是出于对他们在战斗中表现出的机敏的恐惧。他们不属于某些令人生畏的野蛮人团伙。这个同盟由中国历史上太平天国起义的幸存者，以及与中央政府决裂的起义部队的人员组成。太平天国运动曾在1850至1860年的十年间声势浩大。他们在中央王朝边界地带的深山和沿河地带控制一片辽阔的

1. 李维叶（1827—1883）。

地域长达数年，抵御了中国政府军、安南与老挝军队的进攻，并长期与法国军队对抗。他们熟悉地形，驻地跨境多变，因而难以捉摸。与山西第一任执政官一样，这就是方苏雅在河内西北面要面对的强敌。

他的第一个职务具有决定性意义。这个职务给他提供了各种机会去解读在殖民地前站执政的使命和问题。他肩负双重使命：首先要管理一片17万多公顷的地域，那里有75.5万居民，分布在663个村庄里；其次是与黑旗军对抗，他们利用一切机会攻击敌军，抢劫运输队，切断交通道路，经常有当地居民配合行动。山西大本营是一个拥有坚固城墙的要塞，北门距离红河仅一公里多，城市被城墙围绕保护。但是黑旗军沿城筑起一道六米高的堤坝，形成包围圈，堤上架着火炮，设有枪眼，并种上厚厚的竹林作为屏障，竹林边有一道注满水的壕沟。连最有经验的法国军人都承认这种屏障的确难以逾越，炮兵也无法摧毁它。面对如此多变和难以捕捉的敌人，方苏雅受命与之作战。要组成能与之匹敌的防线没有既往的实战经验可谈。经验将决定一切："驻地执政官仅掌握警察部队，但常常奉命进行真正的军事行动［……］。我仍要强调一下这个时期，因为显然它体现了我的性格特征。身为年轻人，我要（几乎是不受约束地）统治一片辽阔的领土。我要镇压和平息暴乱，手握生杀大权，这是难忘的岁月。现在回想起来，我仍旧惊怵于一个二十九岁的毫无经验的年轻人所拥有的权力。但是我对专制或暴虐毫无兴趣，我甚至没有尝试过。相反，我身边发生的暴行令我厌恶。诚然，我必须出征去维持治安。我经常听到丛林中的枪声；我必须行使高级裁判权，但是我明白在任何时候都不能违背法律和人性。”*他的爱国主义理念告诉他法国应该在这个地区如何表现。在他看来，不能为达到目的而不择手段。同样，法律也不能出现例外。他以令人敬佩的执着忠实于自己认定的使命感，区别于其他诸多苟且偷安之辈。

因此，在他刚开始了解亚洲并预感到将在此鞠躬尽瘁的时候，方苏雅内心知道必须对一些重大问题做出回答，尽管很少有人敢于正视这些问题。例如，权力是否可以没有制约，如同在这遥远的地域发生的情况一样？没有长远眼光的战略决策是否具有可行性？在异国他乡，面对大多数不了解远征军的民众，脱离限制和约束的心态最终将导致为所欲为和助长某些人胡作非为。自任职初期起，方苏雅就知难而进，反对暴政，坚持正义和人性的价值观。

* * *

1886年11月，在方苏雅就职刚满七个月时，保罗·贝尔辞世。政府当局和舆论界惊悉他死于一场霍乱，是在巡视时染上的痢疾复发所致。他身边的人透露，实际上他自到达东京起就开始发热。但是保罗·贝尔执意要推进他的计划。报道回忆说，他出发前曾宣称：“请相信我，人们对困难和疾病的认识是荒谬的。请你们如实报道，东京，我们会从那里安然而归……或许。”应该说，疾病的威胁无所不在。一年前，百分之四的法国士兵死于一种由外籍军团从西迪贝勒阿巴斯（阿尔及利亚）带来的霍乱病菌。而在山西，方苏雅本人在一次前往Thap-Hyuggen[1]巡逻时就染上了霍乱。

鬼蜮的气氛笼罩在保罗·贝尔遗骸四周。他生前最亲密的合作者们试图利用交接的间隙营私舞弊。这些殖民者中，只有奥赛码头的代表方苏雅冷眼旁观了安托尼·科洛布科夫斯基盗用死者的签名发布政令来为自己的死党谋利。后来，贝尔家族的一位朋友提及一份委托他维护贝尔太太权益的文件不翼而飞。他将文件的失踪归咎于约瑟夫·夏耶，此人不久前娶了死者的大女儿。但是当约瑟夫·夏耶—贝尔的干系不容置疑时，他已经不惜损害贝尔遗孀的利益，牟取了巨大好处，其中有非洲的大片地产。方苏雅公开表示了愤怒。他的存在最终妨碍了这些阴谋家，于是安托尼·科洛布科夫斯基决定甩开他，委派其护送保罗·贝尔的遗体回国。他们的诡计最终没有得逞。在巴黎，议会主席[2]弗雷西奈做出最终决定，将首席执政官的职务赋予保罗·彼乌。而彼乌留用了方苏雅，并且提升了他的职务。为了安慰交趾支那有影响力的殖民者，巴黎还是将安托尼·科洛布科夫斯基硬塞给保罗·彼乌做办公室主任。因为此人已经在当地同行中编织了他的关系网。科洛布科夫斯基与拉奈桑（他当时负责殖民地的教育）一唱一和，他立刻指责中央政府选择了某些不合适的合作者。“我们没有必要去找这些人。”这种赤裸裸的影射意在指责保罗·彼乌网罗在身边的是一些不合格的人选。他断言这些人在国内尚可显示出某些优点，但是在印度支那“只能

1. 山西附近的一个地名，系作者在法文史料中查到的，今日的名称可能已经变更。——编注
2. 相当于如今的政府总理。——译注

作平庸之辈”。他说:“这是非常恼人的倾向,尤其是排除了谙熟当地事务的人,而他们原本可以很好地为我们的利益效力。”

方苏雅此时的职务让他视野开阔,得以全面了解殖民商人的阴谋诡计。彼乌严格管理预算开支,削减军事人员,对安南人强制施行经济措施,直至宫廷也不例外。而方苏雅则特别关注令保罗·彼乌头疼的一个复杂问题,即保护国财政可以从鸦片贸易中提取收益的问题。这种特殊商品似乎使从事该贸易活动的人疯狂。他因此有机会看到彼乌拒绝了一个很有派头的候选人。此人没有说明他曾被从印度支那银行行长的职务上撤职,原因是进行了“不清白的操作”,并且他也没有法国兴业银行的推荐信。然而,要获得特许经营权,需要具备良好的财政信用。之后,一位打着著名的里昂于利斯·比拉[1]贸易公司 (Ulysse Pila & Cie) 名号的应征者获得了经营权。这家企业在印度支那和中国拥有非常特殊的地位,我们接下来就会了解详情。只需说明,在那个时期,比拉贸易公司是法国在印度支那经济活动的支柱 (以致它后来被称为“印度支那之王”)。这家公司无论与东京还是法国本土的政界及银行界都保持着极好的关系,因此候选者似乎能够提供所有必需的担保。但是一旦就位,这个代理人立刻预感到他面前广阔的利润空间,马上就分立了出去。这件事情成为“圣马图林事件”,演变成一个花费巨大、耗时长久的著名诉讼案,为报纸专栏热议,直到几年后才收场。时任总督

1. 于利斯·比拉 (1837—1909)。

的拉奈桑（也是于利斯·比拉的私人朋友）在圣马图林用保护国的贡金买回了专营权，出价是最初担保金的两倍半……用的是纳税人的钱。拉奈桑还额外赋予于利斯·比拉安南的鸦片种植专营权。政治与经济之间的勾结始终是印度支那殖民社会的劣迹。方苏雅在中国的整个任职期间必然要面对这种局面。

保罗·贝尔去世后一年，1887年11月17日和20日法令颁布，印度支那联盟成立。这是一个总督负责制的、囊括交趾支那、柬埔寨、安南和东京的政体。历史教科书将这次变革描述成一次决定性的质的飞跃。然而这绝非简化日常政务管理的契机。立法人津津乐道的法律条文让人无语。在行政管理上，印度支那联盟由国家殖民部副部长管辖，而副部长又是海军部的官员。除非涉及保护国的事务以及与之相关的条约，印度支那联盟与外交部没有关系！整个联盟的总开支，尤其是军费开支，由军方进行预算管理。从中不难看出矛盾在利益方面的体现。这种机制被赋予协调统一的表象，给人以合理解决问题的错觉。但实质上它的便利之处在于保留了某些人在政治和金融方面的自留地。

面对复杂的政治行动实施的新模式，彼乌难以接受地看到他的职权被大大限制。他意识到他可能被选择为过渡的角色，因为他以敬业和没有多大的国家主义野心而出名。他实则被描绘成一个近乎平庸的人。彼乌终于请求召回，奥赛码头请他等待接任者，他以健康状况为由拒绝等候，于1887年11月18日离开东京回国。同行的有梯赛尔（Tisseyre）上校和方苏雅，他们取道印度陆路，耗时两个半月。

对方苏雅来说，这是一个总结到亚洲以来内心变化的机会。因为他觉得东方局限于一个抽象概念的时日已经远去。他回想起当年赴任的情景，还记得在“墨尔本号”甲板上，举目远眺，向亚洲航行，想象着未知的世界和陌生的民族，满怀好奇和敬意。他是多么急切地去迎接另一种文化啊！之后他中途停靠墨西拿、赛德港、吉布提，再往后是科伦坡、新加坡，最后是印度支那。他还记得下龙湾蓝褐色的海水，他的目光掠过海防港简易的浮桥，远远看见步履灵活的脚夫弓着背的侧影，还有在编制的箩筐堆中撒网的渔夫。他第一次听到悦耳的安南口音发出的嘈杂声，第一次感受到充斥在空气中、肺腔里和皮肤上的令人窒息的湿热。

为了记录下这次特殊的经历，他携带了几部相机，而且是最新式的。他想用照片为他的记述增添更多的活力。但实际上，人类冒险活动的强度是无法转述的。有那么多的事件纷至沓来，以致他返航法国时竟有奔赴异地的感觉。自从踏上远东的土地，方苏雅就立下坚定的信念：明确自己要做什么样的人，不做什么样的事。他对政客的心计不感兴趣。比之唯利是图的交易和殖民社会虚荣的思维方式，他宁愿履行建设性的、相对自主的职责，直面真实的生活和现实。

龙州，2008年11月5日

与1896年的方苏雅一样，我想从香港乘火车去中国的这个偏僻之地，那里曾经是他继印度支那之后的第一站任职地。龙州位于广西省的最西部，离越南边界仅30公里。通过乘船和火车，当然还有步行，我得以更好地度量那里的路程，欣赏多姿的景色，领教多变的气候。与在云南一样，我见到了各种少数民族，听到了与普通话截然不同的方言。中央帝国的疆界概念在这里展现了全部含义。

从汽车站搭三轮载货车一路颠簸来到宾馆，还没喘过气来，我就向总台的年轻女士说明来龙州的缘由：我近年的研究、在云南的旅行，以及我来访的初衷——参观法国旧领事馆。

"地方还在，"她微笑着说，"不过一般不开门，不能参观。"她摊开一本当地的旅游宣传册，我惊讶地在上面看到一张方苏雅的图片。与苏元春将军一样，方苏雅被当成吸引游客的"龙州城形象大使"。法国旧领事馆的小照片也同样呈现在册子里。

我仍旧坚持着，声明我专程从法国来参观领事馆，希望找到实现计划的办法。"除非你和他们交涉，并且说服他们。"她回答我。我乘电梯回到我的房间，心想机会实在渺茫，但不无可能。没有必要放弃。我开始步行熟悉龙州的街道。

这是一座现代化的小城。大多数房屋为两至三层建筑，许多商店直接开向街道，店主依照亚洲的惯例将位于店铺前的人行道当作其"地盘"的自然延伸范围。诸多新奇的事物，无数可拍摄的镜头，大可不必采取贸然或轻佻的态度去拍摄——西方的猎奇摄影者常因此遭到责难。我一边溜达一边寻找值得聚焦的画面。我小心地与人打招呼和交谈,争取我的“模特们”的首肯。

我认出坐在一张茶桌旁的两个见过面的人。他们没有玩纸牌和麻将,然而在一天中的这个时候打牌应该是惯例。他们在闲聊。一片安详愉快。我停下脚步,开始与他们交谈起来。话题从我的禄莱 (Rollei) 牌老相机延伸到共同的摄影爱好。同意了,我可以给他们拍照。他们问我为何来龙州,同时招呼我一同品茶,那是一种当地产的绿茶。我道谢后在一个圆凳上坐下来。

方苏雅领事?他们当然知道!我眼前一亮。一百一十二年后,在中国的偏远之地,方苏雅一直属于他们的世界,尽管他在这个城市的任期是如此短暂。而法国人却不知道他是何许人也。

“你知道吗?”两人中健谈的那位说,“我们正好有一个朋友非常了解龙州的历史。”在第二个人予以肯定的当儿,前者连叫带挥手地呼唤提到的那个人。

一个男子出现了。“是的,的确如此。”他说着在我们身旁落座,“我曾经长期负责龙州史学方面的工作,现在退休了。实际上……可以说您碰巧遇上了龙州的专家!如果您有问题,尽管问,正是时候。如果说有人可以帮您,非我们莫属。”所有人不约而同地聚拢在桌旁,神情专注。

我解释说,我的首要目的是去方苏雅的领事馆,据说要参观很成问题,我还想去探寻和参观苏元春将军的岩洞,他是朝廷的边防特使,方苏雅的朋友,我要使我的研究与真实情况吻合。

“领事馆不远，我的朋友可以带您去。至于岩洞，我们也可以为您提供帮助。”

“但这不是要耗费你们的时间吗？”

“没事，帮助您也是种乐趣。”那人答道。

我仍旧怀疑参观领事馆的可能性。他安慰我说：“应该不成问题。您想什么时候去？”

“明天，您说呢？”

所有人都异口同声地反对。“不要明天去，天气预报说有暴雨。”的确近期已在全省降过大雨。

“干吗不马上去呢？您现在有空吗？”

“有空？我当然有了，很高兴接受您的提议。谢谢！”按照中国的传统惯例，我双手举起茶杯向他们表示敬意。

我难以相信眼前发生的一切。一次偶遇竟能促成如此良机？我如同《罪与罚》中的拉斯柯尼科夫一般感到一阵晕眩。我心想：“这是真的吗？”

在中国，有人对我说这不是偶遇，是命。

我们叫停一辆三轮货车跳了上去。在车上互相介绍和握手。笑容宣告新的友谊的开始。

我激动地在一个公园门口下车，我辨认出园内的前法国领事馆。遗憾的是，高高的栅栏阻止人入内。

“关门了，”我沮丧地说，“不过里面好像有人。”

黄先生手握移动电话，考虑找合适的人以获得通行的权利。在这当儿，我拿出相机透过栏杆拍下几张照片。我认为这样做至少不枉此行。

我看到一个人影。“那边有人！”

黄先生神情笃定地合上手机，高声召唤远处的人，那人朝我们走来。

“这是以前的一位同事，”他从眼镜上方看着我说，“我不知道他在这儿。”

不一会儿，那人返回，手持一大串钥匙，用其中一把打开了领事馆的栅门。

在右面的楼前，一块灰色的石碑记述了此地的历史，我们一同阅读。然后我们顺着左面的一道漂亮的螺旋而上的木质楼梯来到二楼。一切完好如初，没有破损和岁月的痕迹，没有虫蛀，也没有潮湿的气候留下的印迹。黄先生告诉我，这种建筑木材取自一种以坚硬闻名的本地树种。

我们在二楼的拱廊下驻足。我拍了照片。存档用的黑白照片将我带入对过去的遐想。我想象着方苏雅的前任邦·旦迪 (Bons d'Anty) 领事黄昏时分在这里品读波德莱尔。这就是方苏雅从他居住的套房中可以看到的景象：一个十分宽敞的花园，另一边是与他居住的楼房相对而立的一模一样的一幢建筑。建筑整体颇有气派。今日如同过往，法国领事馆给龙州的建筑景观留下了西方的印记。

黄先生的朋友开了锁。门扇洞开，映入眼帘的是身着领事服的方苏雅的巨幅照片。我发出会心的笑声，禁不住惊呼："方苏雅，我的老朋友！"

我们一同参观。屋内装饰有方苏雅拍摄的照片和他的个人肖像。我试图去想象这个地方过去的样子：方苏雅与他的狗，主任秘书约瑟夫·博韦(Joseph Bauvais)[1]在伏案翻译文稿。领事馆只配有一个小壁炉，显然不足以在隆冬时节温暖这一连串的石屋子，虽然这里的冬天不甚寒冷。

至于这里的周边环境，如今应该将附近的几幢建筑与领事馆分开，以便恢复其19世纪末相对隔离的原貌。龙州城中心通往领事馆的路上原有一座桥，现已不复存在。更为可惜的是，河对面苏元春将军建造的供法国人使用的建筑被拆毁了。但至少领事馆被保留了下来。想到在中国革命运动中(甚至在后来的"文化大革命"中)诸多建筑的命运，这已经是一大幸事了。

离开领事馆的时候，我们在它的前面合影。我们又谈论了一会儿那个年代发生的事情。应该在此地建一个真正的博物馆，陈列物毫无疑问会吸引众多的参观者。这个创举可以将这座城市与其遥远的过去重新紧密连接起来。在"富裕起来"蔚然成风的当代中国，龙州没有意识到其历史的重要性。如同要证实我们的话一般，栅栏开处，一对年轻夫妇趁我们在场之际钻进围墙，在这具有异国情调之地拍下照片。毫无疑问，法国领事馆旧址仍然以它的存在吸

---

1. 约瑟夫·博韦(1867—1925)。

引着人们的注意力。

“现在，我要带你去小连城。”黄先生表情神秘地对我说。

车行驶了几公里后将我们放在一个饮料专柜前。我们每人买了一瓶水，然后开始向岩洞攀登。岩洞位于我们面对的石岗上，上去颇费体力。一旦了解苏元春将军是何等精明的战略家，此情也就不足为奇了。他的总部设在边界处凭祥镇的另一个岩洞里。那里宽敞隐蔽，用于震慑驻扎在东京的法国军队。不过在征服东京的战争期间，法国人很少来犯。岩洞的弊端是让苏将军代表性的功绩鲜为人知，因为它离东京太近，不便向外人开放[1]。这里是严格的禁区。

近旁连接中越边境的山道[2]至今仍被看作是保卫中国领土的战略要道之一。地形有时可构成地缘战略的恒定因素。为了强化这种战略，苏元春修建了第二个据点。它位于东京与龙州之间的中间地带。他选择喀斯特地貌作为自然屏障，他的岩洞大约居于中心位置。岩洞也可用作宫殿。他精心地建造了一座神奇的官邸，集兵法艺术和威严声望于一体。

作为王权的代理人，苏将军属于极少数可以使用皇家特殊标志的人，尤其有权使用某些文字和（适度地）动用黄颜色。苏将军是头等重要人物，对中国人而言，他头顶的王权光环是毋容置疑的。

在要塞的底部，岩洞的入口通道由大块不规则的石料铺砌，构

1. 在正确评估了自然屏障与潜在的敌军兵力后，他选择不冒险接待外人。
2. 现称为“友谊关”。

成宽绰的台阶，以展现豪华气势。台阶形成一个个台座，供间隔而立的骑兵和卫士盘查前来晋见或朝拜苏大人的来访者。随着弯曲的道路螺旋上升，通道越来越窄。青绿的景色逐渐映入视野，举目一览无遗。若干农庄点缀田野，龙眼[1]树遍布田间。水牛牧于深草丛中，蹄子浸泡在流经平原的河水里。此情此景使人联想到中国文化中的象征性图腾——龙：河流勾勒出它弯曲扭动的身躯，群山奇特的侧影宛若背鳍，龙眼（植物）与眼睛吻合[2]，整体形象赋予邻近的城市"龙山"之美名。龙傲视边关，其象征意义，以及地势独特的风水[3]是苏将军选择在此建造石窟的决定性依据。

半山腰处，设有一个圆形翘顶塔楼用于警戒。稍远处，通道被一座柱廊覆盖，两侧柱壁饰有箴言和吉祥物蝙蝠，上方赫然书就三个醒目的天青色大字[4]，龙字在其中。这个双关语昭示苏将军与龙图腾的相似性。这是艺术表现力的上乘境界。苏将军谙熟此道，因为他经常出入朝廷，刻意将这种象征意义移植到王朝的边陲。通过无数形象标记，他将风水理论与皇帝心腹的身份融为一体。

刻在岩石上的书法和所书诗词阴阳并济，直至通道尽头，使人面对越来越广阔的远景思绪万千。苏将军给不同地点取的名字都有警示的喻意。权力与睿智和龙的力量与灵动遥相呼应。最后，绕

1. 类似荔枝的水果。
2. 龙眼意味着龙的眼睛。
3. 简言之，风水（风与水）指通过特殊的宗教仪式和方法使人与自然达到和谐共存，使自然的力量以巨大的能量形式展现出来。这门道行适用于日常生活的各个方面，既适用于生者的世界，亦适用于死者的世界。中国民间通常将占卜术与风水紧密结合起来，认为风水主宰着人的命运。
4. 即"龙元洞"。——译注

过石门墙，山洞门赫然而现。雄伟的大门垂直而立，完美地融合了灰色与浅褐色。进了门，洞穴半明半暗的幽境呈翻倒的漏斗状扑面而来。右面是几个安置在岩石褶皱里的祭坛，一扇门开向俯临周围景致的环形通道。另一面的情景令人惊愕不已。为了显示其地位，苏将军在岩洞内铺设了一条只有在紫禁城里才能看到的主道。只有他本人才能踏在中央刻有龙图案的白色大理石通道之上，其他人只能走道路两侧。竟然在王朝的疆界上如此胆大妄为，这令来访者无不咋舌！

不远处，可见一个宽大的自然平台和一座壮观的祭坛，接下来是用于升堂的场所。来人举目可见对面石壁上的书画：雅致的题词、莲花、仙鹤、牡丹，以及精选的寓意画。装饰之精美和颜料之考究一览无遗。

黄先生用打火机点燃三炷香，躬身而拜，然后将香插在一尊女神塑像前。他静默了片刻，然后向我走来。“我为您烧香，祈祷您一路平安。”我向他抱拳致谢。我想象着方苏雅最后一次来此地与苏将军会面时内心的感受。

“跟我来，小心。”在昏暗的光线中，我跟着他穿过饰有绘画的墙左边的石拱门，这道屏障将洞中的公共领域与私人领域隔离开。我们顺着一道陡斜的楼梯来到一方平台上。如同幻觉一般，一块圆形的溶岩凸显出来，一道弥漫的光线透过远处漏斗状石缝照射在这溶岩凝结物上。我惊呆了。苏元春将自然与岁月造就的物体改造成一个御座。他仅用波浪和鱼形装饰物美化了天然的岩石。我隐约听到蝙蝠神秘尖锐的叫声。苏元春有意借助于这种动物被赋予的灵性，不仅是通过绘画装饰，而且是与它们朝夕相处。在中国，蝙蝠不会令人厌恶和恐惧。按传统的说法，它的名字与“福”同音，被视为赌徒的保护神，人们认为它倒挂的姿势是其智慧和大脑的重量所致。御座对面的石壁饰有龙的图案，如同紫禁城中的图案。像锦缎龙袍一样，色调一致，生动逼真，美不胜收。置身于这超乎现实的氛围中，我仿佛魂游梦境。苏元春是一位场景艺术大师。他善于在自然与人工艺术、亮度与阴影、能见度与暗影之间巧妙安排，点石成金。参观者不仅为之所动，而且感知到在他们面前的是一位高超的战略家，其权威的一部分来自他对这隐秘世界的驾驭。无须效仿西方城堡的镀金粉饰，苏元春将这座岩洞打造成一处无与伦比的府邸。

在返程的路上，黄与我继续谈论方苏雅和苏元春、奠边府和胡志明、毛泽东和邓小平，以及中国疯狂的发展速度和由此带来的后果……

第一章
驻龙州领事：一切皆有可能的年代

领事之路与铁路交会

巴黎，外交部，1896 年 3 月

奥赛码头满足了方苏雅在中国任职的愿望，任命他为驻龙州领事。龙州的名字对他而言并不陌生。在地图上，他看到这个城市位于广西的南部，镜面状地形的另一端，毗邻中国与东京边界。他1886年在印度支那任职的时候，此地界是在东京的法国军人时常讨论的话题。

他决心已定，要在中国以他的方式行使职权。他取道东面的路赴龙州，一路进行长时间的考察。他知道法国对中国南部心存野心，且料到理想的工具将是铁路。他质疑某些人渲染这个地区是"理想黄金国"(Eldorado)，决定绕过东京赴任。在他看来，这条路已留下太多殖民梦的痕迹，十年前他就见识过那里发生的事情。因此他宣布，为了尽可能地收集情报，他要从香港出发，经广州，沿西江而上。尽管感到意外，外交部还是对这个提议非常高兴。因为军队和地质公司提供的地图存在漏洞，所有可以有效探查“中央帝国”腹地的行动均受到重视。

当时，向西方人开放的中国城市寥寥无几。在遥远的海外旅行需要特殊的心理素质。敢于在中国冒险的先驱主要由传教士组成。宗教领域如同其他领域一样存在多国竞争，法国天主教与活跃的英国新教在这里狭路相逢。一些英国商人也来往穿梭于中国，以图锁定资源和客户所在的地域。像方苏雅那样，愿意远离北京、广州、上海的舒适岗位去边远地区任职的外交官少之又少。至于方苏雅领事，他执意去南宁这个对西方人紧紧关闭的，同时也可能是该地区最能激发想象力的神秘城市。他尤其想了解巴黎殖民当局所热议的计划的可行性。为此，他必须进行实地考察，测量河的弯道，了解所有真实情况，并如实报告。因为那些计划将涉及他的使命，他绝不会放弃考察的机会。

尽管花了很长时间做必要的后勤准备，方苏雅还是欣然动身上路。中国，这是他很久以来就神往的地方。这次旅行无异于一种挑战。他面对的是一个陌生的世界，需要应对无法预知的情况，有待见证实际情况是否比他想象的还离奇。总之，他不甘在因循守旧的常态中苟且偷安。

启程时，他在行囊里放足了应付四季的衣服。讲排场的服装仅限于庄重的领事服，这是正式场合外交礼仪要求的。测量仪器、七部相机，以及第一批胶片被分开安置于一个密封的箱子里，还有几本游记[1]和几张地图。地图可以用来确定行程主要站点的位置，也可用于测量迄今只有零散情报的区域的面积。他将随身携带这些物品。给养方面，他只带了一点罐头食品以备急需。这样既经济实用，又减轻了行李的分量。总之，以简便实用为原则。此外，他知道需要时可在东京补充“西式”食品。他的做法与大多数赴印度支那或中国旅行的法国人的惯例大相径庭。某些法国人公务旅行[2]时所携带的物品实在令人匪夷所思，因为食物的储备量远远大于设备和文件的分量。

在里昂火车站，方苏雅登上开往马赛的列车。著名“海运公司”的邮轮最初主要业务是面向地中海地区，自印度支那征服行动以来，开始向印度支那和中国航运。充斥这里的殖民军头盔表明海外航运在这个城市的开始。此外，大部分亚洲公司都在这里设了代表机构。办理登船手续的人彼此已熟悉。于是互相致意的礼节此起彼伏。方苏雅厌恶这个群体的礼节惯例。殖民军约定俗成的做派在他那里引发的是尖刻的幽默感，这在他的私人书信中有所流露。他像昆虫学家一样观察身边的旅伴，尤其在餐厅用餐的时候。这是一种自娱自乐的方式。余下的时光，他喜欢独自待在房间里，或者在甲板上长时间散步。十年前登船航行五周，而此次旅程要延长到下一站，经海防至香港。

1. 主要是古伯察神父 (père Huc, 1813—1860) 的书。古伯察神父 (天主教遣使会会员) 于1844至1846年间完成了在中国的蒙古、西藏等地的一次长途游历。

2. 这里主要指吉约莫多的考察使命 (la mission Guillemoto)，稍后将叙述此事。

在舒适的客舱房间里，方苏雅陷入沉思。印度支那使命的结束导致了奇异的职业间歇，而这种空闲很快又被新的任命填补。

他返回巴黎时正值保护国安南即将处于殖民政府的监护下。塞纳河周围的工地如火如荼地进行着持续的建筑行动。那是修建埃菲尔铁塔的年代，在筹备万国博览会的当儿，铁塔转瞬间立起来。这个建筑是为了庆祝法国大革命一百周年而建，而殖民地展览在博览会中占据了很大比例。但是我们是否警觉到，在那里看到的只是一种劣质的异国情调。组织者向观众呈现了多姿多彩的法国海外属地的（漫画般的）图片，以及被临时征用的当地人。他们意欲使大多数法国人相信：殖民政策是完全合理的，并得到充分的认同。因为他们意识到许多同胞认为殖民政策在严峻的经济形势下代价太大且不合时宜。博览会杂志清楚地表达了组织者的观点，希望这次活动"有助于引导舆论导向，由此给政府施加正面的压力"。殖民地展览融入了殖民企业家的宣传，旨在对抗某些国会议员在议会中唱的反调。

离职一段时间后，方苏雅被派遣到博览会有关安南—东京的部门负责组织工作。待遇不错，9 000法郎，由博览会支付。任务并不轻松，他负责从东京发送和汇集展览需要的相关器材。面积600平方米的展览大厅位于荣军院广场的中央通道上。展厅由一个高耸的屋顶构架覆盖，被分隔成两部分，由两个长廊连接。在显眼的位置复制了一组亚洲风貌的池塘，四周竹丛围绕，水中可见微缩的舢板和帆船游弋。"在成千上万有见地的观众中，众多人将见识这些船只，从中领略安南人特意赶来巴黎展示的工业和艺术。我们也将遇到从这个讨厌的地方归来的法国人，而他们则一心期待重返那里"，报纸如是说。

依照行政当局的逻辑，方苏雅会后应该乘1890年2月9日的船返回安南和东京去继任二等驻外官员的职务。但他没有那样做。为了对得起自己的良知，他宁愿辞职也不去迎合新任殖民部副国务秘书的欧仁·埃蒂安 (Eugène Étienne) [1]。这个甘必大和茹费里的亲信是正在形成的利益集团中一颗冉冉升起的新星。这个集团后来被贴上"殖民党"的标签。如今这个"政党"已淡出法国人的记忆。在教科书和百科全书中强调的是激进党曾积极参与关于共和原则的大讨论，旨在巩固共和国的基础。这种回避可以被看作是心理学所称的失误动作。"殖民党"实则是一场组织有序的政治经济运动（拥有工业、金融、运输、新闻等领域的分支机构），对政策决策者具有很大的影响力。直至1920年，它的发展主要有两个目标：捍卫"最强盛的法国"（即推行殖民化），以及从被征服地获取最大利益。在它的字典中，为达到目的可以不择手段，哪怕是使用最不可告人的手段。

方苏雅将要面对的正是这个强大的压力集团。在他的任期内要落实两项铁路计划，这是当时整个发展政策的战略部署。1890年，"殖民党"的影响只是初见端倪，但势头已相当明显。方苏雅无法想象向擅自聘用和渎职的行为妥协，他亲眼看见了这些做法在印度支那盛行。这是原则问题，其动机在他看来是"最严重的"。"我伺候不了某些上司[2]，告辞了。"他与印度支那殖民当局之间必然会产生相互反感的情绪。彼乌写道："他与我一样敌视和憎恨那些没

---

1. 欧仁·埃蒂安（1844—1921）。
2. 这是那个时代的说法。今天我们会说："我拒绝在某些上司手下服务。"

有道德感的人，他们因面具被撕破而恼羞成怒。”

以原则的名义说不，这体现出鲜明的个性力量。对于想获得这个职务的人而言，这种道德观被视为离经叛道和多少有点自毁前途。这个决定显示出敢于冒断送前程之险的勇气。此举导致了方苏雅两年多的半失业状态，在这期间他同时遭遇健康问题和经济拮据的打击。

在重掌殖民部副部长之职后，泰奥菲尔·德尔卡塞 (Théophile Delcassé)[1]指派方苏雅进行两项研究。一是研究比较外国的殖民管理方式，以便汲取经验，用以改进印度支那现行的体制；二是研究荷兰印联邦[2]的行政组织结构。但是每项研究的报酬只有2 000法郎。这笔费用仅够维持生计。

他之后被派遣到巴拉圭，在那里度过了一年动荡的任期。那是美好的时光，他还记得在草原上骑马远行时的陶醉，捕猎凯门鳄和长蛇时的兴奋。他保存下那条蛇的蛇皮。在心情阴郁之时，他便想起那曾经体验过的令人厌恶的感觉：面对与印度支那同样性质的营私舞弊行为，这种反感情绪便侵入他的身心。接下来便是法国与圭亚那断绝外交关系，他不得不在艰难的处境中保证法国人撤离[3]。

---

1. 泰奥菲尔·德尔卡塞 (1852—1923)。
2. 现在的印度尼西亚，当时的法国羡慕荷兰人在那里收益颇丰的管理模式。
3. 1893年9月，方苏雅就任法国驻亚松森领事馆领事。他后来记述道：“1895年，法国与加拉尼政府断交，我已经习惯将受难的同胞置于我的保护之下。”

巴拉圭被巴西、阿根廷和玻利维亚包围。

继巴西发难之后，巴拉圭支持对抗巴西、乌拉圭和阿根廷共和国三国联盟的首次“全面”战争 (1865—1870)。作为战败国，巴拉圭虽然保持独立，却付出了租让领土 (原领土的40%) 的代价并遭受惨痛的损失。但是领土追索的冲突 (尤其围绕查科地区) 仍在继续，一直延续到1930年。这导致了玻利维亚与巴拉圭的查科战争。

乘船而行，旅程的中途停靠站逐一而至，重现十年前原已在记忆中褪色的种种景象：墨西拿远景的初次印象，从塞得港和吉布提开始的热浪，与科伦坡香料货摊鲜亮色彩对应的黯淡美景，新加坡初见的具有中国人特征的面孔，然后是土伦港和海防港更加熟悉的搬运工的面孔。

五个月后，轮船终于驶入躁动不息的香港湾。这个港口因汇集大量的茶叶和香料而被称为"芬香的海港"。轮船在舢板之间相互的吆喝声中有条不紊地停泊。雾气中，方苏雅看到远处山坡上的总督府上空飘扬的英国国旗。稍远处，维多利亚峰在低垂的云彩间依稀可辨。这个城市的无休止的商业活动充分说明当时英国的强大！

几天后，方苏雅登上了开往广州的轮船。他是唯一的欧洲人，手持头等舱的票，与其他乘客隔绝。九龙的海滨在眼前渐次滑过。船绕过澳门，在暮色中驶入珠江，随之而来的是刺鼻的鸦片烟味。曙光中，广州逐渐清晰，"奇异之城""淤泥上的龟甲"显露真容。他开始坐轿子出访。如同之后坚持的习惯，他拒绝关闭轿帘，以便将外面的景象尽收眼底：字迹难辨的招牌、高谈阔论的路人，还能闻到阴暗巷道散发的臭气。"仿佛置身于幻觉当中。"他写道。但是严酷的现实将他唤醒。喊声爆发，他被人叫作"鬼佬""洋鬼子"。只有不懂中国习俗的鬼佬才会不知道：自重的官员出行是放下轿帘的！

方苏雅由一艘炮艇一直护送到梧州。采取预防措施是必要的，尤其出了广州三角洲更应如此，因为那里频繁发生海盗团伙抢劫船只的事件。过了梧州，他必须自行保证安全，必要时向试图靠近的小船射击。他乘的船驶离平静的水域，放眼远眺满是稻田，嫩绿宛如东京的田野。之后轮船驶入波浪起伏的河道。在这里必须用祭品敬天地与神灵。每当经过激流之前，方苏雅都会记录下要履行的仪式程序。他心潮澎湃，因为实现了由来已久的愿望：面向南宁海岸停船升起三色旗。他是第一个造访这座城市的欧洲官员，他暗下决心，来日必要重返这里。他又在陡峭的石壁间蜿蜒航行了三周，最终抵达龙州[1]。

接踵而来的奇异风光，翠竹交织遮蔽的城市，因袭王朝漫长历史的臣民，灰暗肮脏的街道氤氲的阴气，烈日高照释放的阳气，被艰涩难懂的语言搅扰的听觉，帆船上方岩壁间腾挪的猴子：这就是方苏雅邂逅的中国。

* * *

法国领事馆是一座西式矩形拱廊建筑，矗立在围墙环绕的花园之中。一座覆盖漆釉瓦顶的简单门楼面向一条林荫道。它的位置远离市区，处于旷野之中，介于两条河之间，避开城市的气息和喧嚣，在骚乱发生时也有利于防卫。

方苏雅骑在一匹矮小的马上，远远看到前来迎接他的主任秘书约瑟夫·博韦的身影。他从东京出发，走最短的路线来此地迎接新

1. 意思是龙的河。

上任的领事。他在谅山[1]乘火车，经中国门[2]入境。因此他有四个月时间来研究局势。

约瑟夫·博韦身材修长，椭圆形的面颊周围蓄着棕色络腮胡，近视的眼睛在椭圆形的小眼镜片后面闪烁。如同方苏雅一样，他出身卑微，拿到中学理科毕业证后进入东方语言大学学习。他谙熟中国语言和文化，二十二岁毕业于该校，继而投身于奥赛码头对中国的事务中。

领事和主任秘书巡视驻地。新"领主"在生活设施方面不加挑剔，随遇而安，但在意拥有一个坚实的大本营。然而他遗憾地看到，领事馆的内部与外部不相符合。建筑虽然完工不到两年，但墙壁因防水性差已经严重受损。

约瑟夫·博韦迫不及待地告诉领事他到达后了解到的情况。方苏雅急于知道更多细节，他动身之前只是接受了非常笼统的指示。"我受命向王朝龙州当局递交文书入主领事馆。通过个别谈话，我相当模糊地知道有一项悬置的铁路事宜，就这些。"他如此记述。

主任秘书一边喝着茶一边开始从拜访康启清(音Kang Qi Qing)[3]讲起。康启清新近被任命为龙州铁路的主管官员，亲临此地审理相关事宜。此人"彬彬有礼，并且十分聪明"。康启清通报了

1. 越南北部城市。——编注
2. 指以"中国门"命名的著名通道。内格里埃(Négrier)于1885年1月夺取了谅山要塞。此后他曾打算"炸毁中国门"。他在试图粉碎对谅山的包围战中负伤，遂向在伊勒河的上级布里耶尔将军示警，后者决定撤离该地。该事件的经过如同一场灾难。它导致了茹费里内阁的倒台。
3. 中文先说姓(一般是单音节字)，后说名(通常是双音节字)。

兼任铁路督办的苏元春将军安置法国人的部署。苏将军为工程师们提供了住所，那是一座新建的名曰“追忠祠”的庙宇。寺庙矗立在领事馆对面，位于高平河对岸的城郊处，靠近海关、道台[1]衙门[2]、电报局和印度支那派出的医生的诊所。苏将军指定的新建筑宽敞且通风良好。博韦委托康启清向苏将军转达对这种特殊关照的谢意，并肯定他的同胞们将满意这种安排。第一次会面使主任秘书对接下来的谈判充满乐观态度。方苏雅以微笑表示赞同。

不过博韦提及不久前奥赛码头的一封来信，信中对领事馆关于六个月前（6月5日）签订的合同未做出反应表示诧异。来信说这份合同事关铁路问题，在高层被当作战略进展来庆祝，想必主任秘书及新领事有所了解。外交部长加布里埃尔·阿诺托（Gabriel Hanotaux）[3]不明缘由，他从法国驻北京公使[4]那里确定龙州已接到通知。约瑟夫·博韦也不知道发生了什么事，回复部长说他不明白他的前任为何没有收到如此重要的文件。方苏雅很困惑。事有蹊跷。

事实上，新上任的龙州领事难以想象1896年6月5日的合同的来龙去脉。这个体现法国在中国的铁路战略计划的奠基性契约，尤其是实现合同所使用的手段，应该通知相关人员。两者昭示了法国在中国南部推行殖民政策的开端和常态，而方苏雅的个人作用也将贯穿其中。

---

1. 地区首脑。
2. 官府。
3. 加布里埃尔·阿诺托（1853—1944）。
4. 法国自1861年在中国设立公使馆。某国公使的头衔相当于现今大使的职衔。

* * *

最初是法国驻北京公使施阿兰 (Auguste Gérard) 想到签订一份符合法国野心的铁路合约。他设想利用1895年6月20日签署的贸易协定获得可行性。这项协定制约着中法关系，可以将它加以改造，以便获得一个更加强制性的合约。根据其中简单的“有权在中国领土上延长现有的，或计划修建的安南—东京的铁路线”(条款5)，再追加一条“允许中国门至龙州铁路的开发与中国门至谅山的线路连成一体”[1]。这个细微的改动目的在于创造一个合法的先例，这样就可以 (以他的设想) 在未来的其他线路上被效仿。

法国公使极尽外交手段来迫使北京当局接受这种变动。1896年1月，他照会总理衙门[2]：奥赛码头和法孚—里尔 (Fives-Lille) 公司已经达成一项只需签字即可成立的最终协议。他通过这个姿态表明无视中国当局的态度。中国驻法国公使秦 (音Qing) 先生致电法国外交部长：“你们无权做这样的决定，请给我们解释。”但是施阿兰不予理会。他有印度支那总督和殖民部 (ministère des Colonies)[3] 撑腰。他与奥赛码头的“节制”指令对抗，一意孤行，试图得寸进尺，从中国人那里获得通往南宁的铁路筑路权。这个目的被认为具有战略意义。

这种态度就一个外交官而言无论如何都显得匪夷所思。这种

1. 条款8。

2. 总务办公室，级别相当于总理办公室。

3. 在那个时期，也用“département”这个词来指“部”。

躁动实际起因于国际政治中的一个关键事件：1896年1月15日，通过《伦敦宣言》，法国和英国确定了各自在中国南部的势力范围。一个先于雅尔塔会议49年的“小雅尔塔”体系诞生了。随之而来的是两个欧洲强国之间的激烈斗争，它们使出浑身解数来试探协议的极限，以及双方公使馆的容忍度。在这种情况下，铁路是一个备受青睐的武器，因为它可以开辟新的领地。

法孚—里尔铁路公司的介入在相关事务中起到重要作用。大众将这个公司的名字与1867年世界博览会会址的建筑构架联系在一起。这个殿堂是该公司与卡伊 (Cail) 公司共同建造的。但是在外交领域，法孚—里尔铁路公司更具代表性。它是一个与政界联系密切的强大企业，公司董事长家族的若干成员是政界的显要人物[1]。由于第三共和国商界盛行的秘密姻亲关系，董事长就是该公司总经理埃德蒙·杜瓦尔 (Edmond Duval) 的连襟。

1896年2月末，埃德蒙·杜瓦尔与印度支那总督签订了一份合同，获得谅山—中国门印度支那境内铁路经营特许权。不过合同文本规定该特许权须在该公司获得中国门至龙州铁路的经营权后方能确定，“后一条铁路形成印度支那线连接至中国领土的延长线”。

但是，在随后4月的一次非正式的会谈中，埃德蒙·杜瓦尔向奥赛码头坦言：法孚—里尔铁路公司正处于财政困境之中，该公司指望用印度支那铁路的盈利来投资修建中国境内铁路，该段铁路只要不通达南宁，就是一个投钱的无底洞。

1. 侄子先前任议员，继而任公共工程部部长和军事部部长；表兄任海军部部长，等等。

然而，不仅奥赛码头对与印度支那总督签订的合同一无所知，而且已被认可的法孚—里尔铁路公司至此也一直强调资金没有问题且愿意承担风险。埃德蒙·杜瓦尔不得不承认：考虑到东京方面的开支将在议会引起争议，殖民部不希望将此计划提交议会审批。

奥赛码头发觉，计划涉及的中国和印度支那双方已结成统一战线；并且从财政角度看，法孚—里尔铁路公司的中国战略是建在沙堆上的金字塔。外交部明白被人愚弄了。事情的后果已可以预见："最终将由国家来承担风险。"不言而喻，纳税人被迫卷入风险中，而他们对国家有关当局蒙受的耻辱却一无所知。

会谈陷入僵局，埃德蒙·杜瓦尔受到言行不当的指责。但是法孚—里尔铁路公司不屑于外交手腕和约束，坚持要作为重大项目谈判，例如中国问题谈判的唯一人选。难道他们的立场不是在没有受到任何制裁的情况下变得更加有恃无恐吗？他们清楚，有可能通过铁路实施法国强权战略的企业为数有限，而他们是当仁不让的人选。此外，作为一家铁路公司，法孚—里尔铁路公司自认为是首要的领土征服工具。至于中国方面，他们严正告诫法方谈判必须建立在持续共同磋商的基础上。中方借机通知法方：中国政府已任命苏元春将军为龙州铁路主席，并指定他为铁路事宜的主要对话者。事态变得严重了。

苏元春是一位杰出的政治家。他司职提督，受命督办邻接东京地域（广东和广西二省）的边防，统揽军政大权。查看该地区地图便可知此地幅员广阔，地势起伏，位置偏远。由此可见他肩负的使命之艰巨。苏元春是精明的战略家，受朝廷赐封宫保荣衔（太子少保)。正因为有这个人才,朝廷才敢于面对几乎无法应对的挑战。方苏雅要打交道的也正是此人。为了证实中央王朝致奥赛码头的信件得到重视,中国驻法国公使受到法国议会主席莱昂·布尔热瓦(Léon Bourgeois)的接见。与此同时,一时间遭冷落的埃德蒙·杜瓦尔被拒绝就同一主题晋见法国政府首脑。

身居北京的施阿兰一明白谈判的重心从北京转到龙州,就竭力向北京、龙州和巴黎当局同时施压。他支持法孚—里尔铁路公司的主张,以至于让人难以辨别他是在执行外交政策还是在维护私人利益。

施阿兰曾经打算委派他的亲信安托尼·格约(Antoine Grille)去中国南方直接对会谈施加影响。不过他的初衷是尽可能使合同成为既成事实。紧迫感与日俱增,因为整个北京外交界在风传有关铁路的情况:俄国人和比利时人似乎正在取得重大进展(满洲里跨境铁路、京汉铁路)。更糟糕的是,英国人随时可能通过其缅甸属地进入中国南部。最后,另有一个大胆而新潮的举动使欧洲外交官员们感到震撼。身为著名北洋通商大臣、直隶总督、华北港口总监、一等侯、皇太子监护人的李鸿章,一扫北京朝廷固有的保守派形象,借沙皇在莫斯科的授职仪式之机,宣布出访世界各国的意图,旨在与欧洲和美国的投资者接触。于是,西方人开始向这位中国高层代表献殷勤。趁他途经德国之机,克虏伯公司试图拿下一桩大宗武器订单,不惜专门举行李中堂塑像的落成典礼。这件事以失败告终,教训是:手段过分张扬。

至于施阿兰，他大获成功：赢得1896年“6月5日合同”的签订。他不无得意，通报奥赛码头，安托尼·格约将携带中方总理衙门画押的意向性协议文本，赴东京和中国南部。为了先声夺人，格约在动身前通知苏元春协议已经签订。但是无论奥赛码头还是苏元春将军都不知道合同的实际内容。因为尽管有洋洋洒洒的通报，但合同悬置了所有执行条款……换句话说，合同没有实质内容，严重混淆了意图与达成协议之间的区别，这无疑会产生严重后果。这是一颗生虫的果实。

不过合同签订的消息还是使法国外交界和印度支那欢欣鼓舞。法国赢得了国际声誉，因为这抵消了西江对外通商的影响，即英国享受的实惠。

苏将军赴河内出席7月14日的法国国庆活动加强了这种感觉。他的到来被殖民界理解为忠顺的表示。印度支那公共工程部主任特意向苏将军展示了一段铁路，以炫耀法国的专有技术。施阿兰迫不及待地下结论：“苏将军是实权人物，我认为他是共和国政府当今有理由依靠的助手。”这显然是对苏元春不了解所致。

* * *

在龙州，方苏雅准备会见苏元春。他按规矩发出会晤请求。在此期间，他拜访了当地的官员，他们当中没有人给他留下多大印象。

在方苏雅到来之前，苏元春已经向约瑟夫·博韦了解了他将与之打交道的人的个性。心存对铁路和边境动荡的思虑，面对来自印度支那方面种种军事上和物质上的软硬兼施，他的确不得不仔细揣摩所有法国当事人。

在第一次会见中，苏将军采取了一种让法国领事难以理解的态度。“他整个人显得僵硬、不露声色、高深莫测。”*将军保持着含蓄态度，这种姿态在中国意味着严肃、庄重与尊敬，而给客人的感觉是：“他盯住对方，微闭的眼睛只露出一条缝，但可以感觉到里面的眼珠在转动不停。”*

方苏雅大概期待更多的真诚。但让他始料不及的是对方带有威严的礼貌。“他高大强壮、精力充沛、精明强干［……］。我面前的这人五十来岁，身材高大魁梧，举止干练，迥然不同于我迄今为止接触过的中国官员。那些人态度狡黠，眼神游移不定。”*

几天后，苏元春接待了方苏雅。领事给他留下好印象：言谈果断而冷静，直面铁路主题，强调遵守协议不受外来干扰。领事向苏元春表明他“不会受人愚弄”，这难道不是传递可以与他坦诚对话的信号吗？

那天，这个军人后裔、出身客家、阅人无数、笃信风水的高品武官，遣散随从，尽情让法国客人感受他的殷勤。“他拉着我的手，将我带到里间，异常热情地与我交谈。他说我们应该一条心，情同兄弟，共同为两国的利益协同工作；他又说我们应该互相通报遇到的问题，并且毫不迟疑地告诫我要防备那个最仇视外国人的道台，这人是他在北京的政敌派来搅局的。”*方苏雅没有用仇外的习惯偏见来评判他面前的这个人。他揣度着这突如其来的变化。“此后，苏与我之间建立起一种亲近的关系，其特征是彼此坦诚相待。他对我的态度可能会对一个中国公务人员造成危害。在我接触过的中国官员中［……］，我没能与其他任何人建立起如同苏元春与我之间的这种坦诚信任的关系。”*方苏雅在中央帝国的边关遇到了一个与他一样刚直不阿的对手。

方苏雅刚刚熟悉了龙州和铁路问题，法孚—里尔铁路公司的工程师洛朗斯·沙普隆 (Laurence Chapron) 就从东京而至，他在印度支那总督那里滞留了几周。这家公司最终决定从巴黎派遣一位精选出的人来捍卫从龙州延长至南宁，甚至更远的铁路计划。

沙普隆像是一位有经验的人，尤其是他参加过塞内加尔铁路的修建。巴黎方面因此推断，以前在非洲实行的方法和策略在中国或许也适用！这位工程师以线路的商业盈利来阐述选择南宁的理由。然而在方苏雅看来，他之前遇到的中国官员对这些论据持怀疑态度。但是领事决定等谈判时再表达自己的意见。

十二位人物出席了在领事馆召开的首次会谈。洛朗斯·沙普隆向领事重申他的观点：印度支那政府与法孚—里尔铁路公司认为，这条铁路存在的理由在于商业价值，因此向南宁延伸理所应当。洛朗斯·沙普隆雄心勃勃，宣称这只是宏伟计划的一部分。苏将军代表中国铁路委员会发言说，他不反对修建这条铁路，但他在等待能证明铁路盈利的确切数据。方苏雅表示应该认真权衡所有的论据，并提出进行深入讨论。

一段时间后，方苏雅认为可以向奥赛码头提交他对铁路计划的初步结论，并且表达了批判性的意见。首先，把铁路特许权视为对西江向非中国航运开放的“补偿”，具有欺骗性：与官方文件的说法相反，这种法规的变更实际上是在获得铁路特许权之后的事情。他认为，法国本来可以运用外交手段阻止西江自由通航；他不明白为何外交部竟然毫不犹豫地同意用铁路来“补偿西江被英国人把持的悲剧”。因为任何便于进入西江的新通道仅有益于东南港口。

印度支那和法国的真正目的是将中国的产品向西面的海防港输送。就是这样。但是铁路并不妨碍货运朝东面的香港发送。朝这个方向的贸易往来沿西江和一条非盈利的铁路有效运转，东京的贸易实际上面临边缘化的处境。领事补充说，铁路向南宁延伸在他看来是行不通的，因为当地的地貌不允许。他在结束评判时指出：铁路有可能给中国军队提供越过东京边界的便利条件，中方委员会有司职防务的重要人物苏童林（音 Su Tong Lin，苏将军的连襟）就是证明。

* * *

领事试图推进谈判进程，但是受到法方内部利益冲突的不断干扰。这种冲突是殖民主义固有的，如同领事在印度支那、巴拉圭和中国经历过的一样。在龙州，这种利益冲突表现在与中国人的对话中，法国代表感到很不自在却无法找到摆脱困境的方法。他们在人数上处于劣势，相对孤立，感到不知所措。他们面对的人代表着一种古老而讲究礼仪的文明，不会轻易受到愚弄。总之，法国人感到拘束和不自信。他们的惯例在这里行不通了。在这种情况下，他们之间的利益冲突更加激化，人人都想显示他们才是强者。这犹如一个爆炸性混合物，法国铁路计划成为其中的催化剂。因为这个计划关系到声誉和经济利益。

洛朗斯·沙普隆与方苏雅之间的关系迅速恶化。沙普隆的翻译普通话掌握得不够好，致使谈判无法顺利进行。但是当领事提出由博韦帮他另找翻译时，遭到沙普隆的拒绝。

沙普隆不断表示他的不满。他感到受孤立，他烦闷，他认为自己作用过于受到局限。他对这次中国之行孤注一掷，期望给他的职业生涯增添筹码。但是他的意见不受重视。他认为中方委员会没有给他与身份相符的、应有的尊重，因而他就谈判的程序问题向苏将军发难。

尽管方苏雅警告他考虑自己的态度给法孚—里尔铁路公司带来的后果，沙普隆还是忍不住对中国人表示藐视，开始在谈判中向中国官员挑衅。面对一种以内敛为智慧的文化，侵犯对方的尊严成了策略的失误。试图让对方颜面扫地的人有何能耐？方苏雅不知道这段插曲竟然是一系列危机的序幕。这回轮到乔治·贝尔特朗 (Georges Bertrand) 指望超越他作为苏将军翻译的身份，进而抬高身价充当铁路事务顾问。他有时甚至已经向外人如此介绍自己。这种他似乎拥有的或真或假的身份引起了洛朗斯·沙普隆的嫉妒。一场两个自以为是的人之间的真正战争开始了。

据公众传闻，乔治·贝尔特朗是一个有着不清白的过去的暧昧之人。对他没有什么可公开指责的，但是来自西贡的情报促使领事提醒苏将军与他保持距离。领事说：他扮演的角色“值得怀疑”。

方苏雅对贝尔特朗针对沙普隆的指控感到震惊，事关恶意中伤。沙普隆曾经信口开河地说贝尔特朗是同性恋，没有与他所谓的妻子结婚，而是将她“出卖给”苏将军。太过分了，这些传闻在边界两边扩散开来。在龙州驻扎的法国人显然不是未引起注意。现在这种气氛只能是有害于谈判。于是方苏雅通知苏将军：如果指控成立的话，他有可能受到牵连。反击很快到来。在接下来的会谈中，一部分中方委员会的成员与苏将军团结一致，将沙普隆排斥在外。气氛变得糟透了。

当天晚上，方苏雅在“衙门”凉爽静谧的花园里与他的主任秘书碰头。领事对阻碍处理铁路事宜的争吵表示愤怒。他们一致认为从次日起无论如何要回到主题上来。

在这当儿，约瑟夫·博韦不失时机地表态支持他，并表示与他一道工作很满意。他说，方苏雅领事与他的前任不同。他的前任皮埃尔·邦·旦迪是一位精明的外交官，兼人种志学者、地理学家、语言学家于一身。一开始博韦与他的上司尚可融洽配合，但随着时间的推移，他不得不忍受这个波德莱尔忠实读者的生硬呆板的作风。邦·旦迪也越来越难将就博韦叛逆的性格。据他说，博韦的这种性格影响了领事馆的气氛。邦·旦迪认为博韦这种行为的改变缘于他从1894年开始抽鸦片。然而吸食鸦片并没有影响约瑟夫·博韦的工作能力，当时没有，后来与方苏雅一道工作时也没有。前领事似乎无法接受博韦松弛和慢吞吞的作风以及对私人研究活动的投入[1]。

1. 约瑟夫·博韦进行植物学编目和地方史的研究。

达成彼此坦诚、尊重和欣赏的共识（这种默契主导着他们整个合作期间的关系），两个男人相互对视了一下，会心地握了握手，然后回到各自的房间。

* * *

方苏雅坚持重新调整谈判策略。他安排了一次与沙普隆的会见，认为单独交流会更容易说服对方。方苏雅谨慎地向对方阐述自己的观点。在他看来，如果铁路必须以商业为目的延伸，那就向百色[1]方向（偏西北方向）走，而不是朝南宁方向。这种观点得到在云南省就职的法国传教士和中国海关职员的一致赞同。

沙普隆勃然大怒，声称不考虑违背公司的指令。法孚—里尔铁路公司的定论是：南宁是未来中国境内铁路网的枢纽。方苏雅被惹恼了，愤而驳斥这种“硬塞给铁路的、被所有不持偏见和公正无私之人所反对的固执己见”。因为实际上法孚—里尔铁路公司的目标是将它的铁路网与比利时人建造的未来的京汉铁路，以及可能修建的分支线路连接起来。一切都朝着有利于比利时和法国共同利益的方向发展。铁路的发起人在北京公使馆区会面，宏伟的计划满足了法国殖民联盟（1893年由欧仁·埃蒂安创立），以及国会下属外交、殖民和铁路特别委员会的虚荣心。

不只是铁路计划提出意想不到的问题。有一天，司立修

1. 百色（Bo-Se），越南地名。——编注

(Chouzy) 主教大人在方苏雅面前炫耀其“法兰西共和国驻广西代表”的头衔。主教阁下已在中国逗留了16年，方苏雅曾为一桩诉讼案在中国官员面前为他辩护过[1]。领事非常吃惊地看到主教持有施阿兰亲笔签署的外交头衔。经质询，奥赛码头认为这个“委任书[……] 实在离奇”，于是要求法国驻北京公使遵守规则。施阿兰不得不纠正他的错误。为了在众人面前有个体面的交代，司立修主教大人表示了“对他的冲动的歉意”[2]，然后与龙州领事馆保持距离，返回距此地一个月航程的主教府。

法国公使团认为首先要推动法国在中国的宗教政策。这种政策保护传教会，使之成为象征法国的工具，尤其是在没有法国外交代表机构的地方。非法使用这种权力激怒了方苏雅。但是他的反应与有些人所说的反教权主义没有丝毫关系。领事是教徒[3]，尽管他承认没有接受过“真正的宗教信仰”的教育。他的生活遵循坚定的价值观和信仰。但是，在这方面，他厌恶炫耀卖弄，坦言尊重所有真诚的态度。他尤其与邓玉函 (Mazel) 神父、巴伊 (Bailly) 神父 (在沿西江而上时相遇) 以及在西藏任职的桑捷 (Sénutier) 神父保持良好的关系，另外还与光若翰 (Guébriant) 神父交情甚好，并于1901年与后者一起在中国南部建立了第一个法国邮局。他欣赏这些人，因为他们身体力行地履行使命并且忠实于信仰。

围绕铁路的谈判陷入僵局，由于洛朗斯 · 沙普隆而止步不前。

1. 为前一年反基督教暴乱中教会遭受的抢劫要求赔偿。
2. 即轻率地僭用职衔。
3. 他在一封私人信件中表露过他晚间就寝前做祷告。

他根据一次短暂的线路勘测[1]而坚持的意见激怒了中方委员会。沙普隆得到施阿兰的鼎力支持。公使在北京大肆活动以求获得铁路向南宁延伸的权利。这件事情方苏雅并不知晓。但是王朝摄政王将法国公使置于左右为难的境地：如果将延长铁路的权利给了法国，中国会同时将南宁向英国开放。施阿兰对计划可能如此执行十分不满。于是问题悬而未决。

在此期间，方苏雅坚持遵守谈判日程，会谈在不愉快的气氛中依次进行。沙普隆采取回避策略，而领事开始明白6月5日的合同对中国人来说只是一个简单的序幕而已。他提醒奥赛码头：应该"争取获得特许权"，合同尚待签订。这是法孚—里尔铁路公司拒绝接受的。公司高层不满未按照他们预期的速度推进，将详细讨论看作是妨碍议事进程的手段。

中方委员会同意方苏雅深入讨论的意见，要求法孚—里尔铁路公司拿出一个预算表。这是尊重协议文本的一个要求，如同领事在他后来的公务信函中指出的。

与此同时，人们得知新的印度支那总督保罗·杜美[2]走马上任。东京的报纸着重渲染杜美的唯意志主义，以及他决意要在印度支那贯彻"最强大的法国"的观念。洛朗斯·沙普隆决定自行其是，立即动身到河内去招聘操作人员。受到这种新的藐视态度的刺激，中国人予以反击，使谈判笼罩破裂的阴影。中国人意识到方苏雅努力扮演的是调停人的角色，指望他干预沙普隆的行为。但是领事在他

1. 突击勘查进行了几乎不到四天时间。

2. 保罗·杜美（1857—1932）。

所扮演的共和国代表的角色与法孚—里尔铁路公司代表的角色间划了界限。“我只能提供意见。”他在给奥赛码头的信中写道。乔治·贝尔特朗向方苏雅提交了一份指控洛朗斯·沙普隆诽谤罪的诉状，扬言必要时陈述边境军人的证词。领事希望平息这件事情，以便专心投入铁路问题。经过最后的调解，他终于说服贝尔特朗打消了起诉的念头。由于他的调解，法孚—里尔铁路公司和法国外交界避免了丢丑的最坏结果。

在沙普隆方面，他趁机求见方苏雅。基于他在河内逗留时积攒的信心，尽管他把领事排除在他的活动范围之外，沙普隆还是要求领事给予超出其职责的支持[1]。他按指示在南关 (Nam Guan) 与龙州之间安置了第一批跨境人员队伍，并与另外三个业务人员一同返回，使龙州城的欧洲人从七人增加至十人。新来的人不愿与领事馆保持丝毫联系，并且不加掩饰。

然而这三个人在社交上不加检点，制造了一桩极其有损法国形象的丑闻。事发不久，中方委员会副主席突然造访领事馆，强烈谴责这三个职员的不端行为。方苏雅十分吃惊地听到描述说：“一些不三不四的男女频繁出入这三个法国人居住的寺庙，在那里进行一系列的狂欢。”康启清甚至谨慎地在附近设了警卫，以防止民众对这些制造混乱者采取行动。

领事只得保证去澄清事实并采取相应的措施。龙州的行政长

1. 维护铁路公司的利益，必要时反对与中方谈判时预定的法律条文。

官吴（音Wu）含蓄地向他表示，出于职责他理应过问此事。但是方苏雅处于难堪的境遇中。因为他不具有处理类似案件的公安和司法职权，如同他在给外交部的报告中提到的。他有责任同中国警方合作。调查显示这些铁路职员与一些越南妇女同居。而这些妇女是准备……在中国贩卖的！这桩交易由三人中的罗伊先生指使，他屡犯这种被方苏雅斥为“完全有失尊严”的勾当。

在这种混乱的情况下，领事收到印度支那总督的一封电报，请他一旦可以抽空即赴河内一趟。他立即上路。当他骑马三日赶到谅山时，当地的军事指挥官却告诉方苏雅取消约见了，杜美被召去了西贡。他与总督的第一次约见以未见到面而告终。

方苏雅利用在边境地区逗留的机会去澄清一桩牵连苏将军的事件。与苏元春为敌的龙州新道台控告他拒绝会见法国的高级别军官。方苏雅知道苏将军猜测广西省巡抚是阴谋的操纵者。这些谣言恰好证实了在印度支那某些法国军人中风传的中国官员的“恶意”。每当中国当局没有表现顺从印度支那或法国在中国的战略思想时，这种说法就甚嚣尘上。在很久以后（甚至在现代），有关19世纪法国、印度支那和中国的关系的研究中还可明显看到这种论调。对此当代作家没有任何恶意，只是再现了一种表达方式。这种表达通常是复制当时法国人的惯用语而不深究其意义。

在1891年间，为了对抗那些在中国和印度支那边界地带流窜的武装团伙，位于两国之间的山区（呈半圆形延伸于缅甸与东京湾之间）处于军事管制之下。最初，拉奈桑创建了四块军事领地，每块地盘授权给一个集文职和军职于一身的指挥官管辖。离方苏雅的领事馆最近的是第一和第四号领地。边界双方于1895年6月最终确定，建立一个中国—安南联合警察局作为这种部署的补充，并制定了有关规章（1896年5月）。有利于双边互助的规定在预计之中。但是缺乏实地管理以及特权的集中很容易使法国高级别军官在思想上忘乎所以。边境是一个广阔的灰色地带，无视法律的约束。然而法制本是共和国的思想。在中国人的印象中，法国应该是一个"法制的国家"。巴黎考虑过中国人会作何感想吗？显然没有。只有离边界最近的法国领事机构（例如广西龙州、云南思茅与河口）的严守法规的领事们在恪尽职守地行使监督者的职权，因此他们被视为绊脚石。

方苏雅进行了调查。他发现针对苏将军的事件有完全不同的说法。第一号领地的军事指挥官计划了一次与苏将军的会面。为此他用了约见书的形式。联系直接在两人之间进行，没有通过外交程序。最后时刻，指挥官取消了会见，仅限于用电报通知了苏将军。这种方式多少有些草率，但他们相互认可此事。这种联系方式至少构成有悖外交礼节的失误，尤其对指挥官级别的人而言。

此后，当法国方面提出第二次会见时，苏将军谢绝了邀请。"态度非常礼貌，且理由充分。"方苏雅这样认为。但这个举动立刻"被描述成对法国当局的侮辱"。

方苏雅为军事当局有失慎重的做法感到遗憾，这种行动绕过了领事馆的程序。外交人员的作用不就是方便双方交流吗？方苏雅给保罗·杜美写信阐明了观点，并为苏将军辩护，同时为那种有失分寸的做法感到遗憾。但是档案向我们展示了另一种处理问题的方式。这在杜美给殖民部的报告中体现出来：对总督来说，这样直接接触的方式“不仅是允许的，而且是值得推荐的”。至于与苏将军的会面，他认为不过是“军事视察一般的小事”。

随后，方苏雅拜访了苏将军。地点在苏将军的军营总部的边缘地带，靠近凭祥，在龙州以南约四十公里处。他的营地建在网状的石窟之中，山洞被改造成堡垒密布的阵地[1]。除了苏将军本人和他的心腹，任何人不得入内，像方苏雅这样得以靠近的人为数甚少。法国军人听说过连山的岩洞，对这种梦幻般的神秘洞穴感触颇深。据说这个石窟如同猛兽的巢穴一样壁垒森严。方苏雅如此描述：“这个地方具有传奇色彩，激发了整个东京的法国人的想象力。”*因为苏将军成功地保守住秘密，使连山岩洞摄人魂魄。领事叙述道：“我从来没有参观过这个地方，苏抱歉说不能让我进去，因为他的士兵会用恶意的眼光看待一个欧洲人造访这座城堡。他甚至不允许不相干的中国人入内。”但是方苏雅了解的情况足以勾勒出这神奇之地的轮廓。“连山营盘长七公里，宽两至三公里，两面有猴子都无法随意攀缘的壮观的自然屏障。人通过一道裂隙进入山洞的一端，一道在岩石上凿就的楼梯连接高悬的洞口。岩洞的另一端有一道几米宽的走廊，一条小溪从那里涌出。苏在一个庞大的石洞里为自己

1. 见“初出茅庐”，第35页。

建造了十分奇特的住所。其他洞穴被改造成塔状的储备仓库，以及供部队驻扎的营房。他们甚至还种植些许水稻。”

方苏雅没有在隐秘之处被接待，但也算近在咫尺了。“在他的营盘，苏可以更加与外隔绝，同时表达也更加自如。”他们的谈话标志着彼此关系的一个转折点。他们变得更加亲密。在那秘密处所的地界边缘，方苏雅明白了自己已获得面前这人的完全信任。苏将军对其吐露心声，向其暴露自己脆弱的一面，尽管他是公认的关键人物。“他用生动的言语向我保证可以尽其所能地为我提供帮助，同时也向我诉说了他的难处。他感觉受到严密监视。他回避身边的人[1]，他必须用间接的方式对待重大问题，派可靠的人或他家族的人来见我。”将军甚至给领事一些建议。“他向我解释他对付道台的做法，同时给我一些有益的忠告。”

但是，苏将军也有一个软肋，这点已被边界的军人、印度支那总督和广西当局所知。这就是财政问题。他第一次向领事间接坦言此事，表明他面临的窘境。将军必须用一笔包干的拨款维持边防的费用[2]，这笔款项刚被云南省总督给削减了，而他的开支却因为建立联合警察局而增加。这是一个无法长时间隐瞒的非常明显的弱点，以致有人试图利用这个软肋来控制他。“道台知道他负债，借机制约他。”方苏雅记录道。苏将军因此左右为难，不得不一边向省府汇报，一边向北京要求追加拨款。为了应急，苏将军委托乔治·贝尔特朗以他的名义向广东和香港的银行贷款。但是以个人名义担保贷款使他处

1. 在处理公务的时候。
2. 包括部队的军饷、要塞的维护、弹药供给等。

于非常被动的境地，并且这种情况具有风险。“为了节省经费，加之面对本省官员的恶意，他无疑只能裁减兵员，可能裁掉整整五个营。这个措施削弱了他的警戒力量，反而‘制造’出三千个土匪。”

领事在思考帮助苏将军的办法。这对他来说同样有助于边界地区的稳定。他决定将情况通报外交部长，建议法国给苏将军一笔资助作为避免动乱的投资。他一开始就给这个提议附加了预防措施。“我不知道他是否能接受为我们提供方便，但是如若我们坚持这种想法，我有可能派人谨慎而不引人注意地探查本地区。”他以同样的措辞向保罗·杜美提出建议。

但是如果相信谨慎和慎重的原则能左右印度支那总督的对华政策，这将造成真正的判断失误。

* * *

当方苏雅回到龙州时，中方委员会通知他：他们一直在等铁路公司的预算书，并且强调讨论计划时会考虑法国政府的要求。

为了重新获得主动权，方苏雅提议研究便于合作的准则和步骤。这个提议没有达到预期效果，正如他给奥赛码头的报告中所说的。因为中方主张：考虑到在海关、电报、会计方面与通用的规则吻合，他们希望使用英语作为谈判语言。领事如此记述：“咄咄怪事，有可能建一条法国标签的铁路，眼下[1]却在龙州鼓励想在铁路上

1. 那个时代的表达方式，意思是“现在”。

谋职的人学习英语。”为了补充说明英国势力无处不在的状况，领事明示：香港的批发商开始了解法国铁路是否允许他们发运中国商品的情况。这是奥赛码头的热忱的民族主义者们必须面对的严酷现实[1]。

在同一时期，英国的外交官来南宁拜访了赖保理 (Paulin Renault) 神父。神父将与英国人的谈话内容告知方苏雅。在神父看来，英国人的真正目标不是这座城市，而是邻近省份云南和四川。

领事的信心并没有因此而增强。“我收集到的所有意见都是一致的，所有人都声称这条线路是无益的。”他在给部长的信中写道。他意在表达法孚—里尔铁路公司坚持的计划很荒谬。他建议建一条连接东京与中国的铁路，路线经高平[2] (那里法国的经济利益已在拓展[3]) 到百色。这样可以在整个竞争的背景下缩小南宁的影响，还可避免打开商品向广东和香港流动的通道。此外，鉴于铁轨的张力，铁道的轨距问题又引起争论：忽而作为一种障碍，忽而像是计划的终结。最近发生的事情促使方苏雅重新审视一个他至此都没有予以特别重视的细节。

杜美的前任卢梭总督在可疑的死亡[4]前不久曾向他要求借阅6月5日的合同文本。领事没有把文件转给他，因为他以“严格限于个人”的方式收到这份北京公使馆的文件。然而他感觉到总督的

1. 奥赛码头过早地认为法国先进的铁路将重振法国在整个地区的产品贸易。
2. 高平 (Cao Bang)，位于越南北部。——编注
3. 尤其是原煤。
4. 中毒身亡的传闻不胫而走。

"担心",因为法孚—里尔铁路公司向他请求投资修建一条米轨,方向朝向南关,但是未得到中方的完全承诺。

方苏雅寻思:卢梭拿到合同文本了吗?怀疑是有根据的。协议似乎是经北京和巴黎直接起草的。直到签署文件时,河内和龙州都被排除在外,为的是给法孚—里尔铁路公司留下最大的操作空间。这就解释了为何约瑟夫·博韦在接任时,没有在领事馆的登记簿上找到签收该文件的记录。施阿兰大概"忘记了"寄发文件。领事只有推测。但是他不知道法孚—里尔铁路公司的总经理在外交部长非正式来访时已和盘托出隐情:承认印度支那方面与中国方面在铁路计划中财政"关系"联系紧密,即该计划赖以生存的贷款抵押的同谋关系。

时隔一个世纪,档案吐露了真言。奥赛码头是在事后才知道1896年1月法孚—里尔铁路公司与印度支那总督之间签订的协议。至于下一阶段,即与中国签署"合同"的阶段,法孚—里尔铁路公司经过争取,终于使法国驻北京的官方代表按照他们的指示行事。该公司得以实行一种几乎是自主的政策,并且不通知当地的法国外交人员(然而后者才是首要的负责人)。大概有两条理由决定了这种情况:一方面,与杜美相比,卢梭不足以担任法国利益热忱的维护者;另一方面,法孚—里尔铁路公司大概认为,一种权威的外交关系只能在首都与首都之间进行,其他级别的机构被视为补充成分。总之,不能排除以下推测:法孚—里尔铁路公司不希望"合同"真实文本的细节被了解,因为他们明白自己的弱点,所以想避免一切的争议。当方苏雅成为继续谈判必不可少的人物时,才得以收阅这份文件，而且是以“仅限于个人”的方式。

几周后的一个下午，领事接受了苏将军的一个密使的来访，此人专门从凭祥而来。这位官员向他陈述了沙普隆给苏将军制造的新麻烦。中国行政部门根据沿袭的传统（至今尚留痕迹）显示出严格的等级制特点。因此省或地区的官员履行冗繁的“官僚”性职责。苏将军受王朝之命呈报用于铁路委员会的经费使用情况。然而委员会成员实际上有各自的薪俸。由于洛朗斯·沙普隆妨碍议事进程，苏将军无法证明任何与铁路事宜相关行动的支出。因此他请求方苏雅权衡这种情况造成的困难，并尽可能协助他了结此事。

领事许诺回到龙州便召见沙普隆，沙普隆拖延赴约。方苏雅严厉地斥责他，指出他反常的行为。在还不知道铁路的线路以及研究所需的费用的情况下，为什么在东京招聘人员并将他们就地安排？领事强调提供中方要求的预算表应负的法律和道义责任。作为回答，沙普隆要求领事更多的理解，理由是公司不断发来催促电报给他施加的压力。然后，稍作停顿，他宣布这个问题不久后将与他无关，一个称职的接手人即将到来；此人是驻北京法国公使的亲信安托尼·格约。

方苏雅给外交部长寄出一份对当前形势的概述报告，用了能体现他幽默的个性的口吻。虽然他根本不知道报告引起的反应，但是他的目的达到了。部长了解了情况，在报告的空白处草草写下评语：“个体行为方式出人意料。”

需要直面问题并消除误会。在接下来的会议中，法方和中方委员会的成员全部到场。领事要求大家各司其职，恪尽职守，协力创造一个有助于实现共同目标——龙州铁路的新局面。戏剧性的一幕发生了：在这番指令之后，苏将军的翻译乔治·贝尔特朗宣布：中方委员会手头已有一个类似的完整计划，而且是由前龙州领事邦·旦迪先生制订的。中方明确表示，针对这个计划提出的价格较之其他预算表是最能让人接受的。此外贝尔特朗毛遂自荐为中国人效力，从某种意义上讲，他相当于法孚—里尔铁路公司的竞争者。

惊人之举！这样一来，法国方面，无论是外交人员还是翻译，各自都像下象棋一般将自己的棋子向中国人靠拢。这说明人们预感到赌注的赢家将赢取对他的未来的充分回报。不过，事情不止如此。领事和他的主任秘书了解到，美国的企业家也与中方委员会有所接触，他们提供的报价可以与任何竞争者匹敌。中国人宣布，他们只考虑建立在价格和收益比较上的规则，并且将美国人的报价作为与法孚—里尔铁路公司谈判的基础。这难道不是再正常不过的事情吗？

得知有这种意想不到的情况，外交部长感到大地在他的脚下塌陷了。在感受到冲击的同时，他意识到在处理这件事情上的判断失误。由于法国在铁路建设方面具有无可争议的实力，法国及时地做出了姿态以争取优先获得实惠，加之还有一份“合同”在手，因此法国过早地下结论：在该领域非自己莫属。但是，一个如此广阔的市场显然不可能让所有认为具有相应能力的人无动于衷。经济世界一体化在蓬勃发展中。无论法孚—里尔铁路公司，还是法国都不可能成为唯一的主宰者。印度支那试图推动法国贸易，但全方位的交易时代已经开始。

法国驻龙州领事面对新发生的情况采取了相应的一整套措施。他的主任秘书受香港的同行委托将一封来自一位法国企业家的信转交给一位中国工程师。主任秘书获悉中方委员会就钢轨的价格咨询过这位中国工程师。然而那位法国企业家希望在与法孚—里尔铁路公司达成协议之前不要透露他已经知道讨价还价的对象是谁。

方苏雅向奥赛码头详述了事件经过，并提示他之前就明智地对1896年6月5日“合同”在法律上存在的不确定因素可能导致的偏差提出过告诫。他揭露了合同“催生”出的“个体行动”，这些行为同样混淆了国家与私人的利益。

直面如此棘手的问题对外交部而言至少是不寻常的事情。将责任感置于遵守等级制度之前，放弃旨在减弱对峙强度的回旋余地，这在该领域是非常反叛的事情。

尽管领事做出了努力，各方趋之若鹜的铁路修建事宜却没有进展。在北京以及法国公使馆，与铁路相关的事务越来越不被看好。线路的定位，对该计划在经济方面的合理性的批评，尤其是对6月5日合同的批评，这些事情都引起了法国公使的愤怒。

1897年春季，龙州恢复了平静。这时一封强烈攻击方苏雅的信件在奥赛码头引起了轩然大波。施阿兰在信中列举了领事的毛病，如“吹毛求疵”“刚愎自用”“自以为是”，以及“横加指责”。他的借口是共和国政府已指令法孚—里尔铁路公司有自主谈判的权利，并且得到印度支那政府的独家首肯。但是他颠倒了合法性的原则。再者，他充当了法孚—里尔铁路公司的保护人，命令领事仅限于扮演“简单的执行人”的角色。总之，方苏雅因指出合同的不严谨，以及揭露了其中的暗箱操作而被刁难。怀疑和批评都集中在一个层面：方苏雅完全没有推动法孚—里尔铁路公司计划，因此他被指责没有尽到共和国代表的责任，行为不像一个爱国者。这种偷换概念的手法将批判精神与违反祖国利益的行为相提并论，而后者关系到法国及其政策。这种论调后来被殖民界和民族主义者多次用来反对方苏雅。当无法诋毁一个人的能力时，这种论据就被当作最后的武器来质疑他的可信任度。这种做法在第三共和国时期，以及其后的一段时间内颇有市场。

然而施阿兰对协议的含义没有一个清楚的表达，因为他一开始将文件说成是“合同”，后来又说是“议定书”。但是他自恃有加布里埃尔·阿诺托的支持，最后以处分来警告领事，甚至以撤职作为威胁，强调龙州的领事职务在政治和经济上的重要性。如果这位领事想找麻烦，他将吃不了兜着走。

* * *

约瑟夫·博韦通知方苏雅，领事馆有一个突如其来的访客。来访者是某个叫作格雷维的人，他是国务委员会负责诉状的主管。这次不期而至的会面引起的诧异在领事的脑海里很快被一连串问号所代替。因为通过他们的谈话，领事很快感觉到此人是法孚—里尔铁路公司急遣来的非正式的密使，他此行的目的是调查关于铁路计划的困难。这种管辖权的混淆意味着什么？

他只在龙州做了短暂逗留，方苏雅借机向他倾诉了自己的看法。来访者得以权衡在巴黎听到的话与实际情况之间的差别。他一来就对周边环境的贫瘠恶劣感到“震惊”。而且他对铁路计划也有同样的感觉：与领事一样，他不明白铁路为何可以作为西江开放的“补偿”，并且巴黎还以此作为国家利益的体现。

方苏雅将6月5日的“合同”交给他评判。格雷维看到文件没有赋予中方任何义务。进入细节，他发现法孚—里尔铁路公司的报价“夸张得令人无法接受”，公司提供的设备在合同中没有得到保证，设备的运输道路问题也完全没有落实。方苏雅高兴地看到对这件事情的评估尚有公论可言，他立即将这些意见告知施阿兰，同时下结论说取道香港运送设备的路径应该予以考虑。

诉状主管的到来和报告使得洛朗斯·沙普隆突然改变了态度，同意给方苏雅看他从法国动身时拿到的地图，他自从来到龙州后就是按这些地图工作的。领事看过地图后发现这纯属“一个幼稚的工作结果”，地图上连山川的起伏线都未标出！

方苏雅给奥赛码头写了一份报告。这种负面观察结果的积累促使加布里埃尔·阿诺托向施阿兰表示了他的困惑。然而施阿兰仍旧坚持他的立场。他气急败坏地提醒领事，唯一的外交决策中心是北京，他有责任全力支持合同。尽管这些指责让人愤怒，作为回应，方苏雅向外交部长阐明了他的行为准则：“困难的原因已经清楚；我认为我有所失职，部长先生，因为我没有一丝不苟地向您汇报我所观察到的一切……不企求别的，只希望认真公正地向您汇报实情。”

就在这时候，保罗·杜美召方苏雅到河内讨论铁路问题。法孚—里尔铁路公司的新特使安托尼·格约也将到场。

到河内需要十天时间，这个季节天气已经热了。领事坐在绿色的滑竿里随着同行人朝西面而行。开始是碎石路，接下来是陡峭的山路。他心想，尽管在中国困难重重，他在当地还能行使一定的外交官自主权。而到了河内，他成了外来人，少不了遇到麻烦。河内的作用相当于法国殖民政策的中心，自保罗·贝尔以来就确立了一种政策，杜美变成了这种政策的旗手。

如今就像对保罗·贝尔一样，我们已不大记得起保罗·杜美。这是一个激进主义人物，具有改革者的才能。在巴黎他力推征收所得税的主张，在印度支那他进行了机构改革[1]。这些业绩给他蒙上了一层真正的光环。他曾是法兰西共和国第13任总统，只可惜昙花一现，上任不到一年，就于1932年5月被一个精神失常的人刺杀身亡。他得到了给予历史上被谋杀的人物的惯有的同情。我们的城市中许多大街均以他的名字命名。总之，无论在我们图书馆的百科全书里，还是在民众的记忆中，他都被看作是一个进步人士。但是我们对他的其他方面了解多少呢？大众完全不知道他在亚洲奉行的真正的政治观念。尤其他推行的专制制度，以及他对隐秘手法的嗜好，一直是一个讳莫如深的话题。也许现在是时候揭示保罗·杜美当年对中国的企图，以及他如何打算依靠在亚洲的成功来创造一个民族的命运。

1. 他在1897至1902年期间任印度支那总督。

方苏雅知道杜美与他同一年出生[1]。杜美在莱昂·布尔热瓦内阁担任财政部长时的表现使得他被费利克斯·富尔 (Félix Faure) 总统选中整顿印度支那的财政。他不惧怕面对论战，捍卫征收所得税的主张，因此成为议会中的一个人物。但是他尤其是一个坚决的“最伟大的法国”思想的支持者，他梦想建立一个延伸到宗主国之外的强大法国。在他看来，统治印度支那是一种挑战，是一个“沉重的、艰巨的，但有意义的、极度刺激的使命”。总之，他可以大显身手去实现他的抱负，有自决权地，以个人的方式。这难道不是伟大的政治家们最钟爱的神秘梦想吗？

他明确表达了他在这个地区的扩张主义思想。“在这个时代，欧洲殖民国家首先追求占领虚位以待的地盘，他们极力将广袤的地域据为己有，这些地方是为最勤勉的人准备的。东京对我们国家来说是一个无与伦比的政治经济行动基地。通过这个基地可以突破中国南部。如果说东京铁路或对它穿越的地区有价值的话，它的价值主要体现为进入中央帝国的工具。它可以打开中国的大门，至少部分使中国向法国的产品和法国的影响开放。”与议会殖民事务委员会的同事一样，保罗·杜美洞识铁路的重要性。他坚信，凭借铁路的战略意义和商业效应，以及由此产生的声誉，这个新的交通工具将拥有令人振奋的前景。“关于铁路，需要完成的任务是艰巨的，但同时也是极其有意义的。可以大刀阔斧地干一场。”

他决心在有英国人竞争的领域逐步与之抗衡。对于他振兴印

1. 1857年。

度支那和法国的野心可能招致的批评，他以一句口号作答："意志决定一切。"

方苏雅到达总督官邸。他就是这样一个无所畏惧的人。保罗·杜美坐在客厅里不耐烦地等他，在场的还有安托尼·格约。领事向他行礼致敬。此刻，方苏雅身着豪华的制服，衣领笔直地竖起，衬衣的前胸和上身饰有隆起的金叶状复杂图案，袖口也有同样的装饰。他私下承认不喜欢被"捆绑在金光闪闪的制服里"。但是在某些场合，他认可盛装的作用。今天的场合便是一个例子。总督方面，他忠实于自己的习惯，身着双排扣深色西装和仔细上过浆的白色衬衫，系一条简单的领带。杜美和方苏雅互相以眼神审视对方。他们知道彼此的个性和信仰有隔阂，但是唯有务实的态度使他们保持重实效的关系。领事随后与安托尼·格约握手，他觉得此人已经完全适应了当地的环境。

他们一上来就直奔主题的要害。应杜美的请求，方苏雅逐一陈述了自他主事龙州谈判以来发生的事情，并且表达了他对6月5日合同的保留意见，同时说明格雷维也持同样的态度。作为与施阿兰共同起草合同的合作者，安托尼·格约"为讨论他的作品感到愤怒"。杜美不明白问题所在，因为他收到来自法孚—里尔铁路公司最高决策机构、法国公使，以及不久前来自格约本人的保证，说合同不可能有争议。方苏雅逐条地论证仓促起草的协议显示出的弱点。他指出文本的模糊之处[1]，尤其是过度使用要求实现先决

1. 尤其是清偿的期限和计算方法。

条件[1]的条款，这些条款阻碍了计划的进程。杜美笔直地坐在扶手椅中，他认为这些保留意见很不适当。

方苏雅试图私下说服安托尼·格约巧妙和适度地处理与中国人的关系。他的建议换来的是“不以为然”。安托尼·格约固执己见，对方苏雅声称他“了解中国人”，并且“知道如何调理他们”。他还说他手握的李鸿章的亲笔推荐信可以杜绝任何反对意见。这次谈话对接下来的谈判而言不是好兆头……

在河内逗留期间，方苏雅又见了格雷维先生。后者向他重复说，中国人自会“做出他们的决定”；还说最好能说服保罗·杜美不要将几百万贷款“浪费在没有结果的行动中”。领事还遇到了一位工程师，他是前总督的亲密合作者。博雷耶 (Borreil) 肯定：在他必须对用于改铁路轨距为米轨的贷款发放发表意见时，他还没有收到合同；另外他们也不知道中国方面的看法。方苏雅从中看到的事实是：河内与龙州均被置于北京和巴黎这条主线之外。

在临近离开之前，领事与总督进行了最后一次单独会面。他对机车和车厢很有可能是美国货表示失望，格约先前曾证实过这种可能性。保罗·杜美是地道的民族主义者，而领事很意外地听到杜美承认这个消息，尽管事关这条他公开极力捍卫的铁路。“这条铁路将对我们没有任何用处。目前只可能出于政治上的原因来继续推进已开始的事情。”但是方苏雅很清楚：逻辑不需要什么理由就能显示出结果。

1. 例如说：“一致同意”。

* * *

6月中旬，领事给奥赛码头发去一份新的报告。他在报告中说，承包铁路建设不再只是一种可能性，而是已成定局；但是如果没有对承包的价格达成一致意见，合同就没有实际意义。在他到河内期间，西江已正式向外商开放[1]，这迫使法国选择费用更加昂贵的向南宁延伸的铁路线。

鉴于在他动身之前已开始的广义的议价，他做出了必然的推论："凭什么认为中国人会被迫接受法孚—里尔铁路公司的价格？如何想象该公司最终会接受外来竞争者报给中方委员会的低价？"他提出了政府在这桩生意中将要扮演的角色的道德底线问题。"法国政府会出面干预以强迫中国人接受一家公司的报价吗？"这是一个十分难堪的问题。以同样的思路考虑，他指出：在与北京的对话者谈判之后，如果一家法国公司提供美国的设备，这势必会在东京的法国商界引起强烈不满。他还没有提及巴黎的议员们得知这个消息后将会引起的骚动。

* * *

两周后，安托尼·格约来到龙州。他声称在凭祥逗留了三天，在那里会见了苏将军，并与对方解决了所有重要问题。有过洛朗斯·沙

1. 6月13日。

普隆的前车之鉴，方苏雅宁愿保持谨慎态度。不到一周之后，苏将军来拜访领事。这次对方显得更加不安。面对来自各方的谋划，他肩负调解人的重任。这也是方苏雅的命运。共同的处境使他们心照不宣地感到孤立无援。通过约瑟夫·博韦的翻译，苏将军向领事讲述了他与安托尼·格约的对话。领事发现他们各自的说法根本不吻合。这位法孚—里尔铁路公司的特使开始要求补偿已投入的开支。这引起了苏将军的愤慨，因为该公司还无所作为。“合同规定研究费用纳入承包费中，我们怎么能预付开支？再说他们事先也没有征求我们的意见，没有我们同意的开支不能作数。”接下来安托尼·格约要求苏将军承担安家费，尽管居住地已经无偿供他使用。他同时还要求折合40万法郎的巨款用于预定的铁路中转站建设。苏将军对领事说：“我们的贷款是有限的，我非常为难。”方苏雅何尝不是如此。他为一个法国企业代表的态度感到忿忿不平。他提醒苏元春，自己只是负责对法孚—里尔铁路公司的调停工作。但是他建议苏将军与安托尼·格约直接并且“非常明确地”谈一谈，“绝不能含糊其辞”。

“我要对支出的钱负责。”苏将军接着说。领事问苏将军，这件事情法国公使与李鸿章在北京会谈时是否涉及。苏将军告诉他已经收到李鸿章的明确指示。如果安托尼·格约持有李大人的介绍信，他的权限是批准不超过8至10万法郎/公里的开支。这个价格是根据京—津铁路计算出来的。苏将军打算补偿安托尼·格约一笔“研究”费用（折合20万法郎）。他考虑另请一家法国公司以更实惠的价格修建铁路，他负责在东京找一家公司。

苏将军阴沉着脸。法孚—里尔铁路公司的过分要求预示着失败的结局。

接下来的几周，中方的意图变得越来越难揣摩。地区主管官员反对修铁路，同时与苏将军为敌。至此苏将军都没有表过态，他利用格约争取铁路向南宁延长的意图，实施分化瓦解法国人的计谋，散布反对言论。

为了使局势变得明朗化，中方委员会的成员请安托尼·格约共进晚餐。按照一直在商界流行的做法，这是一个彼此熟悉的机会。如果相互信任的气氛建立起来，这将是一个在非正式场合相互交底的机会。但这次行动以失败而告终。

晚宴在进行，饭菜丰盛，佐以香槟。安托尼·格约给中国官员上演了一幕醉酒的欧洲人的闹剧，全然不顾风度和尊严。他开始大叫大喊，指手画脚，摔酒杯，斥骂中国人。他叫嚷："你们这群卑鄙的中国人，我鄙视你们的……晚餐，我要的不是香槟，我来这里是铺铁轨的……"[1]

次日，苏将军将这件事通报了方苏雅，说明他和他的同胞受到了侮辱。因为那晚法孚—里尔铁路公司的代表没有适可而止，他公开表示对主人的藐视，扬言他一直在与皇宫里的高官商谈。"他高声说，苏将军算什么，他只要给施阿兰去封电报就可以让所有妨碍他的人丢掉饭碗。"

这种态度使领事左右为难，不知道该如何面对奥赛码头。在给

1. 这里的省略号代替了报告中的粗话。

部长写正式报告之前，他犹豫再三。但是他决定让法孚—里尔铁路公司明白他们错了，以及这种行为给法国的声誉带来的恶劣的影响。这几日，安托尼·格约保持沉默，声称自己“身体不舒服”。然而事件已在龙州传播开来，给接下来的谈判带来恶劣的影响。

在会上，苏将军通告法孚—里尔铁路公司多德韦尔·卡利公司的报价。该公司是香港一家法国公司的代理商。安托尼·格约大吃一惊，叫嚷着这是背叛和违背6月5日“合同”。苏将军不无幽默地反问：为了评判法孚—里尔铁路公司提供的优厚条件，难道不应该进行比较吗？不过，他诧异格约的反应，既然后者准备引进美国的设备。方苏雅向奥赛码头汇报了这一变故，同时指出爱国主义并不总出现在期待的地方，因为“苏认为这条特许给法国修建的铁路只能用法国的零件”。

接下来的一场谈判同样呈剑拔弩张之势。安托尼·格约认为，应该在概算书中纳入附加费用，例如职员的差旅费和工资。苏将军拒绝支付未经聘用的职员的费用。法孚—里尔铁路公司的代表又提出购买装备的费用，他开价450法郎/公里。苏将军将这种“以距离作为计算单位的要求称为无稽之谈”，况且装备实际并不存在。当法孚—里尔铁路公司的特使要求支付一笔未经同意和约定的款项的利息时，矛盾达到顶峰。中方委员会一致反对格约提出的无理要求。激愤的领事给外交部长寄出一份备忘录。他在文中表示，法孚—里尔铁路公司的不正当行为有损法国企业的整体形象。他指出，格约要求的204 402法郎的研究费用“恐怕应该价值46 000法郎，这个价格在东京已经是高价”。领事起草了一份直言不讳的报告，他在文中指出，该公司耗费了“巨额开支，但做的是无用功，且管理混乱”。他有理有据地下了定论：以这样的总费用，法国企业“无法承受外来的竞争”。

领事敢于揭露行贿行为：“我写到过，法孚—里尔铁路公司的谈判代表有可能使用贿赂手段，对此我将小心地置身于外。”他执意揭发这种行为，反过来说明苏元春的廉正。诚然苏将军被财政的窘迫扼住喉咙，但他只是于最后关头在一定条件下接受资助或补贴，因为他清楚这种行为可能导致失去威信。

苏将军因此拒绝了安托尼·格约提出的每天给他的部下人均一法郎的补贴的协定，条件是同意为他提供劳力。这种行为今天仍然是对中国官员腐败的陈词滥调最好的回击。苏元春曾对方苏雅说过：“我想让人明白这种讨价还价的方式在我这里行不通。我在边境上做了一番事业，我想留下一个正直的名声。我尤其在乎将来人们如何评说。有什么东西值得我牺牲正直的声誉呢？我没有后代，我失去了所有孩子，我现在的经济状况能够绰绰有余地满足我个人和身边二十来人的需要。”再也无法找到更恰当的语言来描述此人的行为动机，也不可能更清楚地解释他为何能与方苏雅保持亲密的友情。方苏雅也完全可以用类似的话来诠释自己的行为方式。

领事最终向奥赛码头陈述了一桩令人非常震惊的恶劣行为。因为格约主动建议苏将军沿边界修建一道防御工事网，以抵御法国人入侵。他强调：“正如德法战争中防御要塞阻止了德国人的入侵一样，应该增加防御工事的高度。”方苏雅把这种行为称作“出自一个法国工程师的至少是[1]令人震惊的奇特阴谋[2]”。领事又一次将这种手段与苏将军的态度作对比，因为苏将军感到“震惊”和“十分意外”。如果这种颠覆的阴谋得逞，将给法国军事干预广西提供理想的借口。这不是纯属巧合。我们往后可以看到这种手段只是同类计谋的开端，而且欲达到同样的目的。

外交部长对被揭露的这一系列不光彩的交易感到心神不宁。方苏雅为不得不将事实告知部长而感到遗憾，这些不轨行为也干扰了他行使职权。但不管距离有多远，他认为都应该意识到：要在中国的边远省份有尊严地代表法国行使职权，这些领事们必将经历磨难。

* * *

在巴黎，外交部长加布里埃尔·阿诺托决定派人研究6月5日“合同”的内容。因为这个文本一定含有错误的条款才会造成一系列难题。自合同签订以来，问题层出不穷。他到底应该相信殖民部部长、法孚—里尔铁路公司、印度支那总督和国家议会殖民委员会，还是龙州领事？在协议缔结一年多后，他委托商务处对协议做出一个明确的评价。他借机对方苏雅履行谈判代表职责的方式咨询该部门的意见。报告的执笔人莫里斯·邦巴尔（Maurice Bampard）完

1. 即“最低限度”。
2. 换句话说是“特殊的计谋”或“欺骗手段”。

全同意方苏雅领事的意见。“这个合同肯定不是意味着授予特许权，不同之处在于许诺特许权，其中的所有条款都有待讨论。……一切都有待落实。”虽然有报纸文章的热议、议会讲坛上重要人物的宣告、权威广告的宣传，但施阿兰的合同不是一个合同。在方苏雅看来，这只是一个“合同草案”。邦巴尔还说：“事实如此。最好在我们这里坦率地承认这个事实，不是吗？”外交部长被深深触动了。

商务处负责人对龙州领事的评价是肯定的，这在方苏雅职业生涯中是很少得到的明确支持。在明确肯定他的正直品质的同时，这位负责人站在公正的立场上提到报告的形式问题：“方苏雅先生的笔调也许不时尚，不入流，甚至给外务省[1]的信件也如此。但它是明确的、坦率的、正大光明的，不容对他的思想有任何含糊的猜测。诚然，他在信中表达的某些观点不同于外务省驻北京法国公使[2]的看法，这是他的权力；在我看来，他的行为始终符合上级给他的指令，这是他的职责，他履行了职责。”

龙州领事根本不知道那天邦巴尔给他写了什么评语。

* * *

洛朗斯·沙普隆准备离开龙州。他问方苏雅是否同意写一个证明来确认他们曾经的合作关系。领事将人与公务区别开，起草了一封简短的证明信，以说明他们私人之间的良好关系。沙普隆告诉

---

1. 即外交部。
2. 当时的法国公使相当于现在的大使级别。

他，在他们最后一次谈话后，他没有与丑闻不断的罗伊先生续签聘用合同[1]。此外他还说，罗伊先生很愤怒，威胁要揭露法孚—里尔铁路公司的所作所为。他实际也这样做了。

罗伊先向中方委员会，然后向苏将军陈述了法孚—里尔铁路公司的不正当交易和营私舞弊的财经内幕。为了证明欺诈，他提供了设法弄到的账目细节。这是爆炸性事件。

继这次揭发事件之后，苏将军求见领事。他通知领事，他打算中断与安托尼·格约的任何对话。要么法孚—里尔铁路公司接受修改报价，要么他找其他公司。然后，他明显局促不安地提到罗伊适才转述的格约的某些话。格约曾在约瑟夫·博韦面前吹嘘"他与施阿兰先生的关系"，说凭借这种关系，"领事馆人员会害怕并依靠他"。方苏雅已经知道有人揭发，但不希望扩散这件事。对苏将军而言，揭发材料只是证实了来自北京朝廷的警示。恭亲王已经公开说，"在龙州铁路谈判中，法国公使个人在经济上与格约先生的活动有牵连"[2]。李鸿章出于这些原因命令苏将军与法孚—里尔铁路公司搞好关系。这些话很严重，其意义在于法国在中国人眼中的形象糟糕至极。

由于总理衙门和李鸿章的介入，丑闻的冲击波触及王朝的最高层。领事决定将这些事实写入一份正式的报告中。法国外交部长感到震惊。安托尼·格约本人揭露的事情交织在私生活[3]、政治及

1. 领事通知他将针对从东京入境的妇女进行处罚，因为这些妇女在罗伊的非法生意中协助这位铁路职员。

2. 总理衙门确信："将龙州铁路的特许权赋予法孚—里尔铁路公司，代表法国政府的公使先生本人也从中渔利；并且法孚—里尔铁路公司实际上代表了有直接利益关系的法国公使。"

3. 同性恋关系和与共济会的联系。

财政的影响之间，使部长如梦方醒。这种盘根错节的关系逾越了道德界限，一方面体现在公职与国家利益的关系上，另一方面体现在维护私企利益与个人受惠的关系上。自施阿兰任职至今，他的作用总是超越了调停者的范围，而调解作用才是外交官对私人企业家应尽的职责。然而在西方人争夺铁路特许权的背景下，这些不正当的行为实则不足为怪。如果我们审视同时代俄国人（泛满洲里铁路）和比利时人（京汉铁路）所采用的几乎是公开的行贿手段，就不会对此大惊小怪了。行贿手段是通行的做法，被视为获得大宗生意的必要条件。法国也不甘落后。

方苏雅，一个龙州的普通领事，竟然白纸黑字地揭露了只能暗箱操作的手法。这是绝无仅有的事情。可以断定，此时的高层官员一定担心此举开了先例。

离苏将军确定的提交研究报告和计划的期限还差几天时间，方苏雅表示对接下来的谈判持悲观态度。他指出，甚至连苏将军为未来的工程联系过的几家公司都犹豫不定，因为他们不愿投身一个眼看要流产的计划中。

此后，接踵而来的事件导致方苏雅遭受排挤。

出局：方苏雅遭排挤

安托尼·格约为没有活动余地而感到愤怒。“请通知施阿兰先生，外交部长干预的决定性时候到了。苏将军只听方苏雅先生的话。”他写信给法孚—里尔铁路公司在巴黎的总经理如是说。他俨然是苏将军和方苏雅领事两人费解的行为的受害者。然而，档案证实了法国驻京公使与法孚—里尔铁路公司之间在金钱和情感方面的联系。

一封埃德蒙·杜瓦尔给施阿兰的信就是证明。外交部长大概给龙州领事下了直接命令，领事被列为法孚—里尔铁路公司诉求的反对者之一。在龙州铁路计划悬而未决的微妙关头，杜瓦尔却向法国公使的个人作用表示敬意。杜瓦尔将国家利益与公司利益的发展混为一谈。他说：“您 (公使) 给法国创造了难得的机会，使国家得以在远东许多领域扩大工业和政治影响，其重要性我们今天只是初步领略。”总经理在给他的“雇员”(公使，哪怕他是决策负责人) 的信中使用了反常的口吻。他说：“我欣慰的是能够成为您的主要合作者之一。这是我最大的荣幸。”

这封信寄出后的星期五，法孚—里尔铁路公司的董事长和总经理不请自来地与外交部长会面。他们要求部长对驻中国的外交人员发出支持他们的指令。部长选择了将问题交给驻北京的公使馆商务专员来评判。专员知道计划书里的一切都不确定，他认为应该十分谨慎，最好不要再给总理衙门施加任何压力。他把计划的政策和经济的决定权交给省级政府。这就意味着将所有压力转嫁给该省巡抚、苏元春和方苏雅。最好是保持距离为妙。与此同时，吕班 (Pierre Dubail) 向法国驻北京公使建议遏制乔治·贝尔特朗的权力，此人对公司的利益构成越来越大的危险。其实贝尔特朗曾求助过施阿兰，让他在苏将军身边的地位改变正式化。他私下里是顾问，公开场合是普通译员，因而在谈判中没有表决权，这样他的前途没有保障。于是法国公使答应只要贝尔特朗保证使法孚—里尔铁路公司的计划取得成功就满足他的要求。他给安托尼·格约下的指令很直接：必须“与贝尔特朗和解，或者让他不再碍事”。为什么呢？

也许因为施阿兰深知这是个曾被东京扫地出门的不可交往的冒险家。档案文件证实了此人不清白的历史。在来交趾支那前，他曾被塞纳省法院强制宣布破产；他根本无法证明他曾经就职于东京公共工程部；他曾在天津为贴现商行和卡伊公司工作过，之后在堤岸（西贡）做商务代理，在那里他有殴打他人致伤的判决记录[1]。可能因为这些事实，施阿兰对乔治·贝尔特朗的任何保证都持怀疑态度。

乔治·贝尔特朗的经历跌宕起伏，俨然如漫画一般。但实际上他在法国殖民人士中不算特殊案例。选择在亚洲土地上流亡给许多人提供了摆脱劣迹斑斑的过去的可能性，也为他们创造了改变活动领域的机会，如果运气好的话，还可以发财。一切都需要有冒险的激情。理所当然，通常这类侨民指望距离来保证被人遗忘和免受处罚。在他们当中有人受到质疑时，一种无言和牢固的同盟关系将他们彼此紧密联系在一起。

1897年10月初，方苏雅和约瑟夫·博韦接受了一个地方官员

1. 针对的是亨利·泰尔尼宪（Henri Ternisien），此人是前交趾支那总督的政敌，在1884年6月的反对保护国“汤姆森（Thomson）协议”诉讼案中做诺尔丹一世的辩护律师（此协议意在吞并柬埔寨，安托尼·科洛布科夫斯基是协议的鼓动者）。

代表团的意外来访。中国人想知道领事是否真正即将离任。领事的心在狂跳，但他仍不动声色。他尽量将情绪控制得像东方人一样冷静，他得知有一封来自施阿兰公使的译码电报，不由分说地要将他调走。中国官员们觉察到主任秘书在翻译他们的问题时眼睛异常地眨动，这反映出他内心的担忧。约瑟夫·博韦明显意识到，领事被革职是一个可靠的推测。中国人怀着不安的心情走了。法国人的决定方式在他们看来是个难解之谜。如果第一当事者都不知情，那么真正掌握权力的人是谁？等级制度难道不作数了吗？这难道不是某种混乱的迹象吗？

震惊过后，方苏雅迅速思考应对方法。在正式决定下达之前，他写信给公使提出抗议，并要求暂时继续留任。他首先强调健康[1]的理由，以及他履职的必要性。此外，中方委员会请他督促法孚一里尔铁路公司提交计划。这个计划已经逾期四个多月，此时他不能掉以轻心。

他也向公使提到与安托尼·格约蹊跷的谈话。格约在得知他的免职消息时，首先装作很吃惊。面对这样一个没有气度的人，方苏雅仅限于谈论正在进行的谈判和他必须履行的责任。领事交给他中方的催告信，并问他有何异议。格约无法做出任何答复[2]。但是他反过来否认他针对法国人的防御体系的建议引起了法国军人的愤怒。"我很清楚。我破坏了他们通往高平的铁路计划，他们想在那

1. 这里指由于健康关系不能出行，以及暗示疟疾、痢疾的发作。这两种疾病在当地较为普遍。
2. 领事记录下的情况。

里创建一个有堡垒保护的营地。”他向方苏雅声称道。领事已经对这类意想不到的事情习以为常了。

领事提醒他，由于他参与起草的合同缺乏准确性而引起了所有麻烦。于是格约摊牌了。“在我的合同里，有‘特许权享有者’一词，这就够了。从一开始，我就一直在想，我的举动有可能遭到外交方面的异议。我是特许权享有者，其他对我不重要，谈判将拖若干年。再说，因为是法国政府来找我们的，所以我们应该得到补偿。如果中国人不接受我们的报价，补偿要求该由法国政府负责买单，我们将得到三四百万，而且不需要做工程。总之，我们的利润是有保障的。”

领事自从到达龙州以来就预感的事情成为了现实。这种补偿的策略印证了洛朗斯·沙普隆以及安托尼·格约采取的拖延手段。末了，领事提醒加布里埃尔·阿诺托：格约继续增加公司的开支，“每天都花钱聘用无所事事的人”。他补充：“已经存在一个真正的行政部门，拥有若干会计、仓库管理员等，然而土地测量员才刚开始工作。”

方苏雅被免职的消息宣布了。法孚—里尔铁路公司给奥赛码头寄出一封新信件，强烈攻击领事，将他说成是公司计划的“公开对头”。在法孚—里尔铁路公司看来，他的“行为应该备受指责，作为外交代表，他的首要责任是维护法国的利益”，而他助长了针对安托尼·格约的“仇恨的敌意”。按照法孚—里尔铁路公司的推论，方苏雅还提倡与其他有可能取代它的法国公司接触。最后，鉴于法孚—里尔铁路公司不能原谅领事正式公开那些不适当的私下沟通，公司质疑他办事的公正性与合理性。信中还说:“很难说清楚方苏雅先生带有敌意的情感从何而来。”他们反过来庆幸“他的恶劣行为和控告以遭到阿诺托先生的斥责而结束,因为后者宣布召回他”。

方苏雅不知道这种攻击,但他清楚有人在什么领域对他进行攻击和步步为营地为他们自己开脱。“中方委员会没有违反1896年6月5日预备合同的任何条款。相反,遗憾的是法国公司的代表不履行任何承诺,给法国企业家的信誉带来致命的打击。政府人员和他们圈内的人在我们闲聊时 (原文如此) 直接将他使用的手段称作抢劫。”领事揭露了安托尼·格约的最后一次阴谋。格约试图以苏将军的名义免税引进美国的设备。“我知道这种主张的欺骗性。因为在他来龙州之前,施阿兰先生就向我表达了格约先生的这种意图,施阿兰先生本人也同意从国外进货,据说出于补偿的考虑。苏将军一旦了解了这种营私舞弊的做法,就专门派了一个代表去见杜美先生,以揭露格约先生的谎言。”直到最后,领事都坚持为苏将军的正直辩护。

1897年10月7日,方苏雅通过来自公使的仅有两句话的电报正式知道了他被免职。约瑟夫·博韦发自内心地感受到这种惩罚的不公正。他们曾共同承受了法国庞大的铁路计划的谈判招致的侮辱,他们曾一道认真和有尊严地工作。现在他们也正是由于这些理由而遭受排挤。多么具有讽刺意味! 在这种情况下,法国到底期望她的驻外代表做些什么?

方苏雅准备动身,他交代博韦在新任领事到达之前领事馆的管理事项。按照规定程序，他要去河内向总督告辞，在这之前他去凭祥见了苏将军。领事与主任秘书最后一次激动地握手，相互表达了能有机会再次合作的愿望。

* * *

方苏雅在苏将军领地的告别访问如同悲剧中的最后一幕。无言的激动反映出这两个迫于公务、身不由己的男人之间的惺惺相惜。

苏将军给方苏雅看了通知他领事被免职的电报。电文说，领事本该尊重赋予法孚—里尔铁路公司的"专营权"。方苏雅火冒三丈。他后来写给部长的信不加暗示却带有公正的分量："我只能推断，我的免职是由于试图破坏法孚—里尔铁路公司的专营权而使中国人受益。我强烈抗议类似的指责，我恳切要求您，部长先生，让我得以在调查委员会面前阐述事实的全部真相。"他真以为他的诉求会被接受吗？这难道不是为荣誉的最后抗争吗？难道不是要让奥赛码头知道他不怕面对诽谤者吗？鉴于事实的真相会暴露在调查者面前，显然这种调查将被否决。还是将贪污舞弊的行为隐藏起来不让人知为妙！

苏元春理解命运对于方苏雅的不公，于是给予他友谊的证明：他出于各种考虑，将中方委员会与法孚—里尔铁路公司交换的全部文件的影印件交给了方苏雅。领事被深深感动。苏将军还向领事披露了一些最新的消息。

苏将军陪同格约赴现场评估格约最终向他提交的图纸的可行性。他很快察觉到这是一个强加给他的骗局，因为这张线路图比第一张还难以实施。法孚—里尔铁路公司的代表在与北京的通信中还使用了官方密码[1]。然而这是外交人员的专有特权，而格约使用了这种权利，还自称是“法国公使的代表”。更为严重的是，格约获取了“在最后的缅甸事务中”[2]的文件的绝密情报。他凭借与施阿兰的私人关系，得以将一些协议带回房间后迅速拍照。档案没有告诉我们这些文件是给何人的，也没说明用途。我们只能凭借想象了。

方苏雅还与苏将军提起一件令他愤慨的事情。领事经手了马泽尔神父遭谋杀后的索赔事件。他熟悉并欣赏这位传教士。他确定了一笔合理的赔款数额，苏将军也准备支付这笔钱。相关教区的主教要求象征性的赔偿，条件是让与两块地皮。然而他的副手则要求一笔巨款。与此同时，一个名叫鲁热里的上尉蛮横无理地攻击了一个村庄 (Long Yin)，留下了五具尸体和大量的破坏痕迹。保罗·杜美于是选择放弃赔偿要求以免招致反申诉。但是北京的法国公使抬高价格，要求赔偿21 000皮阿斯特[3]，而不是领事之前决定的2 000。这件事情意外地为外交部所知。

在方苏雅动身前，苏将军向他做出一个意味深长的友好表示。

1. 信息加密代码。
2. 很可能是关于英国依托缅甸向中国拓展的战略或贸易行动。
3. 皮阿斯特 (piastre)，法属印度支那元。——编注他含蓄地送给领事一张领事为他拍的照片，在照片上他写下了对领事的敬意。他以地道的中国传统风格，用97个细腻娴熟的字体，描绘了他高度赞赏的刚正不阿的方苏雅领事。颂扬之词与王权赋予将军的使命形成对比。“北京显然希望他（苏将军）给我们尽可能地制造各种障碍，尽管官方的目的是与我们友好合作；如果反其道行之会带来更多的麻烦。”虽然有当时的偏见存在，但我们可以掂量出这番最后的表白体现了何等非凡的跨文化的友谊，一反时代的偏见。

* * *

看到他的意图被歪曲、他的行为被诋毁、他的职权与强大的利益相冲突，方苏雅心情沉重地准备离开河内。他在那里仅逗留了几日，稍作安排，在紧张的气氛中与总督进行了对话，接下来就是告辞。保罗·杜美身边的人毫不惋惜他的离去。但是这位前领事没有做最后的争辩。

鉴于法孚—里尔铁路公司和法国行政当局的严厉指责，方苏雅向新闻界披露了他对龙州铁路事件的评价。媒体很乐意接受他的披露，因为他们意识到这是第一手机密情报。方苏雅引起河内的报纸和商会的注意。法孚—里尔铁路公司后来在非正式场合承认，方苏雅“激起了公众舆论的波澜”。他披露，该公司有意从美国进口设备，因此损害了法国的利益，与他们的正式言论不符。他指出，该公司的目的是从纳税人的钱里获取补偿。领事公布了一些最新消息。根据他的消息，殖民部正在准备实施“在中国南部修建铁路的研究使命”。这就意味着，关于法国在中国南部的铁路网的走向，殖民部和外交部之间存在观点上的分歧。

事实上，在法国外交部也存在观点上的冲突。以龙州为起点，应该考虑云南，还是四川或扬子江流域？政府必须做出决策，根据战略和经济的需要，根据对英国对手假设的意图，根据对那几个省份富裕程度的推测。在方苏雅被解职的时候，这些动机促使部长会议决定进行实地考察。方苏雅当时还不知道，他将参与铁路的新方案，甚至是去打前站。

前领事启程返回欧洲，走水路抵达香港，同他来的时候一样。他感到轻松，几乎又可以重温能让他暂时忘记外交事务折磨的活动了。他一路穿戴探险者的装束，利用旅途的时间来给以前的报告补充大量税务和商务的信息。他强调了一个重要方面：任何对铁路问题感兴趣的人都可以预见建设一条南宁至北海的铁路将给南宁往河内方向的中转敲响丧钟。尽管提出这种见地的人已不得势，此观点却得到外交部长的认同。他强调：这条铁路线的建设应该得到“强有力”的落实……当然是有利于法国人的利益。

1898年1月，在靠近香港时，“白鲑号”轮船于深夜遭到碰撞。方苏雅不得不像其他被疏散的乘客一样露天而眠。这是一年中最寒冷的夜晚之一，气温降至5度。由于只穿着单薄的衣服，他患上了严重的支气管炎，继而逐渐转化为胸膜炎。他到达香港时人很虚弱。在这次中途停靠中，他偶然遇见了去赴任的未来的重庆领事。

后者非常了解最近的外交风波，他向方苏雅描述了“施阿兰及其支持者的愤怒”。“他们想毁了我。”方苏雅记录道。但是提及6月5日的“合同”却引起了他的对话者和随从人员的哄堂大笑，他们认为法国公使团面对当前局势无能透顶。前领事暂时感到相对的平静，他与重庆领事一同目睹了女王大道及其周边地带的英国商人令人印象深刻的活动。

方苏雅登上了回法国的“老挝号”客轮。精神上受到伤害，体力上虚弱不堪，前领事在这一程路途中几乎完全保持沉默。“我身心疲惫，尤其感到厌倦，身体也不舒服。”他写道。

到达锡兰岛[1]的科伦坡，他才重新发出消息，这让他的主管部门吃惊不小。1898年1月13日，他给外交部长寄出一封短信，告诉部长由于健康原因，他不得不中断旅行。他要求治疗胸膜炎。“这个病我在船上是无法得到医治的。”他的胸膜炎似乎很严重，因为奥赛码头准了他的假。说法是“一段必要的时间”“人道问题”“为了治疗危及生命的严重疾病”。在这段包括康复期的时间内，方苏雅从1898年2月至4月一直逗留在锡兰。

一个计划可以隐藏另一个计划

与此同时，安托尼·格约在河内。他来向杜美告别。他最后一

1. 斯里兰卡的旧称。——译注

次在总督府被接见，并且遇见了他的接替者——一个具有图卢兹—罗特列克 (Toulouse-Lautrec) [1]风格的矮个男人。格约用怀疑的态度打量着这位新来者。杜美的办公室主任交给他一封方苏雅留给他的信。格约非常吃惊。方苏雅已经走了，这是什么意思呢？法孚—里尔铁路公司的代表脸色发白。前领事告知格约，他放弃向其发起决斗是为了不想辱没他们公司；但是，他蔑视格约，因为其背叛祖国，提议修建一套防御体系；如果这种蔑视促使格约斗胆发起决斗，他将奉陪。他还说，他留心将一整套有关格约的材料放在三个朋友[2]那里妥善保管。格约气得脸色惨白，花了好几分钟时间才恢复平静。

然而让他意想不到的事情还没完。当他在总督的办公室与杜美会面时，杜美才看了苏元春的来信内容。将军通知总督：他不愿再受北京和龙州法国外交界，以及法孚—里尔铁路公司各种特使的矛盾的指令摆布。他要求总督使用职权终止这种局面。否则，他将毫不犹豫地辞职。杜美惊呆了。“做戏！”格约脱口而出，但同样惊愕不已。只有总督的武官满意地看到这个背信弃义的计划的制造者被赶走。幸好计划被苏将军拒绝了[3]。武官注重实效，甚至声称：就苏将军的威望而言，他“对边界的安全是必不可少的”。

方苏雅走后，苏将军采取了一种灵活果断的态度。法孚—里尔铁路公司吃惊地看到他采取了西式的做法，因而将他的态度视为

---

1. 法国著名后印象派画家。——译注
2. 他们可能是决斗的三位正式见证人，如同在此情况下传统要求的一样。
3. 见83页。格约建议苏将军沿边界修建一道防御工事网，“以抵御法国人的入侵”。

“狡诈的手段”。因为苏将军表示他要终止与该公司的任何谈判，并且拒绝了一笔要汇入他在上海俄华银行[1]户头的钱。使用这种武器是史无前例的，出乎法孚—里尔铁路公司的意料。

在龙州，方苏雅的接替者发现他接手了一个充满陷阱的使命。铁路谈判正面临新的欺骗。他很快察觉到总督避开他对苏将军做了各种保证，无视6月5日合同的条款。与他的前任一样，他发觉自己不是一个正式的仲裁者，而是一名普通观众。保罗·杜美忠实于他自己，商人们也一样。应该通知巴黎。

法孚—里尔铁路公司认为中国人意想不到的释放十分无礼：“他们对印度支那总督先生的盛大接待非常自豪，竟然呼吁企业家们来参与铁路计划，似乎他们有权利单方取消我们的合同。”至于外交部长，他采取间接肯定法来应对这种混乱的局势：“这条铁路到底建在中国好还是东京好？”

* * *

1898年初秋，方苏雅回到巴黎已有几个月时间。奥赛码头考虑该如何安排这个另类的领事。

方苏雅的报告引起新的殖民部长安德烈·勒邦(André Lebon)[2]的注意。这位新部长倾向于与法孚—里尔铁路公司保持距离。方苏雅得到他职业生涯的引路人保罗·彼乌的支持。后者已成为驻

---

1. 这家银行负责汇拢铁路计划的保证金。
2. 安德烈·勒邦(1859—1938)。

荷兰的大使。彼乌先与议会主席接触，然后是奥赛码头。外交部长很愿意听取前领事对铁路的看法。

虽然部长不承认，但是这个以坚定步伐走进他办公室来证实其报告内容的人给他留下了深刻印象。方苏雅对铁路计划研究方法的务实态度，对中国实地情况的了解，尽管遭受侮辱仍希望继续为法国利益服务的精神，勇往直前的决心，这些品质和才能在勒邦看来非同一般。显然法孚—里尔事件后果的阴影还存在。虽然方苏雅在这起事件中树敌，但能胜任在中国的工作的候选人实属凤毛麟角。

当人事部门推荐他去重庆任职的时候，他原则上接受派遣，但是提出一个条件：在领取足额工资的前提下，他希望赴重庆不走"习惯"的扬子江路线，而是走漓江水路去收集信息。奥赛码头再次肯定这个考察提议。"这个提议在办公室兼人事部主任看来是有意义和节约开支的。"

在外交部长办公室，方苏雅重新见到他的朋友鲍渥(Jean-Baptiste Beau)和罗贝尔·德·比利(Robert de Billy)。他们相约外出吃饭，领事很高兴与他的团体相聚，有女士在场，有谈不完的话题。法国的舆论被德雷菲斯案件牵动，在国际方面则围绕法绍达事件展开争论。危机达到顶点，英、法之间的战争看来在所难免。战争将大大影响国家的外交策略，也将直接波及方苏雅的职业生涯。因为正是法绍达的创伤促使殖民党和印度支那总督疯狂地将印度支那势力向中国南部扩张。

两个充满野心的国家在黑色大陆[1]狭路相逢。英国坚持由北向南的战略方针，竭力从开罗向开普敦扩张；法国采取由西向东的方针，执意从达喀尔向吉布提拓展。

1896年，让—巴蒂斯特·马尔尚 (Jean-Baptiste Marchand) [2]从法属刚果出发，于1898年7月10日攻克了法绍达 (上尼罗河) 的一个苏丹小要塞。法国想利用英国人正忙于德兰士瓦战争的时机确立其在非洲大陆其他地方的优势。但不久，伦敦派遣了一支由基钦纳中尉指挥的几千人的英国—埃及联合军队去对抗正在等待增援的马尔尚。伦敦要求马尔尚的队伍撤退。经过15天的紧张对峙，法国政府于11月4日下达了撤退的命令。在此期间，法国梦想着出现一个新的海外英雄，一个苏丹的安邺。

在那些热闹的晚上，大家讨论政治，方苏雅被邀请讲述他的使命。但是这些都无法让他高兴起来。他身体的一部分留在了中国。他重新审视肤浅的巴黎社会。讲述往事只能使他怀念苏元春的正直，高高的竹林在风中发出的响声，波浪翻腾的河流，身着丝质服装的中国官员，边境的山脊……他迟迟不能再次动身离开巴黎。尽管知道在中国最终等待他的是孤独，他仍然期待再次出发带给他的释怀。在此期间，他赴“布列塔尼呼吸新鲜空气”以治疗他肺部的毛病。

1. 那个时代惯用的说法。
2. 让—巴蒂斯特·马尔尚 (1863—1934)。

* * *

1898年末，保罗·杜美与法孚—里尔铁路公司一样怒不可遏。“必须清楚，”他说，“我们要做什么，我们要去向何方。”总督想采取坚定不移的行动：了结法孚—里尔铁路公司制造的问题，以他的方式推行法国的对华政策。他向安德烈·勒邦阐述他的以铁路连接印度支那和中国南部为战略基础的理论。他认为最重要的是简化边界上的双边关系，撇开这个地区的外交官。杜美认为他们“毫无用处”，不过是印度支那政府军事管理地区的异物。应该汲取在广西外交干预的教训（指方苏雅），并且此时应该转向另一个目标——云南。

这个省份不仅被视为是阻止英国人进入中国内地的关卡，而且是通往觊觎已久的四川省的前厅。总督主张采取行动向蒙自行政当局施压。他还说：“我们有极大的兴趣在云南府建立领事馆。”

同时杜美决定去巴黎疏通关系。照搬巴黎的税务制度使得他在印度支那不得人心，甚至有他将被召回巴黎的传闻。政府的变更也带来政治格局的改变。他必须重视奥赛码头的新掌门人泰奥菲尔·德尔卡塞。

两人在议院相遇，那时候前阿里埃日[1]议员已经在台上操着南部口音高声发言。德尔卡塞是茹费里的忠实拥护者，他赞同茹费里的扩张法国势力的理论。但是他坚持将这种理论置于经济规律和法

1. 法国省份。——译注

律的准则下。这种受制于国际关系的理论不对杜梅的胃口，他很快将此人归为“胆小怕事”之流。

杜美到达巴黎时正值德尔卡塞下达了评估法绍达事件的命令。在总督看来，这是一个无法原谅的错误，一桩他决计要洗刷的国耻。他认为，法国必须尽快行动，以免被英国人占了先机。近来，奥赛码头以及殖民部的高官们都为一件事情感到震惊。这就是新近成立的英国利益集团——中英同业公会[1] (BCC：British & Chinese Corporation)，一个令人震惊的强大组织。该集团的目的是“整合所有立足中国的最大的企业”。正可谓是独领风骚！

这个英国海外贸易扩张力量的杰作拥有难以超越的金融基础：一千万美元银本位流动资金，外加一百万英镑金本位储备资金。此外BCC还与日耳曼同类组织德国企业联合会建立了联系。而在法国方面，企业家形成割裂的局面；在印度支那方面，只有1898年由于利斯·比拉组建的印度支那里昂公司[2]值得一提。该公司的与众不同之处在于作为商业集团可以影响政界。

方苏雅在离开河内前就听说的铁路研究计划充分体现出了法国的野心。殖民部推出夏尔—马利·吉约莫多 (Charles-Marie Guillemoto) 为领头人。他与方苏雅同岁，不到十七岁就考入巴黎综

---

1. 该集团组合了最大的金融机构 [Hong-Kong & Shanghai Banking Corp. (HSBC)]、靠鸦片贸易起家的最大的远东商行 (Jardine & Matheson)，还有最大的英国航运公司。
2. 该公司的资产为1 250万法郎。

合工艺学校，两年后获得桥梁公路工程师文凭，受到众人仰慕。在当时的决策人看来，吉约莫多集职业才能与科学理性于一身。

吉约莫多计划由殖民部提交部长会议通过。任何与中国人的联系均由奥赛码头负责[1]。印度支那总督只起传动带的作用。殖民部做出计划的预算，开始以五个成员计算，划拨资金25万法郎，其中10万由印度支那负责筹措。其余部分作为补充贷款提交议会审批。

殖民部制订的方案令人吃惊。这其中主要的问题在于该地区所能够提供的销售市场，以及对东京附近地区的开发利用。但是令人匪夷所思的是，计划的初衷与目标的陈述不一致。前者明确提到对铁路的研究，而后者却没有涉及对可行性的研究。这个文本显示出对工程师们的信任，相信他们不惧怕困难，可以实现未满足的扩张之梦。而方苏雅……以及法国的纳税人将要面对的正是这种由过分的信任造成的歧途。

* * *

对于法孚—里尔铁路公司而言，始终存在一个问题。那就是如何了结龙州铁路的事情。答案很简单：将中国人推向他们最后的防线，以便更好地彻底解决这件事。法孚—里尔铁路公司坚持强加给苏将军和北京每公里35万法郎的报价。这种坚持最终引起李鸿章

1. 理论上。

的不满，他通过新的法国驻北京公使毕盛（Stephen Pichon）[1]表达了他的不满。法孚—里尔铁路公司的董事长使出最后一招，尝试亲自与泰奥菲尔·德尔卡塞进行最后的对话。但是外交部长识破了这个阴谋，冷淡地回答：他让位给殖民部来负责这个计划，虽然他原本想“自开始”就亲自过问这个计划。

1898年11月22日，一份共和国总统的简要公报正式终止了铁路计划：“法孚—里尔铁路公司放弃修建中国门到龙州的铁路。”至此，在著名的6月“合同”签署后2年5个月零17天，等来一个不欢而散的结局。

事实上，该公司早已同意退出，以便更好地行使获得补偿的“权利”。因为在此期间，它厚颜无耻地承认方苏雅在“合同”第八条中察觉到的问题，即“以仲裁的方式解决可能发生的纠纷只是合同的形式条款而已”。游戏一开始就是一个十足的骗局。

在一次埃德蒙·杜瓦尔（法孚—里尔）、奥赛码头和保罗·杜美的三方会谈中，杜梅同意与该公司经理就结算的条件达成协议……由东京出钱买单。无独有偶，法孚—里尔铁路公司之前已经于1892年在别的地方使用过这种方法。当时他们在阿根廷与圣菲铁路公司进行了司法了断。

方苏雅在布列塔尼评论道：“他们所做的一切都是为了避开正

1. 毕盛（1857—1933）。

规的程序[1]……他们指望外交申诉和赔偿。在这种事情上，我显然不是合适的人选。”

在保罗·杜美看来，这是必须付出的经济和政治代价，为的是告别过去，走好下一步棋：通过铁路将云南纳入印度支那的掌握中。

蹊跷的合约（1898年4月10日的协议）

保罗·杜美的印度支那政策出自一种特殊的地缘政治观，约瑟夫·夏耶—贝尔（保罗·贝尔的女婿）在他的杂志《殖民半月刊》中如此陈述。这种政策主张依据确定法属印度支那自然边界的准则完全改写边界线。这种边界的首要功能是彻底阻断武装匪帮的通路，阻止中国人向东京迁移。后者在东京看来是一种革命动乱的威胁。在殖民列强相互竞争的背景下，杜美的政策也旨在使法国得以瓜分“正在衰落的中华大国的一份战利品”。总之，主要针对英国，杜美的政策力图使地区贸易“转向”东京，避免建立任何缓冲地带。

沿着几条“便于防卫和通航”的大河，一大片广阔的地域可以纳入“领土扩张的范围内，以便使印度支那北部变得牢不可破”。这些地区包括海南岛（南端）、广东省（广州河西边）、广西省、云南省（直到丽江、大理北面）。从这种观点出发，建设一条连接东京与中国南部的“纵深”铁路线是保证政治、经济和贸易地位的一个极其

1. 即法律程序。

有效的手段。

然而，杜美设计的政策却与已经提到的《伦敦宣言》的条款相冲突。事实上该宣言确定了法国和英国在中国南部的势力范围。根据该宣言的相关条款，法、英两国约定：为解决双方的冲突，在云南和四川的所有给予任何一方的特权或利益均应为两个强国共同分享。

在这场地区角逐的对弈中，任何一步都举足轻重。杜美不愿意接受英国也拥有进入中国的铁路，但是这种可能性不能被完全排除。英国人已立足缅甸。而1897年11月4日的《中缅边界协定》规定：如果英国人的铁路修到了边界，就有可能延伸至中国境内。因此总督要让法国抢在前头。

有了《伦敦宣言》，法国要吞并中国邻省[1]就可能会引起外交和军事的混乱局面，后果很难预料。这有可能构成宣战的理由。因此需要找到一种方法，既可以向中国西南省份扩张，又能避免英国人的报复。采取什么方法呢？

新花招出现了。1898年4月9日和10日达成的协议构成可以钻条款空子的法律框架。仔细研究过的条款措辞新奇，打开了解释的广阔空间，符合法国和印度支那的目的。这份协议依照中日战争[2]后中国给予其他西方国家的权益，满足了法国的利益诉求。协议注明："中国政府赋予法国政府或由其指定的公司修建从东京边界至云南府的铁路之权利，中国政府只负责提供修建铁路及其附属工程

1. 云南和四川。
2. 中日战争于1895年结束，签订《马关条约》。根据此条约，中国割让南部的台湾，以及北部的胶东半岛。

的土地。铁路的线路可即刻开始研究，今后以两国政府同意为准。最终形成协议。”

铁路计划看似平常，却与1896年6月5日的“合同”一脉相承。极其重要的实际问题如同先前遇到的若干问题一样又一次被写在了纸上。例如，提供土地被认为是轻而易举的事情，但是在一个以乡村为主的省份将会有诸多困难。农民将看到人们给他们勾画的、被西方进步的美景所掩盖的无情的一面。

凭借偷梁换柱的把戏，协议的法律伸缩性使杜美得以用印度支那实体取代巴黎政府，因为特许权赋予“法国”。这个办法从理论上讲应该可以避免中国政府的异议，并且给英国来个措手不及。

后来，特许公司承认：“这是中国以此种形式赋予的唯一特许权，由此看来，云南铁路地位特殊，在中国领土上特许修建铁路是史无前例的事情。”

* * *

总督现在必须为他的计划筹措资金。但是银行犹豫不决，因为它们在巴拿马事件[1]中吃过亏，这个事件至今令人耿耿于怀。然而，凭借他在财政部任职时保留下来的关系网，加之他许诺给将来指定

1. 巴拿马事件（1887年巴拿马运河公司不得已实行清偿，但是事情直到1891年才平息）是第三共和国时期反响最大的财政丑闻。费迪南·德·莱赛普斯和巴拿马运河公司将大约85 000名公债认购者拖入破产的境地。

的公司每年300万的担保，他赢得了拥护。他自吹能很快使计划得到法律认可。凭借这种保证，他获得建筑商原则上的同意，尽管奥赛码头反对印度支那负责修建和经营铁路。

十天内，波旁宫[1]上空回荡着关于中国铁路的争论声。对报告的争论冲击着一贯有些沉闷的议会：与现代法国议会活动形成反差，人们惊讶地看到议员们认真执着地抓住每个问题进行实质性讨论，尤其是发言者毫不犹豫地对外交政策问题进行争论。可惜这种情况在第五共和国[2]已不复存在。保罗·杜美登上讲台。"如今，应该向云南拓展我们的势力，这才是征服东京的初衷。"他向全体与会者挥舞双手抛出这番话。他开始阐述他的计划，但是很快遭到加斯东·杜梅格 (Gaston Doumergue)[3]的反对。后者强调已投入的巨额开支，指出塞内加尔和留尼旺岛殖民地铁路已造成沉重的负担。他当众揭露总督的意图，即避开议员的审议，以便单方面听取殖民委员会的意见并获取行政法院的批准。这是杜美的性格特点，即行动迅速，不惜采取有损法规的手段。杜梅格与奥斯曼议员一道揭露议员们对印度支那各种特许权招致的反复滥用职权毫不知情。

面对抵抗，保罗·杜美以一种充满激情的方式转移辩论的方向。他说东京毗邻"一片理想的富裕之地，可以说财富从地里涌出"。他指出："我们拥有通往这个贸易主顾所在地的最短道路。"殖民部部长

1. 国民议会所在地。——译注
2. 自从议员们接受外交政策属于国家元首的保留领域以来。
3. 加斯东·杜梅格 (1863—1937)。

支持他，估算铁路的成本最多为7 000万，即在二十五年间国家每年保证250万法郎的投资。总督强调，在2亿贷款资金中，至少有1亿2 000万将投向法国工业。然后他恭维议员们的爱国热情以便扫除最后的反对意见。最终投票产生了一个落款为1898年12月25日的法令（一个五项条文的文本），这就是从老街至昆明（465公里）的铁路的正式出生证。这条铁路将纳入印度支那1 700公里铁路网的建设计划中。

一个最初的财团[1]一蹴而就。它的成员包括两家铁路建设公司（铁路建设总局和巴底纽勒建筑公司[2]），六家银行机构（兴业银行、里昂信贷银行、工商信贷银行、印度支那银行、巴黎—荷兰银行、国家贴现银行）。

因达到目的而心满意足的印度支那总督可以返回河内了。

这个法令的通过将带来无法预料的后果并导致意想不到的困难。这些后果和困难尤其累及前龙州领事方苏雅，此时他已经动身远赴中国。

当方苏雅9月底离开巴黎的时候，奥赛码头倾向于在云南府设立领事馆，只要此举符合已签订的条约。但当时方苏雅本人与这个领事职务没有丝毫关系。

远离他不知详情的议会辩论，未来的领事正在去往重庆的路途中。

1. 随着障碍的出现，财团不得不改组，某些银行机构（里昂信贷银行和巴黎—荷兰银行）要求撤出（1901年）。完整的财团于1899年2月3日正式成立。

2. 斯皮—巴底纽勒（Spie-Batignolles）公司的前身。

第二章

驻云南省领事：法兰西理念

改弦易辙

贵阳（贵州省），1899 年 8 月 4 日

“我荣幸地在贵州省会向您致意。”方苏雅在途中给保罗·杜美写信道，半是通报半是挑衅，“我没能在法国见到您，您到达的当天正是我离开的时候。……德尔卡塞先生交给我一个勘测的使命以补充我刚刚做过的调查。”他知道这个消息将产生的影响。他在贵阳，也就是身处中国的腹地，离海防北部直线距离600公里。这意味着他已完成赴重庆一半多的路程。无论意图如何，他都不容小觑。

事实上，方苏雅当时在中国领土上已经十个月了。

根据中国人至今坚守的信条，纯粹的巧合是不存在的[1]。然而，

1. 确切地说是人为与天时将人置于某种境地。

奥赛码头在考虑了一段时间是否任命约瑟夫·博韦参与吉约莫多计划之后，最终决定将他调到新领事身边！他们彼此都对这个决定感到惊喜。时值龙州领事馆的最后一次握手一年之后，他们于1898年10月在广东重逢。他们很高兴能共同履行这个使命，分享旅行的奇遇，只为了单一的任务——汇报他们所观察到的情况。这使他们产生了重获自由的感觉。

从广东起，他们沿着西江勾勒出的圆弧向西北溯流而上。一艘大帆船将他们送到柳州。在那里，面对狭窄的河道和过浅的吃水深度，他们需要把行李换到细长的大舢板上。船前进缓慢，尽管有机敏的船夫驾船。船夫们在祖先[1]的暗中注视下与汹涌的激流搏击。

临近金苑府（音Jinyuanfu），方苏雅拍摄下倾斜的白色岩石形成的齿状山峰奇观。然后他们离开水路，开始漫长的陆路行进。中国行路难啊！在21天内，两位奥赛码头的代表一路坐在轿中饱受颠簸之苦。他们在一长串役畜和脚夫中间格外显眼。脚夫们弓着腰，承受着74件负载物的重压。他们依次忍受着陡壁之间的山谷底部和陡峭的山峰之上的温差。变化无常的岩石路时而粗糙，时而“被几代苦力的脚步磨得光滑无比”。到达贵阳时，方苏雅发起烧来。对外传教会的教士给他提供了一个庇护所，他忍受着疟疾的发作。疟疾发作时，“身体好像不属于你，肢体不听使唤，血涌上耳朵，神经

1. 一种供奉在船舷两边的小型的红色和金黄色祭台，做工简陋。

紊乱，精神亢奋”。这种疾病的病因在当时刚刚被揭晓。1898年2月，英国人罗纳德·罗斯证明该疾病是由一种母蚊传播的。领事需要用及时雨般的奎宁治疗两个月。他写道，这种药使他的胃“非常难受”。

1899年的7月炎热多雨。方苏雅在中国官员给他提供的破烂不堪的住所养病。这时，一封电报通知他重庆领事的职位最终给了他的龙州前任皮埃尔·邦·旦迪。奥赛码头让他自由决定接下来的考察。方苏雅利用这段时间寄出了考察报告，并给总督写了一封信。在信中，他概括了旅程中的思考。

他强调，他不是搜集浅表的观察情况，如同通常称为“考察”的使命。远离巴黎，没有对立面，那些使命迎合时政、美化形象，但成果令人失望。方苏雅不以这种方式履行使命。他详细地了解实际情况，不惜在某些城市逗留很长时间。“我不仅了解所在地，还了解当地的民众、官员和谈判对象。”在他考察的目标中，也有印度支那总督感兴趣的问题，即解开厘金制[1]的谜团。这些看似不固定的地区或地方税对大多数西方人而言是疑难问题。厘金的征收看起来十分合理[2]，不过又是完全专断的[3]。这些税有时受到民众的争议，因此成为一个棘手的社会问题。所以，一个西方人对它进行仔细的研究，即使他持有王朝的通行证，也不能不引起省财政部门的怀疑。如此胆大妄为的举动即使在今天也会被认为是扰乱秩序。我们得

1. 太平天国运动爆发后，清廷派重兵镇压，三年军饷达3 000余万两，财政极困窘。于是，清政府在全国普设厘金局，收厘金为军费，大大缓解了军事危机。——编注
2. 例如传统的入市税。
3. 某些商品或交易在某个省征税，但在另一个省不征税。

承认这种评判不无道理。尽管如此，针对云南铁路，方苏雅还是提醒总督和奥赛码头警惕将“乐观的预测”与“实际结果”混淆的无稽之谈。

对杜美，方苏雅有意装出一副与厄比纳尔[1]探险者[2]相反的样子，强调他所到之处受到中国官员的友好接待。他希望这样能遏制当局通常出于安全考虑，准许无节制地使用武器的意图，以及某些支持采取军事行动的阴谋。方苏雅说他遇到了非常好奇的民众，但从来没有危及个人安全的行为。

方苏雅站在更高的高度肯定英国对中国南部水系的影响。他指出，唯一能遏制英国的方法是在澳门建立法国的势力。档案没有告诉我们外交界的看法。

他以一个报告外加简洁的建议结束信件。“我将［……］向云南府进发，而我真切地希望接到在那里竖起一面国旗的命令。［……］我有非常特殊的理由确信英国人不久将在那里设置一个岗位。我非常乐意留在云南府。”

两个法国使者的远行持续了42天。约瑟夫·博韦利用每一站来研究当地的历史和植物。他研究的细致程度不亚于方苏雅。他们身上带有百科全书编辑者的特征。随后队形不整的一行人用竹扁担挑起箩筐重新上路。领事固执地坚持敞开轿帘，哪怕在雨天，为的是不错过任何的景色。

1. 法国孚日省省会。——译注
2. 意为真正的、普通的探险家。——译注

* * *

在此期间，河内、巴黎和北京对于在云南府建立一个法国机构的想法取得了进展。然而它的归属权却是一个棘手的问题。它应该隶属支持吉约莫多计划的殖民部，还是印度支那，抑或是奥赛码头？无论谁对监管权发表意见都有可能引发冲突。一个事实不容置疑：只有外交机构的代表才有资格与天朝的代表谈判。而没有人会忘记，在中国南部的西侧，中缅协议允许英国在腾越[1]开设领事馆。腾越是战略要地，连接曼德勒（缅甸方面）与大理（中国方面）的商道。驻北京公使毕盛向泰奥菲尔·德尔卡塞提出解决问题的办法。他建议在云南设一个负有特殊使命的领事，同时履行他的正常职权。这是一个地缘政治实用主义的典型案例。然而这个领事的实际作用却随着殖民部与奥赛码头之间的争论而莫衷一是。

迫于财政的窘境，泰奥菲尔·德尔卡塞首先接受由印度支那支付费用的意见。这个方案正合保罗·杜美的意。他准备投入必要的开支来保证他所热衷的计划的绝对控制权，即计划通过铁路向中国南部扩张印度支那的势力。但是他提出两个条件："我要求人选问题听从我的意见，并且与候选人直接对话[2]。"他向殖民部部长更加明确地要求云南、广西和广东的领事服从印度支那的指挥。他还声称在走访奥赛码头时已获得这方面的保证。"这是必然的，应

1. 缅甸语 Momein。
2. 换句话说，他希望在人选任命方面有话语权，并且希望能够独立行使自己的权力而无须请示奥赛码头。

该如此。”他决断地说。杜美用一句话结束他的观点：“虽然印度支那总督直接隶属殖民部，但他同时也是外交部的代表。”保罗·杜美天不怕地不怕。他的这番话德尔卡塞并不知道，不然定会很不受用。

但是外交部长最后决定驻云南府的代表属于他的管辖范围。总督予以反对。如果这个代表必须插手铁路事宜，他写道：“他应该直接服从我的指挥，如同在云南活动的工程师和军官一样。否则，冲突将 [……] 由于不适当的干预而旷日持久。”

外交部考虑了三个候选人，方苏雅不在其中。他们最看好的是天津[1]国际事务界的常客迪·谢拉尔。保罗·杜美提出自己的候选人。此人名叫吕班，时任驻北京公使馆代办。在杜美看来，此人的优势是从法孚—里尔事件中获得的经验。

但是奥赛码头希望有思考的时间，因为此时他们收到了足以使人担心的消息，必须将这些信息通知费利克斯·富尔主席本人。自一开始，负责研究云南铁路的使命就被总督利用为征服的工具，因而在中法外交界制造了全面的混乱。

中越边境地区的农民开始看到一队欧洲人，其中一部分身着军服。这些人不管当地人同意与否就开始各项工作（清除丛枝灌木，竖立标杆，建造茅屋）。当地人不知道这是吉约莫多计划的先遣队。出于和如今一样强烈的公民责任感，当地民众将他们的抱怨一直传

---

1. 离北京最近的中国北部大港口。

递到中央政府(朝廷)以表示他们的愤怒。

北京很惊讶。这个计划的目的难道不是勘测和研究未来的铁路线吗?吕班向奥赛码头轻描淡写地汇报了情况,不过还是承认该计划可能有点“好大喜功”。多么温和婉转的措辞!殖民部和总督一致认为工程师们可以行动,“甚至在私人领地”。外交部要求他们不要制造混乱或进行破坏,但是恶果已经造成,不信任的气氛从此笼罩着中国。当人们知道当地人不久前目睹的事件意味着什么时,反应就更加可以理解了。事件的累积造成了一种混乱的局面。方苏雅到达后立刻就感觉出来了。

著名的吉约莫多计划的实施人员抵达河内。这个以技术能力见长而声名鹊起的团队准备开始行动。计划的准备期比预计的要长。在殖民部的影响下,计划团队进行了一次重组,将重头戏分给三个势力最强的压力集团。在核心成员中(桥梁公路团体的三名代表,一名医生,一名翻译)加进了一名法孚—里尔铁路公司的代表和三名矿业工程师(其中一位是冶金工业公会的宠儿)。

他们的出现很容易理解。云南素来以地下资源丰富而著称,这是矿业集团的兴趣所在。另一方面,冶金工业很高兴能在法国完成基本建设的大工程后接手提供给他们活动领域的机会。至于铁路这个典型的殖民经济发展的工具,势必促成一个良性循环机制,通过印度支那公共工程部的媒介作用促进印度支那的经济发展。

到达河内后,被总督及时提拔为东京公共工程部主任的夏尔—马利·吉约莫多惊奇地发现,总督情愿推迟向中国进发。以热情接待，甚至绕道柬埔寨旅游为借口，保罗·杜美将他留在河内两个多月。

如同驻蒙自（云南铁路未来战略的关键城市）领事后来证实的一样，延迟的目的是为了给另一个计划留出活动时间。这个没有任何官方支持并已在中国进行的计划是“贝内甘（Pennequin）使命”。

这个“计划中的计划”是怎么回事呢？保罗·杜美以高达40 000皮亚斯特的费用资助这次行动。该计划在贝内甘上校的指挥下进行。此人是第三和第四号军事领地的负责人，小有名气，深受总督信任。贝内甘率领一支由10名身着军装、没有护照的人组成的特遣队秘密进入云南。80名外籍军团士兵在边界哨所鸣炮示威。按贝内甘的话说，应该深入云南并利用一切手段扩大法国的势力。但是上校非常失望没能说服蒙自领事［冷静的喇伯第（Dejean de la Bâtie）先生］对他的“大胆行动”给予支持。他遗憾不能在云南指挥外交行动，于是对外交官严守法规的异议采取讥讽的态度。“我们的使命不带官方性质，确实如此。［……］这是一个形式问题［……］，但讲形式往往一事无成。［……］只有通过制造事端，我们才能进行干预。”

上校正式负责指挥对铁路的研究。但实际上他手下的军官在测量公路的宽度，以保证火炮零件得以通过［……］一旦行动成功，他可能会晋升为将军并被任命为与云南当局打交道的印度支那政府特派员。

在这件事情中，中国人会作何反应？“如同在被征服的国度里行事”的说法在这里充分体现了其含义。至于巴黎当局，他们得到的信息是印度支那“欠考虑地蛮干”。对此，用喇伯第的话说，重要的是“考虑这种行动的所有后果”。

当蒙自领事向保罗·杜美转达了他的震惊和提出预防措施时，后者担心事情公开化，于是召回了一部分参加行动的人员。但是他没有放弃，直到将贝内甘计划剩余的人并入吉约莫多计划后才下令启动该计划。而高层并不知道内幕。

之后贝内甘计划不得不停止，铁路“研究”因此为未经批准的一系列多重使命充当了理想的掩护，此后这类研究不断扮演这种角色。对这方面内容的披露被奥赛码头归类为“十分重要”和“十分机密”。这些使命显示出法国政府控制不了在殖民地实行的政策，这是客观上无法解释的局面，存在极大的危险。如果杜美—贝内甘行动成功的话，那么一点事端就会惹来法国军队，也就是军事占领云南。英国在这个省份也会要求均等的权利，于是这就可能开启两个强国之间武装冲突的序幕。印度支那的这些行动也许是为了洗刷法绍达的耻辱吧？但是法国此时还远不具备与这个西方军事强国抗衡的力量。而且这也是小看了北京能够动员的军事力量，且不说那些无法捕捉的地方“海盗”，他们不会不乐意与法国侵略者战斗。法国军队在征服印度支那时难道还没有经历够痛苦吗？

奥赛码头感到左右为难。对无法控制的总督应采取什么态度，它犹豫不决，顾忌他在法国和东京政治经济界的影响力。事情最终被提到部长会议上，报告转到共和国总统手里。费利克斯·富尔训斥了保罗·杜美和印度支那最高军事当局[1]；总督永远不能原谅喇伯第的冒犯。

但是这种处置与事情的严重性相符吗？一顿简单的斥责难道就是行政当局首脑应有的反应吗？须知他的权力受到了嘲弄。后来方苏雅履行云南铁路谈判的领事职权的经历证明了答案是否定的。

贝内甘计划失败后，吉约莫多终于被派到云南。此时的他已成为杜美的翻版，不断传播总督的论调："必须在修建其他铁路之前修建云南铁路。"他用将来时补充道："铁路将有众多的分岔通往大理、贵阳、成都、重庆等地。"尽管是假设，预计的铁路线呈蜘蛛网状相互连接，构成一张为潜在的法国股东准备的图表。

尽管保罗·杜美受到指责，吉约莫多还是泄露了总督的秘密野心："他什么都不愿指望法国。他想用钱控制陆军、海军等，甚至驻中国的领事们。"

动荡的就任

"我们连同整个队伍在南大门前等候。"方苏雅于1899年10月1日写道。

经过1个月零12天的跋涉，在傍晚时分，疲乏不堪的挑夫和役

1. 尤其是总司令伯尔尼斯—戴斯博尔德。

畜在四重瓦顶的城门口的阴影处停了下来。云南府[1]对方苏雅来说意味着他没有掌握“芝麻开门”的密语：省政府没有给予他们任何接待，尽管他一周前已通过贵州总督和官方信函通知了地方当局。

方苏雅感到惊讶和失望。“云南府应该是我的大站，这个城市除了传教士以外几乎还没有外国人来访过。我的制服在这里格外引人注目，总之，这是欧洲人第一次正式造访。”

他首先想到的是一个应该消除的误会。于是他派出传达员，携带他的名片、朝廷颁发的护照，以及一封由约瑟夫·博韦翻译并由他的老师沈富用书法抄写的信。回信到了，却带有侮辱性。“他们甚至拒绝见我，并蛮横无理地通知我自行寻找合适的住处。”

这只能是出于羞辱他的意图。在他思考应该采取的行动时，那些中国人眼睁睁地看着他。方苏雅感到愤怒：“我不想丢面子去找一家肮脏的客栈，与下等人和马夫[2]混在一起。”

他就地了解情况。他知道在任何一个重要城市都设有一处或多处接待路过的公务人员的被称作“公馆”的住所。过去官员们总是招待他住这类寓所。有人告诉他大考场的位置所在，那里每五年逢朝廷考试时才被占用。他立即下令重整队伍，穿过城市直到西城墙。

云南府，省会和行政中心，当时城墙内有五万居民，郊区有三万人。四分之一的面积被政府办公楼所占据。当地人来这里做茶叶、

1. 如今的昆明市在当时可能具有两个不同的称谓，即云南府和云南省。云南府相当于一类城市（省会），云南省指延伸的区域。西方人经常混淆这两个词。
2. 赶骡子的人，侍弄马的人。（原文为汉语拼音。——编注）

食盐和皮革生意。当夜幕降临，商号门前的第一批灯笼被点亮时，方苏雅的队伍从街上走过。疲惫的领事觉得这些街道与其他许多街道一个模样。

大考场位于城的低洼处，邻近一条灌溉几亩稻田的小溪。方苏雅的脚终于落了地，他观察着这里。“宽阔的围墙环绕着一组楼阁，没有邻居，宛若乡村。这样很好。这里名叫小黄花苑，意为种有黄花的小公馆。”

用肩膀撞开饰有五颜六色守护神的苹果绿大门，主院呈现在眼前，石板地面的石缝间长着草。在会客室的侧翼矗立着另外两座楼阁和附属建筑物，被院子隔离开来。在中国等级观念中，东边（昌盛）胜过西边，博韦解释说。方苏雅赶紧顺应习俗。“我住体面的东厢房，博韦住高贵的西楼。”众人打扫冷清的房间，领事解开行李箱，拿出折叠床和梳洗用具，所有用品都是威登（Vuitton）牌的。“整个住宅立刻像家的样子了，舒适，甚至雅致。”他诙谐地评论。由于满意事情的转折，他补充道：“我们在云南首府有确切的住址了。我要赶紧把地址送交省政府。他们好心让我们自己选择住处，出于礼貌应该让他们知情。”

在内院的挡雨披檐下围桌而坐，方苏雅与约瑟夫·博韦一边用餐一边商量。晚餐是他们的广东厨师，“能干的南”做的。接着省长的使者到了，带来了离开此地的命令。这种明显古怪的接待，应该告知奥赛码头。

1899年的中国一派贫困的景象。不过被视为战略决策的中心城市已装备了电报机。次日，方苏雅得以通知巴黎和北京。同时，他给云贵总督写信说，他不明白总督对通常的外交礼节所持的态度，并且总督应该为他的安全负责。总督回了一封紫红色丝面的信。他在信中承认收到通知领事到来的信件。但是他说自己身体欠佳，还说公务在身不得不离开云南府。这些借口难以掩饰其动机。经深入调查，方苏雅得知城里正在议论保罗·杜美最近的来访[1]。在这次访问之后，蒙自领事馆及海关可能遭到了袭击。这就是原因吗？因缺乏详细的信息而难以断定。

方苏雅通过传达人员得知其他一些法国人住在大公馆。惊讶之余，他用铅笔急匆匆地写了几句话说明他在这座城市受到恶劣的接待。他补充道："如果你们确实住在附近，我很乐意见到你们当中的人。"然后署上法国领事的头衔。不久一位名叫维亚尔 (Wiart) 的桥梁道路工程师到来。在帝国的边境遇到同胞本该高兴，但此人表现得很冷淡。领事有所察觉。"我的不期而至妨碍了别人。"方苏雅警觉地问他以什么名义住在一个未开放的城市。工程师回答说他是印度支那政府修建铁路计划的负责人，该使命叫作马斯 (Masse) 计划。领事吃了一惊。维亚尔变得局促不安起来。这个戴着夹鼻眼镜的工程师请领事来计划组人员的驻地一起住，以减轻他的到来造成的麻烦。这回轮到领事表现他的个性了。"我不需要任何人教我怎么做，在这里我是官方的正式代表。我自己知道该怎么做来使

1. 1899年6月。

人尊重我们的国旗和我的职位。”他将遵从政府的指令，而不是任何其他当局。在第二次与布杰尼翁 (Bourguignon) 上尉接触时，被视为僭越者的感觉得到了证实。上尉更加直接地对他说：“你在云南府的存在可能有碍印度支那的行动，这是杜美的看法。”

为了迎击对他就任的敌意以及相关的谣言，方苏雅给神秘的铁路委员会主席马斯先生寄去一份详细的说明。不，他没有非法占领黄花小苑。他了解过情况，可以确定这个住所不属于他强占的私人财产。但是在城里，谁也不能拒绝接待他这个级别的经正式委派和授命的客人，无论是中国人还是外国人。不，他的到来不是毫无准备的，无论中国官员怎么说，事实是他们没有将他到来的官方消息通知当地的显要人物。“我刚刚核实的是，他们对这种隐瞒感到吃惊。”他说。最后他表示很乐意接受与这个委员会的主席会面。

马斯先生无法拒绝，因为几天后云南府所有法国人都会参加的一次会议将在他那里召开。

方苏雅的个性和决断搅了局。因为至此之前，游戏规则是印度支那制定的。此外，以下就是有人向保罗·杜美内阁提供的机密报告：“领事到了。[……] 在他和马斯之间产生了冲突 [……] 方苏雅先生不曾胆怯。[……] 他非常严厉地斥责中国官员，[……] 指责他们对赋有官方使命的代表缺乏礼貌。[……] 总之，由于他的干涉，我觉得北京从麻木不仁中醒过来。方苏雅先生说，他惊讶于在云南省还没有见到一个总领事，而巴黎已在热议此事。”

* * *

在北京，毕盛给泰奥菲尔·德尔卡塞写信。方苏雅的报告促使他请外交部尽快确定铁路委员会的活动范围，以及未来总领事的确切权限。在方苏雅方面，他开始了解云南府。他通过约瑟夫·博韦了解云南的历史，一有空就用相机记录当地情况。但他还是被神秘的委员会干扰。方苏雅寻思："巴黎肯定不了解情况。"他记录下他所能看到的和推断的情况。问题悬而未决。为什么会有这样的敌意？保罗·杜美来访时到底发生了什么？德尔卡塞不久回信了。"48小时后，他给我来电报说'留在云南府等待新命令，继续向我提供情况'。"

* * *

"他问我在此地的作用是什么。"马斯不安地给总督办公室写信。其实方苏雅领事的缺点在于好奇。他大张旗鼓地进行调查。到达后仅一周时间，他就向奥赛码头递交了一份详细的报告。他意识到报告内容的爆炸性，于是采取了预防措施。"我不发表任何意见，"他说，"我只限于提供情况。"

怪事。所谓的"铁路"计划聚集了工程师，而且还有军人、企业主，甚至还有从政的人。方苏雅在他们中间见到了一位叫加内斯科(Ganesco)的人，其作用不得而知，他过去作为安托尼·科洛布科夫斯基的秘书而知名。1886年他被保罗·贝尔从印度支那辞退，1889

年因篡改官方信件被殖民部辞退，1893年被撤销专区区长的职务。奇怪的是，尽管如此，他却又一次获得来中国的机会。

至于委员会主席马斯，他经夏尔—马利·吉约莫多推荐，由保罗·杜美任命，没有征求主管部长阿尔贝·德凯 (Albert Decrais) [1] 的意见。对于总督来说，重要的是将马斯强加给中国官员作为铁路事务的唯一对话人。因为他会说中文，事情会好办得多。这样一来，还可以最大程度地削弱蒙自领事的作用。总督重申贝内甘上校的观念。据上校看来，“形式”无关紧要。莫非内容更为重要？总之合法性被大大地削弱，被视为障碍。

马斯，印度支那推举的驻云南特派员，实际上是云南行动最重要的中间人。这个计划的真正目的被布杰尼翁上尉透露给了方苏雅。其目的在于与老街边界地带的军队合作“征服云南”。由于没有与蒙自领事沟通，方苏雅重复报告了领事的警示。但是因为身处实地，他提供了更多的细节。德尔卡塞从中了解了大量真实情况。“这里酝酿了一些未经政府批准的计划。幸好这些所谓的计划尚未付诸实施。”方苏雅在一封私人信件中概述。他在正式报告中指出，参与该计划的军官们与一些可疑人物以及转为中国人服务的前反叛头领有联系。尤其布杰尼翁上尉接受一个“为云南警察服务的神通广大的官员”的帮助。此人是……“黑旗军首领刘永福的儿子”。什么理由能够促使他们与被印度支那视为魔鬼化身的人的儿子串通一气呢？

---

1. 殖民部长。一封泰奥菲尔·德尔卡塞的信件证明了这种擅自任命的行为。

方苏雅揭露，他们组建了一支占领军的“雏形军队”，“不够隐蔽地隐藏在马斯先生的住所”。的确不够隐蔽。因为这支队伍完全由非职业军人组成。这种不谨慎的举动既逃不过中国地方官员的眼睛，也避不开英国传教士的注意，并且引起了议论和警惕。最后但并非最不重要的是，建造军鸽舍和军马场也在计划之中。显然，问题已不再是铁路。

这个兼有后勤和行政功能的机构出自一份反映出保罗·杜美个性的文件，即一份具有三个条目的政令。通过这个政令，总督自行创建了“他的”铁路委员会。为了显示其权力，他于1899年6月7日以拿破仑的方式在中国领土云南省直接宣布了这个法令。也就是说这个决定在法令颁布（在印度支那官方报上登载）之前一个月就已被宣布。在河内[1]看来，整件事颇有气势。该委员会享有很大的行动自由。它负责“解决从老街至云南府的铁路建设过程中，与中国云南当地政府产生的矛盾。这条铁路的修建是1898年的协议和1898年12月25日的法律条文预先考虑到的”。

具有法律素养的方苏雅写信给德尔卡塞说，他“非常吃惊地在云南府看到印度支那政府扩大其行政管理权的情况”。一个恰当的颠覆性的结论通过外交辞令表达出来：“云南府存在一种危险的不正常[2]局势。”如果说铁路应该合法修建，那么“一个不具备法律效力的政治机构的行为有可能导致其流产”。他的结论

1. 在那里法国殖民团体（参阅第一章）的大多数人赞同扩张的理论。
2. 应该理解为“非法的”。

与毕盛一样:“在云南正式委任一个具有代表性的行政官员迫在眉睫。”

* * *

负有考察使命的领事在云南府驻扎下来,但他不知道能待多久。自从到达后,总督与他在互相观察。

接到他的报告后,德尔卡塞给殖民部长德凯写了信。后者不得不提醒保罗·杜美回到铁路研究的正常轨道上来。然而杜美明确拒绝将马斯和军事人员排除在他的“云南计划”之外。

奥赛码头与殖民部也在互相观察。对于在云南修建铁路的目的和采用的方法,两个部门处于对立状态。这时发生了一件事,加快了决定的进程。

1899年10月23日,保罗·杜美向主管部长提交了一张云南府城市战略图并标示了法国未来进驻该城的地点分布。这张图用黑色和红色墨水绘成,标示有军营、未来的省长官邸、军械库、军鸽舍、军马场、火药库……他的战争意图在这里昭然若揭。

他无视议定书的规定,当天就给泰奥菲尔·德尔卡塞寄去一份复印件,借口向他展示未来云南铁路终点站的定位。如此行事说明他坚信自己是法国政策在亚洲的代理人,坚信迟早能够赢得德尔卡塞对其理论的支持。

外交部长惊愕地看到这张云南府占领图以及杜美随之附上的简短注释。“这张图因带有的标注而属于机密文件,须严格保密。”[1]

面对这种危及法国在该地区的战略立场的不理智行为，德尔卡塞决定再次将任命一个总领事的问题提交下一次部长会议讨论。这也同样使他得以获得再一次重新确定各部使命的机会。

对方苏雅的任命程序最终又拖延了一个多月。在此期间，他对杜美访问云南府的情况，以及随后造成的混乱进行了调查。这种混乱他自从到达云南府就有所耳闻。这种情况既令人担忧又怪诞可笑，它表明贝内甘、吉约莫多和杜美的“计划”源自同样的领土征服逻辑，而这种逻辑又往往掩盖在为铁路和平计划服务的借口之下。

* * *

领事重新整理了最近发生的事件的线索，奥赛码头对此只有很零星的了解。反之，中国当局却知之甚多，耿耿于怀。

1899年5月间，保罗·杜美获悉一个代表团即将访问蒙自[2]。这是他在巴黎说服的金融财团的代表，随同来访的还有河内印度支那里昂公司经理，这家商行希望进驻云南府。杜美决定陪同前往。面对这些来评估铁路计划的可能性和障碍的同盟者，杜美想通过亲临

1. 相反，这个插曲难道不会引起我们对法规的运转、政治上人为因素的干预，以及抹去人们对某些事件的记忆的方式提出质疑吗？
2. 布隆德莱 (Blondelet) 使团。

现场来表示他对老街—云南府铁路的支持。他试图促使代表团尽快做出决定,同时继续推进有高级军事代表加入的贝内甘计划。

某些军事当权者很高兴看到能有一个向英国人报复的机会。此外他们主动介入其中,在北京和巴黎不知道的情况下自行为计划组的成员发放护照。至于外交和军事职能的混淆在他们看来无关紧要。重要的是迅速前进。四号地的指挥官毫不隐晦地宣布:"十个月后工地开工时将会有枪击发生,我们要去维持治安。"制造混乱的形势,然后去平息它,其实这是国际关系史上被多次使用的计策……至于总督,他企图无限期地获得土地转让权以建造云南府和蒙自火车站。这也太低估中国人了。

1899年5月29日,奔赴蒙自和云南府的保罗·杜美到达老街。

殖民部长九天前才知道该使命的存在,他要求总督什么也不要做,以免被理解为破坏《伦敦宣言》。"因为这种安排可以继续维护我们在四川的利益,以对抗英国人独自占据扬子江流域的意图。"[1]他提醒道。部长迫切要求杜美什么也不要做,避免给英国以独享四川的借口。但是杜美不听劝告。他一到蒙自就当着代表团和领事的面宣称:"我们应该把这里当作自己的家。"

保罗·杜美会见了冯子材提督。他用专横的口吻,要求立刻为未来的火车站以及各种建筑提供一大片土地。冯提督看穿了他的

1. 即"独家享有权的诉求"(参阅107页,第一章,有关《伦敦宣言》的内容)。法国不愿失去四川的煤和丝绸。

意图，采用了典型的中国式政治辩术，委婉的话语中蕴涵着愤怒与警告。根据北京的命令，铁路建设从东京开始，到云南府结束。冯提督说："这不符合原定计划。"他提醒说，铁路建设涉及几十万土地所有者。中国人的逻辑是欲速则不达。他补充道："不能因为急于修建一两个车站而使你们在购买铁路线的其他土地时遇到一系列困难。"他的话不被接受，但是他暗示杜美缺乏洞察力。"如果部长[1]了解我们的人民，他一定会重视我陈述的观点。[……]这难道不是使两个国家关系融洽的真正途径吗？"

这次会谈以失败告终并引发怨恨。杜美为不能行动而恼火，而中国提督因为杜美的高傲态度而感到不快。对方苏雅而言，在这次对话失败后想要重新获得中国地方当局的信任就更加困难了。

同时，财团的代表被介绍给夏尔—马利·吉约莫多。代表们逐渐改变着他们对铁路计划的认识。公共工程部主任曾经向他们表示他是计划的主管人，但此时代表们担心看到云南铁路被改造成征服政策的特洛伊木马，如同塞内加尔铁路一样。

* * *

离开云南府时，保罗·杜美委托吉约莫多负责建立首批机构，即决策中心（马斯使命）、火车站（博松使命）、军马场（吉约莫多—

1. 此处指杜美。——译注

奥里雅克使命)。“使命”这个词,我们将会明白,它包含多重的现实性,其意义从最不具攻击性到最危险,从最正式到最隐秘。关键是,在法国本土方面看来,一项使命不过就是一项单纯的使命。

方苏雅的报告揭露的最令人意想不到的事情之一就是建造军马场[1]事件。

吉约莫多将军马场的建造地点选在一个寺庙的所在地。这个香客来往频繁的佛教寺庙叫作圆通寺,位于云南府西门附近。寺庙建于明朝[2],整体占地面积异常大,被围墙包围,有几处空地和几座亭楼。法国代表正是根据这些特点选中了这里,无视此地数百年的文化习俗。与常理相悖,这不是一个孤立行为。我们至少能找到一个先例,1890年初驻老街的法国军队就已做过类似的事情。

这位天才工程师打算像实现铁路或矿山计划一样处理这个问题。他试图通过特殊手段获取一份“出让寺庙属地”的租约,“按照适合我们的期限”。他以租赁空闲属地的方式从一个和尚手里获得了一份五十年的租约……

不久,法国人开始驱逐原来在寺内做买卖的小商贩。他们进行的不是简单的布置整理,而是有目共睹的庞大工程。围墙和建筑物矗立起来,寺庙的圈地内修建了驯马场、马厩和兽医站。

印度支那总督的代表们打算买4 000匹马。这个数目大大超出

1. 军队术语,指负责提供骑兵坐骑的部门。
2. 这个王朝的统治始于1368年,结束于1644年。

宣布的用途，即主要用于铁路的器材运输。只需将这个数字与19世纪末巴黎市运输部门征用的20 000匹马相比较，就可得出这是用于未来的军事占领的结论。因为档案证明铁路计划与占领军之间的联系不是某种推测。事实上一方面，保罗·杜美颁布政令成立"军马场常设委员会，负责在当地购买马匹和骡子供占领军和印度支那各部门使用"(条款1)，并明文规定委员会必须"由参与云南计划的军官组成"(条款2)。巴黎当局并不知道这些法令条款！另一方面，杜美利用这些条款的酝酿阶段来造成既成事实，迫使正式决定被公布。

最大的冒犯是：民众看到该使命的代表们将妓女带进寺庙。"加内斯科的行为引起了民众的极大愤慨。"方苏雅写道。面对民众的愤怒，中国地方当局禁止妓女出入寺庙，除非以结婚为目的的情况……

云南府的居民知道自己贫困，他们没见过这些外国人带来的新技术，但是他们不能容忍别人践踏自己的尊严。因为这些外国人在他们几个世纪以来祭拜的寺庙内塞入了马匹、全副武装的军人，以及妓女。不可避免的事情发生了。1898年7月13日，2 000个果敢的中国人将法国人从圆通寺驱逐出去。"毫无疑问，示威者是由当地显要人物指挥和支持的。"方苏雅恰当地分析。由于找不到应为丑闻"负责"的和尚，众人捣毁了建筑物，并杀死了占领者的宠物：一只猴子和许多只鸟。

领事在他的报告中提及两件事情。这两件事情如果在其他情况下可能会引人发笑。首先，中国当局利用关于妓女的法规将一些情报人员安插在法国人身边。因此可以看到这些“伪婚夫人”当中有人住在［……］马斯领导的“政策办公室的寓所里”。其次，如果说加内斯科的作为是已经混乱不堪的过去的延续，那么人们理所当然为在马斯使命中存在两位部长的侄子（雷纳尔和奥亚克[1]）感到诧异。这两人也卷入暧昧的事情中。

* * *

虽然保罗·杜美为在云南府吃了瘪而气恼，但他仍然为此行给殖民部长和金融财团写了一份完全肯定的报告。他热情洋溢地缔造梦想，抹去障碍。“难道因为我们尽量看得远一点，有人就可以指责我们野心膨胀吗？比如展望十年后的前景？［……］在必要的时候，我去云南视察了当地的情况。［……］虽然云南省目前有些动荡，但我毫无困难地周游了全省，一切顺利［……］考察者和工程师的业绩为法国进入这片土地提供了无可争辩的理由。这片土地不能让给他人。”总督有如此多的理由来说服巴黎的决策者。

事实上，他的造访激发了全省民众的积怨。在蒙自，法国领事馆和海关署建筑被大批民众毁坏，人们坚信一场军事征伐已迫近。造反的民众得到来自个旧城[2]武装矿工的支援。个旧是该地区开采锡矿的中心，被欧洲各国觊觎，法国也在其中。

总督在“蒙自事件”中找到了派遣法国军队的借口，军事行动

1. 雷纳尔是前公共工程部长的侄儿；奥亚克是前公共教育部长（莱格斯）的侄儿。
2. 位于蒙自西北方向。

可以制造一个既成事实，在庆祝法国国庆节的前夕一定深受欢迎。他酝酿了多起阴谋，但没有得到殖民部的同意。

杜美非常不情愿地收了手。“我确信，我向您保证，是政府，而不是我，要为未来采取的政策负责。如果不是担心与政府的意志相冲突，我早已在蒙自事件刚发生时就派军队去蒙自和云南府保护[1]领事馆和我们的技术使命。我坚信不会引起任何问题和麻烦，相反能够通过强有力的行动有效维护法国的利益。”中国有足够的理由对法国持不信任态度。

在巴黎，方苏雅对杜美计划的报告犹如一颗炸弹。殖民部长不愿看到最初的计划与真相相去甚远，不得不对奥赛码头做出解释。拖延到不能再拖延。为了消除对国家正式行为的任何模棱两可的态度，在云南省任命一个法国外交代表变得势在必行。至少理论上是这样。

* * *

1899年12月5日深夜，方苏雅接到总督的一封电报。云南省代表法国的外交官兼法国政府指定主持云南铁路相关谈判的代表，这就是对他的任命。领事记述道：“一个令我不无意外的消息。”

他与他的主任秘书交换了默契的眼神。他内心涌起复杂的感

1. 一份电报的节选，简略语言由此而来。

情：任命带来的欢愉与神秘感、接受挑战的兴奋、肩负重任的意识交织在一起。如何驱散法孚—里尔铁路公司阴谋的阴影？这种阴影自他被从龙州驱逐两年多来时常缠绕着他。只有一件事情是肯定的：他已正式担负起与云南省的中国当局打交道的使命。

领事现在知道自己将在云南府待下来，他叫人拔除了住宅院子里石板间生长的荨麻。等待奥赛码头确认他的任命的这段时间，是短暂的心情愉悦的阶段。“我们巡视了城市的所有角落，以及乡村的大寺庙。博韦在植物学家龙怀仁 (Ducloux) 神父的陪同下采集植物标本，而我打了几只野鸡或沙鸡。我们尤其强制性地进行了休息，享受着令人想起法国南部的宜人气候，置身于云南冬季美妙的天空下，沐浴着无与伦比的纯净阳光。”

云南铁路的野心

云南铁路远不只是一条交通路线。它代表了跨越国界的第三共和国的象征和利益。

对于拥护“最强大的法国”理想的人来说，东京以它毗邻云南和四川的地理位置呈现出战略要地的地位。这方面的参考文件无一例外地憧憬未来与这两个省份进行的“活跃贸易”。这种贸易如同磁石一般吸引着法国的企业家。

法国迫切希望通过四川进行丝、缎、烟草、盐、药用植物、纱，还有皮鞋和油纸雨伞的贸易。自然也少不了煤炭。至于云南，它对东京说来既像一个销售市场，又似一个资源地。除了矿产资源（铜、银、煤炭和锡），法国人感兴趣的还有著名的普洱茶、麝香（深受香料商青睐）、八角茴香、饲料、药用产品（特别是鹿茸）和植物……尤其还有最受中国人青睐的鸦片。

在这种情况下，获得一个特许权，无论以什么目的，似乎都是一系列有成效的行动的保障。换句话说，在建立一个入境通道的背后隐藏着垄断云南贸易的目的。法国铁路特许公司明显企图改变事态进展的方向。“只有铁路（利用它的既定方向）能够有效实现中国西南部与东京及东京湾的贸易连接。”毫无顾忌的夏尔—马利·吉约莫多走得更远。他建议东京强迫中国政府接受铁路运输与法国海运邮轮公司或其他海运公司的业务衔接起来，前提是在对东京的利益有利的情况下。但是他对东京如何行动才能迫使中央帝国接受其意图没有任何提示……总之，云南铁路既是一个工具，同时也是进入中国南部省份的理由。

一接过修建铁路的重任，方苏雅便开始研究工作，并沿铁路线进行实地考察。在他的实地考察中，看到的一切事实都削弱了富裕的云南以及红河便于连接中国与东京的神话。“上帝啊！就算我们做到了在这些无休止交替下坠的陡坡上跑火车，这条铁路又能运送什么呢？［……］我们对中国境内的了解绝对是错误的。贫瘠，绝对的贫瘠。法国的树木、蔬菜、粮食等不足以使该地区富起来。是的，农作物要在有土壤的地方才能生长。但是在这里看到的尽是岩石。”

同样，领事乘坐吃水20厘米深的独木舟在上红河流域考察的经历促使他对安邺的判断提出质疑。“这是一个无法与法国本土和东京的殖民者讨论的既定事实，即使你已经身临其境做过考察。此外，安邺没有到达红河上游，仅止步于往思茅方向的源头。他推测这可能是一条入境通道。但是一些爱幻想的人和投机者利用安邺的名声将这种假设说成是事实，哪怕在他们面前表示出一点怀疑都是危险的事情。”

的确，在法国本土，云南铁路具有激发商界的变化和动力的性质。质疑它的正确性等同于冒得罪强大的集团的危险。[1]

法国正处在工业快速发展的时期。在该领域，电气化如同在欧洲各国一样占据着重要位置。电力设施使铜的需求量剧增，致使这种金属成为战略资源。云南省似乎蕴藏着大量的铜矿床。这是一个意外收获。为了强调对该领域的兴趣，富有的前轴驱动装置总公司[2]写信给泰奥菲尔·德尔卡塞，表示他们希望在未来的长时间里获得生产所必需的大量的铜。

与此同时，法律在不久前准许公司发行国家担保的债券。风险的性质因此改变了，因为公司现在可以管理大量资金而只需事先认购其中一小部分。企业管理人开始重新重视该领域的市场。于是大量创举如群芳斗艳般涌现，银行业、重工业、海运制造业等在其中相互作用。

对特许权（农业、矿业、铁路等）的角逐是一场全球性的行动，目

---

1. 交易所的投机商。
2. 法国电力公司的“前身”。

的在于获得持续优惠的条件或在战略领域受保护。19世纪末，最具实力的公司赫赫有名的企业主的观点可以影响报界和国会议员。虽然没有全面的比较，但是如今也存在许多相似的情况：21世纪，我们通常看到法国在中国最具影响力的大企业的领导与政治权力走得非常近。对陪同出访的企业主[1]的选择就是证明。这种选择遵循的标准自中国1978年改革开放后很少改变，这与目前其他在中国的比法国更加活跃的欧洲国家相反[2]。

1899年，在一片颂扬民族主义和殖民唯意志论的氛围下，人们很容易用热情代替现实主义。"我想我面对的是一些倾向于将中国视为富饶之地的人。"方苏雅写道[3]。他的自由言论在殖民者眼里足以将他归为不合时宜之类。如果说他爱国，他却一个报告接一个报告地强调：重要的是以准确的观察为依据，推行可行的计划。"我要反对的，是在许多人身上看到的冲动。"这种担心促使他给泰奥菲尔·德尔卡塞写了后来他面对保罗·杜美说的话："据我看，对作为贸易主要通道的铁路，不应该抱有太大期望。[……] 云南铁路肯定不能改变四川的运输总量。它所承担的运输量足以让它存活吗？"

法国印度支那云南铁路公司不赞同这些质疑。为了利用老

1. 电信、运输、核能、汽车、公共工程建筑……

2. 例如德国和意大利，它们的中小企业出口得更多。

3. 21世纪，法国总是难以清醒地评估它在中法事务这个棋盘上的位置。她沉迷其中，但一直（不言而喻地）在无端的担心和征服的野心之间摇摆；有时两种态度并存，使其陷入作茧自缚的处境中。

街—云南省（昆明）铁路特许权，法国政府通过印度支那推选出私人实体的行政委员会。这是已经提到过的相互作用的典型案例。该委员会主席，埃利·德瓦塞勒（Hély d'Oissel）男爵，既是议员又是兴业银行的总裁，同时身兼铁路研究公司（法国—比利时）的副总裁。这个公司负责监督京—汉铁路的建设。委员会的三号人物斯塔尼斯拉斯·西蒙（Stanislas Simon）是印度支那银行的总裁于利斯·比拉的朋友。后者是强大的里昂商界的关键人物。印度支那银行与印度支那云南铁路公司之间的联系的密切程度从一个细节便可看出：它们的总部位于巴黎拉菲特街相邻的两个建筑里。

保罗·杜美，方苏雅的老对手

甚至在方苏雅动身去东京会见总督之前，马斯使命的军人们就对赋予他的新权力表示了敌意。他们不承认他"有权"过问"铁路事宜，以及我们的侨民和他们与中国官员有关的活动"。

"这些军人曾［……］试图来拔除插在我的住所顶上的国旗。"他向奥赛码头如实报告[1]。他自然要采取制裁行动，对他来说这是原则问题。但目前他与河内有约，在那里他也将会见法国公使毕盛以及蒙自新领事宋嘉铭（Camille Sainson）。

1. 马斯的证词表明如果不是他出面调解，在那种情况下方苏雅会与他们动起手来。

* * *

方苏雅精神饱满地踏上东京之旅。旅行可以使他忘记那些阴谋。每次旅行总是能让他有新的感受。

还未被西方人所知的中国人的日常生活场景吸引着方苏雅。了解中国有助于他更好地理解世界。领事思考他所观察到的事物，同时也思忖欧洲人看待这些事物的眼光。作为一个有经验的旅行家，他很好地利用了轿子的狭小空间[1]。“稍加训练，就可以适应一切情况。凭借一点技巧［……］我可以用任何姿势在我的移动椅子上工作。”

领事进行地图绘制，用心观察，用铅笔在小尺寸的方格纸上记录下自己的感受。歇脚时，他就变成摄影记者。他用挑夫搬运的沉重的底片拍摄下那个时代的中国，他以画家的视角丰富着他的底片。“太美啦，这些在两匹头马带领下，一字排开，看不到头尾的马帮，挑选出的头马身插交错的三角旗，头部缠有红色饰带，额头佩戴镜子。”晚间休息时，他用墨水誊写白天的记录。

* * *

无论信件往来还是面谈，方苏雅与保罗·杜美之间的每次交流都是一场斗争。作为奥赛码头任命的铁路问题代表，领事必须与印

1. 他发明了一块可折叠的多用搁板，他的用具可以固定在上面。

度支那的总督和解。而后者没有放弃他对中国的个人计划。一切，或几乎一切，都使两个有个性的人相互对立。

保罗·杜美不相信迦桑德拉 (Cassandre) 的预言，这个预言提醒他，在他之前的所有前任都命丧黄泉[1]或被撤职。他以有预见的人和法属亚洲帝国的创建者自居，他要为这个光荣的使命而战。他认为，权力和权力的代表必须是强大的。他的政治格言是："只要我们敢想，我们就一定会胜利。"[2]他每天凌晨4点钟就跨上马，无论在什么季节。他对军人及实干家的赞赏近乎痴迷。他喜欢与这类人为伍。他喜欢说，正是他们的鲜血造就了法国的殖民领域。他传递的含义是：他的三个孩子都为法国捐躯[3]。在巴黎奥吉阿尔公墓[4]四处可见士兵墓，他的孩子勒内和安德烈死于第一次世界大战，杜梅后来与他们同葬在这个公墓的一个墓穴里。

如果他英勇就义可以引发军事干预，保罗·杜美也许宁愿作安邺。他认为："这是一个果敢的行动，一种大无畏的气概，只有法国政府下决心，行动才会有结果。"

自河内的第一次正式会面起，总督就对军人们说，他依靠他们。杜美说："殖民地的军官不仅是征服者，还是调停者、管理者、工程师。我要请求他们接受各种任务，我确信他们在所有的工作中都能带有同样的智慧、忠诚与活力。"

这样的论调激怒了方苏雅。"事关军队时他表现得如此盲目、如

1. 或死于疾病，死于动乱的局势。
2. 或另一种说法："意志决定一切。"
3. 他有七个孩子：五个儿子和两个女儿。
4. 杜美家族墓，29P1918号，中央道左侧。

此宽容，令人惊讶。杜美需要军人来实行他的政策。因此他给予他们特权并保护他们。"领事认为有必要将制度规定的权力实行分离。保罗·杜美却毫不犹豫地对此进行指责。"总督的职务赋予职权的持有者完全的权力，前提是他善于合理摆脱法国行政部门吹毛求疵的、无效果的，而且经常是存心为难的控制。"

方苏雅认识到这是一种政治理念。他的看法只适合那些在尊重权限和整体利益原则下履行职权的人。这对他来说意味着警惕、节制、遵守底线的意识。然而，保罗·杜美显示出自己几乎是牢不可破的。"他认为自己是一块特殊材料，甚至在身体上也如此。"领事私下讥讽道。杜美的狂妄自大使他恼火。

这种唯意志论实际来自对衰退期的恐慌，这是总督行动的最强大的动力之一。保罗·杜美意识到，在所有西方国家在中国的竞争中，法国面临困难[1]。但是他想做救世主，即可以"恢复我们光荣的历史的人，重建我们创新、坚韧、英勇的传统的人"。他甚至明确表示："必须不惜一切代价实现这个目标，如果我们不愿消亡，或者接受比消亡还要残酷的衰落。"

* * *

到达边界后，方苏雅放飞两只由法国军人差遣来的信鸽。在边境地区，信鸽是可靠、迅速和秘密的通讯工具。通过信鸽，总督的代

1. 尤其是法国弱势的贸易竞争力。

表们知道他的旅行进展顺利，不会延误时间。

作为欢迎，印度支那的第一个岗哨交给他一封保罗·杜美的电报。这封电报让他久久不能忘怀。“亲爱的总领事［……］我们无需再长久地争论下去。［……］事关扬子江上的法绍达，捷足先登者，［……］将是它的主人。这也许，必须是我们。我们应该尽可能在亚洲弥补在非洲犯下的严重错误。［……］这就是我们的计划，也是你我的计划。［……］在这个崇高的目标面前，一切都微不足道。让我们开始行动吧，亲爱的总领事。”法绍达！方苏雅感受到这个影射的分量之沉重。总督已经推测领事会赞成他以伟大的法国为名散布的言论。重读电报，领事明白他被归类为面对“宏伟的目标”却“鼠目寸光”之辈。他的心跳加快了。

接下来的附言更加令人惊讶，保罗·杜美企图收买他。总督寄给他一大笔钱，而且不要求开具收条，并且还补充说需要时可以以同样的方式再付给他钱。杜美写道：“这绝对是你我之间的个人行为。”方苏雅脸色苍白。他被弄糊涂了。他一上任竟遇到［……］这种勾当！他们把他当作什么人了？这难道是惯例吗？

他决定将事实告诉他的朋友鲍渥，此人时任泰奥菲尔·德尔卡塞的办公室主任。方苏雅写道：“我写这封信是为了你在必要时让部长过目，如果你认为合适的话，以便他更好地了解情况。”但是方苏雅不敢提及附言的事。直到后来他成为总督有针对性的攻击目标时，他才下决心公开此事。人们可能会问他最初克制的理由是什么。难道领事为印度支那最权威人士的卑劣行为感到羞愧吗？抑或他假设这是由于他设置的障碍引起的反常行为？后一种假设似乎更可靠。

这封电报在余下的路途中一直盘旋在他的脑海中。

* * *

方苏雅见到了电报的起草者。置身于总督府没有变化的环境中，他仿佛回到了13年前，面对保罗·贝尔。身着盛装的他被正式以总领事的头衔介绍给毕盛[1]和宋嘉铭[2]。方苏雅一上来就提到铁路问题，并草拟了一张云南贫困状态图。他解释了穿越1 500多公里的岩石到达四川的铁路计划为何不现实。这种论据或许会在保罗·杜美的思想上引起某种反响，因为他父亲曾做过铁轨铺设工的工作[3]。方苏雅认为，除了默认可以通过香港过境的锡以外，“任何重要的贸易活动都无法指望”。

保罗·杜美强压怒火。“可以在他身上感觉到由于计划受阻而抑制的狂怒，以及不得不受制于我的耻辱。”领事写道。总督的贿赂企图没有奏效。

总督说，他不愿错过任何在云南彰显法国影响力的机会，尤其是通过建一所学校和一所医院。他叹息道：“由于缺乏勇气，法国在蒙自事件后没有断然对云南府采取行动。”他似乎忘记他是在对外

1. 来中国之前，毕盛在太子港任职，曾与巴西政府签署圭亚那划定边界的协议。之后，1900至1906年，他在土耳其做常驻外交总代表，在克莱蒙梭执政时期任外交部长。当时克莱蒙梭组织了摩洛哥远征。

2. 宋嘉铭于几年前参加了帕维亚考察使命。

3. 在巴黎—奥尔良公司。

交官讲话，而不是对军人。

在短暂休息时，大家用了饮品。领事私下将杜美的电报给毕盛看了。后者惊愕不已。他立刻明白有必要提醒总督注意国际局势，而且有必要确立北京与云南府之间关于外交互补性的基本原则。与方苏雅一样，他不赞同从领土征服的观点出发的爱国主义，认为应该在国际协议的框架下着眼于和平过渡。领事认为："应该采纳杜美计划中的一部分。如果加以很好的利用，我们也可以在整体利益中受益。"他补充道："我将适当阻止超出我们意愿的计划。"总之，既然保罗·杜美要行动，方苏雅可以满足他，但前提是他必须控制计划的实施，确保计划"没有危险"且有效。

毕盛耐心地向保罗·杜美解释，他无法评估吞并领土的危险。任何对领土的更改其本质都是国际问题。中央帝国不能接受这种可能性，尤其这种威胁来自一个它一贯视为其附庸领地的国家（印度支那），这个国家因受欧洲人控制已经颜面扫地。中央帝国的确衰弱，但它还不至于软弱无力。毕盛强调了一个事实，印度支那（即法国）"至少要考虑英国，可能还有美国，另外很有可能的是日本会作何反应。"

会议结束了。在给泰奥菲尔·德尔卡塞的一封信中，毕盛说，他还是得到了来自总督的节制的保证。"如果他遵守承诺，"毕盛说，"法国的外交可以指望有一个乐观的前景。"

德尔卡塞非常了解保罗·杜美，他在毕盛的这段文字下画了一道粗线，仅写下一句批注："此点甚为重要。"

1900年风暴中的方苏雅

云南省接踵而来的动乱促使约瑟夫·博韦发电报给方苏雅，要他尽快返回。

将那笔随信附带的巨款还给保罗·杜美后，领事离开了河内。他直视杜美，要求其召回制造混乱的军人。这些人在他动身之前就出了名。为了防止任何没有证据的指控，强调事关原则，领事同时向泰奥菲尔·德尔卡塞表示：他赞成军官们的使命，但“必须符合确定的基本原则，条件是将他们置于我们的有效控制[1]之下”。

他必须肩负一项意外的使命返回云南府，即护送80 000皮亚斯特。这是给已经驻扎在蒙自[2]的铁路人员的工资。这是一笔巨款，相当于那个时代的20万法郎，大约价值20辆汽车。汽车是当时社会上层人物的奢侈品。这批沉重的货币迫使领事租用了32匹驮马。他将行程定为每天25公里。他要率领63匹骡马的商队经河内、安沛、老街返回中国。开拔了！

到达老街军事领地时，方苏雅得知蒙自请求警卫增援以防个旧

1. 即实际的控制。

2. 印度支那银行（发行银行）将铁路公司在巴黎募集的资金换算成皮亚斯特。它也发放贷款用于购买材料。

矿工的进攻。他还获悉在云南与广西边境发生了动乱。正如博韦传递的信息，整个云南省处于动荡之中。领事通知了河内，并考虑应该采取的行动。保罗·杜美很高兴看到出现干预的机会，回复道：“你要求的一切都将得到满足。”由于中国当局拒绝保证皮亚斯特的运输安全，领事决定请求14人的护卫队增援以确保商队的安全。他将把这支卫队留在蒙自加强当地的防卫。然而他提出卫队必须身着便衣。他不愿在一个正在变成火药库的地区玩火。但是在最后时刻，当军事领地的指挥官表示同意并挑选人员的时候，总司令伯尔尼斯—戴斯博尔德提出反对意见：既然是卫兵，就必须穿军装。领事呆住了。他预感到一个隐藏在军人荣誉观下的阴谋。在当前的局势下穿军装是完全不合时宜的。接下来的事件证实了他的推测的正确性。

方苏雅通知北京和巴黎：“我不会对允许携带武器、身着军装的部队越过边界的命令负责。”奇怪的是[1]，毕盛的回复迟迟未到，而挑夫们急不可耐。他们在玩什么把戏？领事凭着良心决定承担一切风险，在没有卫队的保护下重新上路。

颠簸中的商队穿过多石的道路，然后将贵重的货物卸在独木舟上。圣星期五那天，方苏雅用炸药炸到一条巨大的鱼。“一种长着胡须的怪物，几乎与我一样长。”他写道，“可怕的细节，这条河怪肚子里有两根人的指头，其中一根手指上戴着一个黄铜戒指。”

到达红河高处时，一场可怕的暴雨迫使领事一整夜都用长柄木

1. 读者在后面的叙述中会明白为什么。

勺舀出船舱里的积水。他赤裸着身体，与苦力们一道工作。但是“旅行家兼外交官”无论如何也不放弃他的岗位。他很享受这种与大自然释放的力量抗衡的时刻。这时需要头脑非常的清楚。危险和疲劳已置之度外。“钱无需担心，食物箱已加了锌板，旅行箱被密封，照相机和武器被妥善安置。最后，几乎没人受伤。”他在给朋友的信中写道。接近蒙自时，一个密使赶上商队，这是苏元春将军的信使，信上印有朝廷的双龙标记。尽管广西边境的军人[1]反对，领事和他的主任秘书博韦还是收到了这封信。这是友谊的象征。合作几年之后意想不到的来信向方苏雅表明：苏将军没有屈服。他没有变成法国人期望的“顺从的助手”。

领事和商队的前哨终于到达了云南府。但他很快得知后面的人和大部分货物被扣留在市税务所。方苏雅和约瑟夫·博韦立即赶了过去。挤满人的市郊一片混乱。两个法国代表的腰带上显眼地挂着枪。面对敌对的人群，还是武器让他们关上了非法扣留的箱子[2]。这些东西立刻物归原主。

然而事情并没有就此了结。几天后，一份省外务办公室[3]的报告指控领事违反协议，带入大量用于战争的武器。据称他率领百来个武装人员夺回行李。“我们甚至在厘金局的办公室里向雇员开枪[……]这就是云贵总督毫不犹豫地向你们描述的悲剧场面。”方苏

1. 法国军人恼怒地看到前龙州领事在当年履行的使命中的价值被中国官方承认。在他们看来，这位领事是征服计划的障碍。
2. 在这些箱子中有两个外交人员的旅行箱和两箱钱。
3. 洋务部。

雅在给奥赛码头的报告中写道。事实上，他补充道："没有任何违反协议的行为。"但是有人明显试图找借口攻击他。

"我清楚不该做什么，以免使我们卷入冒险中[1]。"他写道。此时他比以往任何时候都清醒。中国当局引用的协议条款[2]既不符合商埠[3]的情况，也不符合协议的先决条件。领事在东京就报告了携带用于云南府和蒙自领事馆防卫的必要武器。他通知了主管人。"我特意用官方信件通知了蒙自道台这批武器的运输。"但是紧张的局势并没有缓和。道台没有回复他的信件，反而散布危言耸听的谣言。这是欧洲与中国之间关系普遍恶化的最初迹象，也是1900年的标志性事件。

在中国北方（特别是在北京和天津之间），义和团[4]暴动风起云涌。在这种情况下，暴乱没有真正涉及云南府，但是城市里发生了类似的排外运动。运动遍地开花，所到之处外国人的存在意味着一种耻辱。在征得云南府副主教曹佑宸（Escoffier）的[5]同意后，方苏雅决定将所有法国传教士都集中到领事馆内避难。时局非常严峻，以致泰奥菲尔·德尔卡塞将情况通报给巴黎对外传教会的会长。他告知德尔佩什（Delpech）主教：领事会保护他的代表们，必要时将他们向东京疏散。随着局势不断紧张，41个法国人在领事官邸避

1. 换句话说，挑起一个事端，为反法国的暴乱和印度支那武装干涉制造借口。
2. 1886年4月的贸易协议，第15条。
3. 指蒙自。
4. 义和团于19世纪中叶诞生于山东省，后保持英国目击者赋予的名字。其含义相当于拳击者，或"正义与和谐"的武术门派的门徒（义和团）。这个组织仇视外国人，攻击西方人，损害他们的利益。义和团运动在"北京五十五天"事件（1900年夏）时达到高潮。其间，整个外国使馆区被包围。结束这个动乱时期的和平协议于1901年9月17日签署。
5. 曹佑宸（1861—1923）。

难。“人群聚集在五个塔楼里，其中一个楼离我们仅30米，”领事叙述道，“布告贴满了全城，鼓动爱国者屠杀我们。[……] 有的告示贴到了领事馆的门上。”

经过与约瑟夫·博韦商议，方苏雅逐渐明白：各种事端是由新总督丁[1]暗中策划的。此人在领事于东京逗留期间受命上任。他由北京方面挑选来代替比较温和的崧 (Song)[2]。他一上任就公开表明排外的态度。他开始唆使民众只用国货。他尤其表现为“云南铁路和云南对法国人开放的反对者”。随着时间的推移，领事认为应该提醒他为自己的行为承担责任。因此他以最后通牒的公函形式给云贵总督一个提议，并要求书面答复。他向总督保证法国方面的和平意图以及他本人“和解的意愿”。但是他要求或者保证法国人的安全，或者允许他们撤离，否则后果自负。总督被这种主动出击弄得措手不及。这种态度与法国代表们的武力威胁策略相反。方苏雅言行一致，有目共睹[3]。尽管人群威胁要点燃旁边的建筑来烧毁领事馆，他还是下达了克制的命令。“我下达了对投掷来的石块不予理睬的命令。[……] 一旦闹事者敢于闯入我们的住宅，我们将用手中的枪说话。[……] 啊，如果我没有把这些枪带来的话，结果会怎样？大概有人想为此而指责我，但是暴徒们正是看到我们手中的武器才不敢贸然进攻。”

领事必须拆穿云贵总督的谎言。因为丁要求奥赛码头召回领

1. 此处应是云贵总督丁振铎。——编注
2. 此处应是崧蕃。——编注
3. 同时指中国当局、印度支那总督和东京好战的军人。

事，推说他们的关系不好。“我不可能与他有紧张的关系，”领事向德尔卡塞明确表示，“因为他上任时我还在东京，至今我都没有见过他。[……] 他张贴布告宣扬我带来6 000支枪，[……] 我率领一支由300匹马驮运武器的队伍，他们甚至派部队去路上拦截这支假想的队伍。”这批枪支的实际数量总共125支，其中只有三十几支供云南府领事馆使用。

这些信息对泰奥菲尔·德尔卡塞来说来的正是时候。他正要接见中国公使裕庚。此人来巴黎接手北京针对运送武器进云南的控告事宜。部长很快回复：“我提醒他，我本着和解的精神委派方苏雅先生去云南，我之所以选择他是因为我的指令符合他本人的信念。”他对来访者表示“他们不尊重领事的克制态度和友好立场”。他同时强调他不能容忍他们拒绝保证领事的安全和指责他携带自卫的武器。

令德尔卡塞意想不到的是，会谈接近尾声时，裕公使承认新总督不了解那个外国人。“因此，”法国外交首领写道，“他对方苏雅先生遭受到的不信任和敌意做了解释。”通过与泰奥菲尔·德尔卡塞会晤，中国公使似乎权衡了在以运输武器为借口的事件中，中法力量的对比，他好像明白了为何法国要支持驻云南府的领事。

在1900年，信息流通已经很及时了。方苏雅虽然不知道这次会晤，但他在当地已感知到会谈的效果。在喧闹延续了八天时，他记录道：“显然北京下达了严格的命令，突然恢复平静了。”至于丁，他把动乱的责任推到蒙自道台身上。

但是，在河内，保罗·杜美对局势转为平静非常不满，并且将这种情绪表露出来。然而，外交部显然不想承担在这方面做出决定的全部责任。因为方苏雅写信说："我已经筋疲力尽 [……] 。拜托您不要让他们做蠢事。为此我差点送命。现在，因为杜美不高兴，您对我说：'是您促使我们做出决定。' 这真是一种奇特的致谢方式。"毫无疑问，方苏雅与保罗·杜美不是同样分量的人物。尽管其中一人刚刚为祖国冒生命危险，而另一个人没有。

外交档案保留了诸多意想不到的资料。这次危机过去十多天后，泰奥菲尔·德尔卡塞发现事情未被察觉的一个方面。因为毕盛给他发电报说，他得知了"由杜美先生提出的想法"，但是他"当时认为没有必要告知部长"。正是以这种十分不符合惯例的方式，部长获悉他在北京的下属对他隐瞒了……"印度支那总督提出的 [……] 十分有意义的军事行动的提议"！法绍达的阴魂不散。

这说明了毕盛要方苏雅长时间保持沉默的理由。无论对排外的中国，还是对印度支那殖民政府，运送武器构成了采取极端手段的理想借口。但是结果双方在这种情况下都失望了。总而言之，大家把避免了一场军事对抗的原因归于领事的沉着。"人们在思想上散布战争的观念。"领事指出。但是他阻止了种子落入肥沃的土壤。罪过。

处心积虑、厚颜无耻的把戏：在危机中，毕盛既不支持云南府领事和奥赛码头的和平行为，也不支持印度支那总督的军事行动，他坐山观虎斗，无论哪方成功都不影响他的职业前程。河内也给了他某种许诺吗？我们不得而知。这类保证很少诉诸笔端。总之，事情败露后泰奥菲尔·德尔卡塞表示了气愤，但我们没有找到任何处罚毕盛的资料（他的确有很好的关系网）。

* * *

1900年5月的危机过去了。但是方苏雅知道残灰里孕育着火。毕盛从北京给德尔卡塞写信说“告示仍在城里张贴和散发”。义和团（如同过去的黑旗军）给接触过他们的所有人都留下了深刻印象。他们大多数是些了不起的年轻人，额头、手腕、脚踝和身上缠着红布；他们勇往直前，“扶清灭洋”。

虽然身处王朝的边界，领事也有所担忧：“无论引起这场运动的原因何在，事实证明它已经对所有外国人造成一种危害。”仇外暴动的表现形式取决于地区的局势。在云南东部的开化地区，中国正规军的分遣队被派去剿“匪”。然后，根据《孙子兵法》[1]的规则，他们被重新部署在边界附近牵制东京，希望能迫使东京全面动员起来与之对抗，这样就可以阻止征服云南的计划。

云南府领事知道自己是推动铁路计划的代表，因此成为攻击的目标。“我个人没有卷入其中，卷入的是我的身份［……］。如果我离开，目前的问题也会随我而去。”方苏雅记录道。出于各种理由，他清楚地知道：铁路问题对新云贵总督和马斯计划都是关注的焦点，因此唯一要采取的态度就是比以往更加警惕。方苏雅甚至说过

---

1. 在此，用的是“声东击西”的策略。《孙子兵法》是一部古典战略专著，写于公元前6世纪，作者为孙武，即孙子。

这样有预见性的话："这种危险，按照中国官员的意愿，还会发生。他们会按照政治需要挑起类似事端。"

* * *

传统的龙舟节[1]过后一周，云贵总督发出最后通牒。他限领事三天内离开云南府，否则他可能会制造更大的麻烦。方苏雅感到困惑。因为在得知他的同行宋嘉铭在蒙自处于危险之中后，他刚刚向云贵总督提议让法国人撤离云南府。只有一种解释：为了挽回面子，总督将这个建议作为他自己制定的措施。

在这盘棋上，每一步都事关重大。领事立即回复说，他接受后天离开，只要他撤离期间的安全得到保证。他还要求领事馆贴上封条，丁必须负责保护好领事馆。之后，奇怪的是，好几个官方的特使，出于各种借口，似乎不愿意催促他动身，而是屡屡采用拖延的手段。"我注意到这些无法解释的矛盾，这大约是对北京官员的意见有分歧所致。"他记录道。

法国传教士也是秘密阴谋所针对的目标，由此可以推断中国人无疑试图将他们扣留作为本城的人质。领事认为更加谨慎的做法是将所有法国人（公务人员、宗教人士、铁路代表团成员）集中到领事馆的围墙内。

一个至少是奇怪的举动进一步证实了他的推断。在法国人动

1. 这个民间节日是为了纪念一位名叫屈原的文人，他投江自尽以明志。

身的前一天，中国官员为领事临时安排了一顿晚宴。出发因此又被延迟了一天，方苏雅听到了传闻：在城门口，他们动员了一些民兵，并给他们发放酒和肉。领事觉得必须尽快动身。

“情况万分紧急。”德尔卡塞在领事向他宣布动身的电报上读到。部长很担心，但他不知道该如何行事。他决定咨询毕盛和方苏雅是否应该及时派遣部队去迎接云南府的法国人。

1900年7月10日这天，黄花苑的建筑物已经贴上封条。这时，命运的征兆显现了，自然力发作起来。“我们的行李堆在院子里，洪水般的大雨倾泻而下；我们在封闭好的屋子外面等待。”雨水如小溪般顺着驮马的脊背往下流，这些牲畜是花了许多钱租用的。15点，护卫队终于到了，21顶轿子的队伍开始行动。“我坚持走在前面。我感到我们必须防止有敌意的企图，于是要求每个人都保持警惕，荷枪实弹。”方苏雅写道。

但是警报传来，在只有几百米远的巷子里密集的人群躁动着。队伍必须尽快回到领事馆的围墙内。退潮般的撤回变得一片混乱：苦力们一哄而散，放下轿子，拿走他们能携带的东西，仓皇而逃。退回领事馆围墙内的法国人寻思他们是否处于安全地带，抑或这个地方将变成捕鱼篓。喊声四起。领事在思考。应该筑垒固守，进行防卫。这在木质结构的公馆里可不是件容易的事。这里地处突出的山脚下，夹在陡壁之间的位置非常容易受攻击。“我们退回一会儿后，贱民们包围了这片高地，并试图侵犯我们。在另一边的低矮处，我们遭到巨大石块的攻击［……］喧哗声大了起来，然后我们周围是一片可怕的吼声。”领事的自卫行动迅速组织起来，分配岗位，确定纪律。方苏雅锐利的目光扫视着所有人的眼睛。他们当中有平民、教士、军人、铁路代表、广东厨师、布列塔尼籍佣人、安南籍男仆，甚至还有一个包着头巾的锡克警卫[1]。所有人都武装起来，准备战斗。在下午晚些时候，巡抚终于钻进被围困的人中间。他企图孤立方苏雅，在最后时刻一位中国官员向领事告警：计划是劫持他和博韦，将他们交给那些贱民，并已向贱民许诺将他们投入牢笼。他的计划没有得逞。领事得以逃过了一次骗局。在当时的动乱中，周围的西方人以及所有可能与他们有联系的人的住房都被抢劫或捣毁。本堂神父的住所、主教府、传教士住地，连同一个王姓富裕银行家的住宅以及家仆的简陋住房无一幸免。

中国的士兵和首领驻扎进领事馆履行保护的使命，而一群敌对的人拥向总督衙门指责他对外国人软弱。

夜色与寒冷降临，然而一股无法控制的暴动力量开始迸发。“突然，一大片闪光照亮了我们的瞭望孔。一场大火刚被点燃。”领事叙述道。主教府燃烧起来，“街区的一部分同时起火，火星一直落到我们这里”。附近农村的怒潮也涌入云南府。恐慌四处扩散。对西方人来说，这种来自近处而又无法理解的吼叫声极度令人不安。“一座城市里80 000中国人组成的队伍像野兽一般嚎叫的喧哗，再没有比这种情形更夺人心魄的了。”空气中弥漫着烧焦的气味。眼睛必须

1. 锡克人向来是看管贵重物品的优秀人选。西方人经常在该地区雇用他们来做这件事。

适应黑暗，否则有可能误伤自己人。

领事从他自己的位置上发话，要求所有人保持“最大限度的冷静”。他吩咐只有到最紧急的时刻才能开枪。方苏雅力图防止被围困的人激化反西方人的情绪。毕竟人群现在还在外面。“我下令当有人冲进来时任凭他们抢劫住房，只有保护生命时才能开枪。我命令在这种情况下第一枪由我来开，那时我们将施展出我们的全部威力。但是到现在为止，我认为应该让正规军有所行动。”这就是他的命令，他让人翻译给中国军人的首脑听，此人对他心怀感激。中国指挥官不久刚刚接到的官方授权。“子弹开始呼啸，击中土墙，没有造成伤害”，而人群撤离了。

在世界末日般的光线中，被围困者保持着警惕。此时方苏雅运用起他钟爱的武器——幽默。他对大家宣布即使在这种情况下也别忘记节约。他指的是子弹。他的幽默引发的“纵声大笑”激励了法国阵营，完全动摇了中国阵营。

* * *

次日，领事手握武器醒来。约瑟夫·博韦向他通报了尊敬的哈丁 (Harding) 代表云南府的英国耶稣教徒提出的请求。他的教友中了圈套，被知府欺骗了。后者假意为他们提供保护，实则是将他们隔离起来。他们的住地遭到抢劫。他们请求为女人和儿童提供被子和食物。在方苏雅看来，现在不是两强相争的时候。“我考虑有责任帮助英国传教士 [……] 。我尽可能地向他提供所有物质援助。”

他在给奥赛码头的报告中写道。他同时提议如同对本国侨民一样为英国传教士提供方便，如果他们决定与法国人一道撤往东京[1]。如此宽容的表示在当时的外交背景下有悖常理。因为我们距离法绍达事件几乎只有两年，对法国来说完全应该考虑如何向“英国”复仇。方苏雅又一次按照他自己的信念行事。

下午平静得不真实。的确没有什么可抢劫的了。“在欧洲人的机构中，只剩下我们的住所未被触动。”领事观察到。由中国当局制造的平静在城市的几个地点以恐怖的形式呈现：“他们在耶稣教传教士的住所以及我的门前砍了几个人的头[2]。”

方苏雅与约瑟夫·博韦商议。领事馆收容了22个法国人，但他们被完全与外界隔绝。领事馆已无法正常运转，没有与北京通信的可能，也没有与东京相连的电报线。然而必须通知巴黎。他们决定挑选几个可靠的中国人把信送到龙坡[3]，那里是法国的第一个岗哨，送信人可得到丰厚的报酬。在这种场合下领事显示出他的战术才能：“这些信使相互不认识，我不让他们知道他们使命相重，一个很快出发［……］，另一个后天上路。”

通过这种方式，他成功地将主要情况通知了泰奥菲尔·德尔卡塞。“我们像囚徒一样。但是在我们回来之前，印度支那什么都不要

---

1. 最后，英国传教士没有与法国人会合。据阿尔丁说，他不愿由于他们的出现而把事情搞得更加复杂。
2. 几个造反头目的脑袋。
3. Long Po音译。——译注

尝试。现在所有法国人平安无事。”[1]宋嘉铭也从蒙自发出让人放心的消息。“警报频繁，但没有任何令人遗憾的事件发生。目前我认为没有理由撤回老街。”

在巴黎，由于有这些情报，外交部长可以回答当天聚集在波旁宫的议员们不安的提问。民族主义者和“最伟大的法国”这一理念的拥护者与保罗·杜美一样支持做出迅速和断然的反应。部长对他们说：“在这种时候，只有方苏雅先生能够确认派遣部队的消息（消息自然比部队到得快）是否会增加对我们同胞的危害，是否会以解救他们的方式葬送他们。”

在云南府领事馆的围墙内，人们在拥挤的环境中等待。方苏雅分给大家几副奇迹般找到的扑克牌。但是幽禁和物质匮乏使性格暴躁的人抱怨不休。

过了些时候，总督和其他官员，然后是藩台[2]，陆续来访，试图平息事件。作为一场失控的运动的责任人，他们强调说他们已经受到处分。但是领事发现只是下属受到处分。然而他们不再傲慢并且似乎在为自己的前途担忧。方苏雅明白：形势变了，非法拘留法国人对他们来说是僵局。他们现在既担心这些人回到东京后法国军队的干预，又害怕针对当局的总暴动。这种对形势的解读致使总督采用很强硬的言辞，但又通过表面让步的方式巧妙地减弱了语气。他为他的下属辩解，同时晦涩而威严地肯定对法国人的任何伤

1. 一封电报的片段，文字部分省略。
2. 财务官，李鸿章的侄子。（应是李经羲，时任云南布政使。——编注）

害都会“给云南省招致可怕的报复行动”。随后一封泰奥菲尔·德尔卡塞的电报表示了对领事确定的规劝政策的正式支持。“云贵总督大概被通知以他的脑袋担保我们的安全，以及避免我们的军队越界的唯一方法是让我们安全地穿越边界。”这种规劝政策有了效果。因为此后的几天里，总督在全省颁布了号召尊重西方人的法令。

* * *

这个处心积虑设计的危机的大输家是保罗·杜美。从一开始，他就密切关注事态的发展，希望云南府或蒙自的局势给予他念念不忘的军事干预以正当理由。在他看来，云南府撤退是法绍达耻辱的翻版。然而，尽管有暴动情况发生，但宋嘉铭和方苏雅都没要求调动军队……

总督个人坚持将这个问题提交给主管部门。他强调他已经沿边界进行了部署，并表示：“我们已做好了派部队去保护蒙自的准备，我冒昧地坚持获得立刻行动的许可。”两天后，一封近乎命令的电报到达。“在当前局势下，派部队去云南是必要的。杜美。”最后，另一封电报透露：军事进攻在他看来是有理由的，无论云南府的法国人面临的危险有多大。“除了要保护我们受到威胁的同胞，我们首先要考虑东京边界的安全[3]，有必要在云南保持我们的地位。”他在致

3. 一封电报的片段，文字部分省略。

殖民部的电报里如此陈述。为达到目的可以不择手段。

保罗·杜美要求独自承担的责任在德凯看来过于沉重。部长们自6月18日，即领事馆被包围第八天起，就知道了情况。那天，总统埃米尔·卢贝听他当众念了方苏雅通过刚恢复的电报发来的消息。电报根本没有提及派军队的事，这促使部长会议做出明确决定："会议反对越过边界。"泰奥菲尔·德尔卡塞明确指出：法国军队进入云南相当于"屠杀法国人的信号"。在地球的另一边，保罗·杜美气急败坏。

* * *

在云南府领事馆，方苏雅看到约瑟夫·博韦苦着脸匆匆赶来。他带来了一封来自蒙自的电报。上面写着："部队准备越过边界。"领事不知道印度支那是否真正投入备战。如果情况的确如此，宋嘉铭真是昏了头！他怎么能明明白白地发送如此重要的消息？他知道领事馆掌握着博松 (Bauzon) 少校的电报密码。无人不知电报是一种完全暴露的通信工具，无数中间环节都可能泄露发出的电文内容。英国人和丹麦人[1]占据着传输站，更不用说那些受雇于某个地方官员的中国间谍。怎么会犯下如此大意的错误呢？

后来方苏雅在路过蒙自时得到了答案。这里有带碉堡的兵营，他可以判断出笼罩这个城市的气氛。一伙人聚集在迪普拉 (Duprat)

1. 在云南府安装电报装置应该归功于丹麦人。

上尉和维亚尔周围，他们就是曾经试图拔掉领事馆的法国国旗而被领事赶出云南府的那些人。他们意志坚定地拥护总督的信念，即等待最好的时机吞并云南。自从到蒙自后，他们就自由穿梭于领事馆驻地，企图影响宋嘉铭。

发出那封电报的理由只用几句话就可明示：电报公开发送，可以挑起新的动乱，正好为军事回应找到理由，也符合铁路委员会那班人以及保罗·杜美的意图。后者正急不可耐地想挽回政府的意见。殖民主义的狂热追捧者不惜一切代价，只要存在些微实现计划的机会，他们就要全力以赴。

* * *

领事馆撤退定于中国阴历5月28日，即6月24日，凌晨3点，“趁城里的人还未醒来”。方苏雅只通知了博松少校和博韦。他们是领事仅有的完全信赖的人，他们收到临出发前再唤醒被围困者的指令。“我对这些安排保密。”领事写道。他已厌倦了意外和泄密。出于谨慎考虑，他决定避开南门和最热闹的贫民区，从东门出城。队伍将绕过云南府向蒙自方向进发。博松和博韦小心地做起准备工作。这当儿，领事拟了一套非常完整的规定，这是往东京撤退途中每个人都必须遵守的纪律。他尽量考虑到可能发生的情况。最坏的打算是中埋伏被捕，接受狂热的贱民的公诉。他在给朋友的信中写道：“我将抵抗到底，如果可能的话，我就算打碎自己的脑袋也不能活着落入这群野蛮人的手里。”

虽然非常疲倦，但领事在约瑟夫·博韦来通知他挑夫到达之前只小睡了两个小时。时值6月24日，已经凌晨4点。在院子里，队伍按照事先的安排分成三部分。然后他们在绝对的安静中离开领事馆。由苏将军[1]率领的三百人的护送队在四周的街道上设了岗。他们将护送法国人去蒙自。人和马如同影子一般在不规则的路面上行进。这座城市此时商铺关闭，空无一人。方苏雅手握上了膛的卡宾枪坐在轿子里，排在队伍首列，前面是来自孟凯的安南民兵组成的四人两列的前哨。四百人的纵列在晨曦中行进。领事后面跟随着博韦、马斯和博松少校的轿子，还有民兵和厨师；然后是传教士和其他西方人；再往后是由四个法国士兵率领的佣人，他们都骑着马；最后是搬运食物和行李的脚夫，撑着旗子的中国护卫队紧随其后。

队伍需要八天时间才能到达蒙自。他们首先沿滇池湖岸行进，逐渐离开湖边，穿越动乱的临安[2]地区。这是孤注一掷的行动。甚至在撤退期间，印度支那策划的破坏性阴谋也没有停止。机会太好了。在这次撤退中，殖民者看到的不是营救法国公民，而是对他们吞并云南的计划的侮辱性阻挠。

撤退的第二天，当方苏雅庆幸旅程至此都毫无阻碍的时候，他发觉马斯起了变化。在路途中，他间接获悉此人计划在东京指挥开展既定的行动，并通过一场媒体运动将摆脱中国官员控制的功劳

1. 与方苏雅的朋友苏元春同姓的人。
2. 现在的建水。

攫为己有。也就是说，当最危险的时刻似乎过去时，这位保罗·杜美的宠儿企图将撤退成功记在他自己的功劳簿上。实则他只是不得已跟随撤退而已。但这还没完。“有人使苏将军相信传教士是在我的强迫下离开云南的，而苏将军可能希望将他们留在蒙自。”领事写道。然而，不仅这个决定曾得到传教士的同意，泰奥菲尔·德尔卡塞甚至还给梵蒂冈写信强调方苏雅在保护法国传教士的事情上的个人作用。领事又一次面对欺骗，尽管紧急关头法国阵营本该团结一致。他履行职责，冒着生命危险保证同胞撤退，而撤退队伍中的印度支那阵营竟然企图从中牟取政治利益。这就是那些自认为是爱国主义化身的人对勇气和荣誉观念做出的自相矛盾的解读。

暴怒的方苏雅当着军官、教士、士兵和佣人的面斥责铁路委员会主席。领事责令他做出解释：“我质问马斯先生。他竟然向我保证他没有从事任何阴谋活动，甚至否认他与我们中间所有人的谈话。然而众人一致证明他讲过的话。”领事失去耐心：“他立刻被我当着所有成员的面而警告[1]。他明白自己的处境，扬言要自杀。”档案收藏了一封后来发给保罗·杜美的秘密函件[2]。在这份电报中，马斯孩子般地抱怨：“我以最痛苦的愤慨全力抗议总领事对我的态度[……]，他谎称[……]我反对他的策略。方苏雅先生在所有同胞面前如此侮辱我，说我是卑鄙的人，粗暴地威胁我。我认为应该保持沉默，他令人难以忍受。”

1. 即严厉训斥。
2. 一份电报，文字简略。

方苏雅很快就明白这位主管官员根本不想结束自己的生命。在到达蒙自前的六天的路程中,他被所有人自发地孤立……

* * *

向东京的旅行在继续。在如此恐怖的临安矿山地区,队伍多次遭受辱骂,但敌意的反应比预料的小得多。公开携带的武器弹药起到了很大作用。大概由于担心法国有可能采取军事行动,蒙自的道台和知府甚至增派了保护力量以防止个旧矿工插手。然而方苏雅认为不通报就到达蒙自更为稳妥。于是他命令7月2日凌晨4点出发。不到10点,城市遥遥可望。“离蒙自约四公里处,我们远远看到一队人打着旗子,队伍不间断地一直延伸到城堡。我们接近这支由卫兵和招募来的匪帮组成的队伍。土匪们也穿着正规部队的军服。”一切表明该城已做好防卫的充分准备。领事辨认出这是一支大部分由新建部队组成的队伍,士兵装备有速射枪,城堡里有几门炮,其中有一门是由天津军校的学生熟练操作的克虏伯炮。需要保持警惕。

队伍进入城的外围,一条半月形的道路通往毗邻海关[1]的领事馆。队伍在宽敞的正院里散开,迎面是正方形的主要建筑。宋嘉铭来迎接方苏雅。

马斯从旁边走向他的下属,其中有铁路计划的成员。他与维亚

1. 海关的主要建筑一直存在,如今里面是一个博物馆。

尔工程师和迪普拉上尉会合。物以类聚,人以群分。

在吃午饭的过程中,宋嘉铭为云南府的同行讲清了情况。全城惶惶不安,城门保持开放以便有暴动时撤退,官员们将积蓄换成便于携带的金子。两个领事商定,如果危险增大将考虑撤退。剩下的就是铁路计划相关人员这个棘手的问题。他们企图使蒙自领事馆变为印度支那吞并政策的工具,在蒙自他们感到像在家里一样自在。在云南府形成的团体精神和人员分工在这里自然分化重组。方苏雅认为必须在出发之前阻止其中的阴谋,以便很好地确定每个人的作用。

工程师维亚尔拒绝服从命令,并为开除迪普拉上尉辩护。他竟然认为这个决定"过期"了,然而这是保罗·杜美批准的决定。领事认为有必要"排除"一个在他们的地界里否认外交人员的"危险人物"。在年轻的宋嘉铭犹豫不决的时候,领事做出开除上尉的决定。这个措施最终使印度支那小集团联合起来反对外交人员。次日,方苏雅给蒙自领事看一封总督发来的密电。总督请他不要离开蒙自,提出军事干预的保证,要求派遣"保护部队"。不一会,宋嘉铭意外地……收到一封十分相似的密电。在电报中,保罗·杜美也嘱咐他不要撤退并请求派遣部队。总督补充道:"只要有你的信号,我们将很快赶到。"因为在杜美看来,宋嘉铭更具影响力。杜美极力削弱这种决定的意义。他如此措辞:"这是一次预防行为,不是战争行为。"

这两封电报均显示出避免"放弃"云南的意愿。两位领事不会不知道总督习惯用这种观念来形容法绍达危机的结局。法绍达是他厌恶的软弱和妥协的代名词。保罗·杜美没有忘记法绍达是依照泰奥菲尔·德尔卡塞的命令放弃的。但是至于方苏雅，他没有忘记奥赛码头支持和平解决方案。对此总督根本不予考虑，哪怕只是一种可能性。“当我们在蒙自处于安全境地时，他仍然恳求我向他要求派遣保护部队！”领事讥讽道。连发两封电报难道不是显示出保罗·杜美已经考虑到各种可能性，包括云南府的撤退队伍“不复存在”的可能性吗？因此领事的回复在于使保罗·杜美明白，他没有上当。“我非常清楚您的所有意图，”领事回应道，并且再次强调他的共和主义和严守法规的行为准则，“任何有悖规则[1]的行为方式在目前都有可能给我们带来灾难并使我们陷入危险之中。这是政府力图避免的局面。”

方苏雅希望次日继续赶路。但是他发现在参与铁路计划的印度支那团体内，尤其在军人团体内，吞并主义没有平息。他的担心最终促使他在动身之前给总督发了电报：“我已将有人表露出的拒绝服从命令和口头威胁的情况告知巴黎。一股狂躁之风在蒙自泛滥，这里每个人都力图在云南事件中获取一份利益。[……] 在任何情况下都不要指望[2]迅速增援会成功，要当心已经准备了八个月的抵抗，以及‘海盗’的力量。”

* * *

在休整了36小时之后，法国人重新踏上回东京的路。还有一周

1. 即“合法性”，在此强调。
2. “无论如何也不要指望……”

的旅程。这是路途中最陡峻的部分，没有护卫队，要经过红河的一部分地域，那里被认为是武装匪帮的地盘。据传言，他们当中最令人生畏的军事首领之一叫“马克”，此人布置了不少于8 000人的岗哨。气候酷热，大雨不时倾盆而下。方苏雅尤其担心所有人中最年长的云南府主教古若望 (Fenouil) 大人，他在七十九岁高龄还要忍受这般艰辛的旅行。

然而运气又一次眷顾了从包围中脱险的人。在绕过了最危险的地点后，队伍毫无阻碍地到达龙坡。方苏雅在那里拿到一封总督的电报。总督严厉指责他离开云南。被这种无理要求激怒的云南名誉总领事用奥赛码头不常用的词语回应总督。他反驳道：“关口被严加把守，需要组织有序地行进 [……]。我重复我们放弃的不是一个战略位置，而不过是一个我们继续占有的、不甚重要的政治岗位 [……]。我已经向我的部门说明。有人提出不惜一切代价坚守的观点，[……] 我相信是某些人不愿放弃他们担心再也找不回来的待遇和实惠。”

队伍到达最后一站老街，领事认为他已经完成了使命，于是他立刻通知奥赛码头：“我把所有云南府的法国人带回了东京。我成功避免了武装冲突；我尽力遏制了冒险的准备，给政府保留了朝有利方向行动的自由。”泰奥菲尔·德尔卡塞郑重回复他：“我代表政府向您和博韦先生表示祝贺。政府将会承认你们果敢和明智的行为。您和博韦先生可以回来了。请致电宋嘉铭回东京。”但是责任感促使领事对自己的返回持不同意见。“我等宋嘉铭先生回来后再回法国。”他答复。

* * *

河内，在总督府的台阶上，保罗·杜美的军事部主任拉萨尔少校握住方苏雅的手，祝贺他带领云南府的法国人安全返回。在台阶下的花园里，职员团队以些许掌声附和这种致敬。随后领事来到会客厅，拉萨尔少校独自相陪。“他告诉我将见到情绪异常激动的总督，他的暴怒甚至反映在他针对政府的私人电报中，他要求政府为丢失‘他的云南’负责。”方苏雅写道。少校还告诉他自6月20日以来北京义和团暴乱造成的悲剧性事件，全世界的媒体都对此作出了反应。撤退使方苏雅远离最近发生的事件，现在他得以弥补失去的时间，了解当前的局势。他也得知了毕盛和在北京的西方人的消息。

总督终于出现了。他的脸因愤怒而涨得通红，迈着复仇般的步子，使地板吱嘎作响。他握了领事的手，但没有向面前这人表示祝贺。领事一眼不眨地盯着他，他的威严在总督身上引起了不可言状的愤怒和嫉妒。方苏雅是他鞋子里的石头。“他在一种歇斯底里的状态下走近我。”领事叙述道。“我知道不是你，而是那个德尔卡塞！”杜美伴随着气恼的手势说道。

领事被要求留在河内，时间长短尚不确定。在这段时间，他“有幸”住在总督隔壁的房间。这种接近将折磨保罗·杜美。方苏雅很快觉察到：云南府被围困者的存在增加了总督未达到他最珍视的目的的气恼，这个目的就是将云南置于法国的囊中。大量到来的贺电加剧了总督的怨恨；得知方苏雅被授予荣誉十字勋章，这种怨恨达到顶点。泰奥菲尔·德尔卡塞将勋章颁发给领事，表彰“他在驻扎中国的同胞遭受严重危险的时刻表现出的冷静、谨慎和坚强”。外交部长在波旁宫的会议上就是如此表达的。

然而奥赛码头面对杜美的反对，只是有保留地支持领事的行动。鲍渥给方苏雅寄去一封信。信中的口吻又一次游离在劝告与警告之间。“完全撤离云南引起了杜美先生的强烈抗议。他从这次行动中看到了我们的影响在这个地区彻底丧失。因此我给您建议，以防将来必然会发生的公众对此问题的争论，以免有人就您建议政府所做出的决定的动机向我们提供最翔实的负面材料。”由于这封信，奥赛码头与它任命的领事保持了一定的距离[1]。泰奥菲尔·德尔卡塞在国会高高的讲坛上正式要求法国在云南实行的政策，在信里变成了方苏雅向整个政府“建议”的政策……那么领事势必要为此独自承担责任。

但是云南府领事已经预料到这种反应。方苏雅如此剖析（如同对一架机器）保罗·杜美在印度支那设计的危险的行动机制：这个运转系统由各种部件（非法干预行动）构成，其中马斯、吉约莫多、维亚尔，以及铁路委员会的军人充当了在中国的中继站。

领事向德尔卡塞做了汇报。与保罗·杜美的保证相反，在边界上没有任何军事部署。理由是：由于中国北方的暴动，印度支那将精兵强将都派到了天津，因而造成兵员不足。领事证明他的队伍仅遇到五十来个东京阻击兵。此外，这种兵员的匮乏也被好几个印度

1. 正如信中使用的“我们”所指。

支那法国参谋部的成员所证实。“博尔尼·德波尔特将军曾声称，除非从法国调来十七个营，否则他不会去云南冒险。德·贝利耶上校将杜美先生的计划（用三个连尝试越境的主意）视为愚蠢的言行。努韦勒上校表明无能为力，并同属地的所有指挥官一样表示担心一旦失败，安南人的反叛。”换言之，保罗·杜美建议的进攻是他无力支持的，也是最有经验的军人认为无法实现的。

方苏雅也可以证实，在最近发生的事件中，没在蒙自露面的公共工程部主任在杜美计划中起到推波助澜的作用。

领事为此给部长复制了一封夏尔—马利·吉约莫多发给铁路计划人员的电报。吉约莫多在电报中要求其成员储存食物，并拒绝服从领事们可能下达的撤退命令。这就意味着明显的不接受政府及其直接代表的指示。在方苏雅来到蒙自后，非军方的工程师还是表现出愿意执行命令的态度。而吉约莫多指责他们不是“真正的法国人”。按维亚尔的话讲，他们是“懦夫”。维亚尔甚至威胁道：“既然他们不愿为吉约莫多先生的军事计划服务，那么在东京和安南给他们保留的将是最差的位置，任何晋升都将与他们无缘。”

方苏雅的结论简单而具有颠覆性，实则是对那些相关的体面人物进行了明显的指责。他将杜美奉行的政策称为“非法强制干预”的企图，并指出杜美的厚颜无耻。“应该再次强调，杜美先生声称他已做好了远征的一切准备，然而他却没有一兵一卒，没有一匹马，没有给养，没有弹药［……］。吉约莫多先生完全清楚这种进攻是无法实现的。他知道他的使命注定是去送死。但是杜美先生在为军事远征寻找借口，而吉约莫多只有卑屈地执行使命。”从来没有一位外交官敢于如此铤而走险。

* * *

泰奥菲尔·德尔卡塞将电报摊开置于他面前的小银盘上。广东领事通知他，李鸿章亲自过问云南边界的局势。后者适才向他表示了法国军队的存在引起他的担心。李鸿章……必须谨慎。需要对蒙自领事馆实施保护吗？德尔卡塞征求宋嘉铭的意见。后者认为在这种条件下最好放弃保护，他决定撤退。在大多数聚集在领事馆的人看来，撤退就意味着投降。因此行动在违抗命令的恶劣气氛中展开。铁路计划人员拒绝接受离开当地，除非保罗·杜美下令他们才服从。宋嘉铭向方苏雅描述了如同约瑟夫·康拉德笔下的情景。“这些顽固分子，”他说，“他们本该专注于建筑工程和绘图。但是他们声称有权裁决我们在远东印度支那殖民地的命运。实则他们企图用印度支那的钱为自己牟利。他们每天在一起奢谈法国在远东的命运。”

1900年7月14日（法国国庆日）那天，河内法国商业区的街道上悬挂着小三色旗。阅兵式被安排在上午，以避开高峰时间。一系列庆祝活动紧跟其后，庆典达到高潮。夜幕降临时，港口上空燃放了焰火。

保罗·杜美重新开始活动。与他在中国的同盟者一样，他拒绝接受云南撤退不可避免地继续下去。在一次短暂的外出后，他给他的部长去电告状，并再一次为趁撤退尚未完成之前派遣军队作辩护。他声称："殖民者没有软弱的权利。"但是阿尔贝・德凯再一次拒绝了他。于是总督不满地回复："关于行动的困难，我坚持认为，我比任何人更加，甚至可以说只有我，有资格评判事态，困难并不存在。"

总督的盛怒没有平息，正如次日证明的那样。

7月15日，身着盛装的方苏雅陪同总督参加河内至富朗常 (Phu Luang Thuong) 的铁路通车典礼。领事走的是龙州流产的铁路线。这条铁路如同他几年前预测的那样，向法孚—里尔铁路公司支付了赔偿金，最后修至离中国门两公里的地方。保罗・杜美显得脾气恶劣，他无法忍受自己被巴黎的指令束缚。

领事在他的私人信件中讲述了这次闹剧般的通车典礼。这次试运行充满了技术[1]以及政治层面的事故，其中有一个事故极其严重。在登上贵宾车厢时，保罗・杜美转身向方苏雅，用手指着机车头。他哀叹机车以德尔卡塞的名字命名，而不是按最初预定的以费利克斯・富尔的名字命名。面对领事惊讶的表情，总督说："我曾经要求刮掉这个名字，但工程师们回答文字已经铆合［……］。是的，大概它已经用3号螺钉固定了。"当火车吃力地到达终点后，领事两次听到总督随性说出离经叛道的话。

总督的第一次失言发生在机车库。河内商会在那里举办了一

1. 在约40公里的行程中，三次脱钩、两次脱轨。这条铁路的投入使用最终在追加八个月的工程后才得以实现。

个宴会，方苏雅在总督对面入席。当商会主席结束略带抨击杜梅政策的讲话时，总督立刻做作地将后背转向发言者。他对领事说，他不屑做出回应，因为这种批评有可能迫使他说出不利于法国政府，尤其是德尔卡塞的话。这种“失礼的言行”被搬到次日的报纸上。

第二次事件要严重得多。餐后，保罗·杜美拉着方苏雅的手臂穿过大厅，并向他吐露真话。“我的云南，我将拥有她，”他说，“如果这些人不按我的意图行事，我就去巴黎，我有马鞭。他们是靠我的朋友吃饭的，他们将听我的指挥，不然的话，八天内我就把他们打翻在地。”然后他又说：“我要拿下外交部。”领事无法抑制诧异，而总督跺着脚说：“当然，我有能力在需要时来一次政变。”

一次政变！底牌被亮出。如果需要，总督会这样做。方苏雅寻思如何将这些爆炸性的言词报告部长。他等到回到河内听取宋嘉铭的意见。后者说服他履行汇报情况的责任。

因此泰奥菲尔·德尔卡塞最终能够在一份报告中读到杜美无疑[1]会保留危险的军事征服计划。为了证实这种断言，方苏雅叙述了在铁路通车典礼上突然发生的最后一个事件。

在最终抵达谅山后，不顾管辖领地的上校的意见，保罗·杜美提议到中国领土去走一趟。他想利用这次机会去赴所谓的苏将军[2]的午餐邀请。这个意外的提议在当时的军事局势下非常危险。保

1. 也就是说“确实”。
2. 此处指方苏雅的朋友苏元春。

罗·杜美仍将苏将军视为一个可以由他随便支配的“助手”。而方苏雅和明智的军人们却将苏将军看作一位备受尊敬的军事领袖。作为广西军队的首领，苏元春当时率领着一支25 000人的部队，同时根据慈禧太后的旨意，他以总兵[1]的身份统领20 000名士兵。此外他还是扬子江和南洋水师的首领。

方苏雅感到震惊，他拒绝了“这部分计划”。即使在平时的政治局势下，他也会拒绝。如果中国官员愿意会见总督，领事说，他们会来到印度支那领土的边界。没有这样礼节性的表示，显然中国方面不存在任何想会见保罗·杜美的愿望。这个提议在领事看来是极其不恰当的，因为北京的法国士兵“正在挨中国人的子弹，公使团遭屠杀的电报频频发来”，领事给德尔卡塞这样写道。

但是“大人”(或者“至尊者”)，如同方苏雅在私人信件中称呼总督的那样，固执己见。会见最终在非常紧张的气氛中实现。苏将军要求杜美和四号地的军官穿过“无穷尽的[2]队伍”排开的阵型，接见他们时，“周围有2 000名配备崭新优质装备的军人”。他身边站着一队荷枪实弹、面容冷峻的军人，苏将军表明他既没有上当也没有屈服。事态到了一触即发的地步。最令人吃惊的是，尽管碰了钉子，保罗·杜美仍然认为他占了便宜。“我想与苏将军保持友好关系，以便可以在云南自由行动，丝毫不用担心广西方面。”在返回时，杜美对领事坦言。他以令人困惑的自然态度对方苏雅说：“这个问题在吉约莫多先生的安排下已经［……］公开得到处理。”

1. 他的总兵位府于大运河上的清江浦。
2. 即“不间断的”。

这个报告将引起的强烈反应可能被报告的作者低估了。因为在政界或者在其他领域了解令人不快的事实是一回事，但敢于陈述事实并且指名道姓又是另一回事，显然后者要冒更大的风险。如今一些英国团体的激进分子使用了类似的揭露方式，而方苏雅在一个多世纪前就做出了表率。当他认为法律没有被遵守的时候，他在某种意义上使用了指名道姓的方式谴责法国某些最高层人物。如今哪个外交官会在同样的情况下冒这样的险呢？

领事在回国之前向保罗·杜美告别。总督对他说“希望他尽快回来”。但是总督的眼神却透着相反的意思……

* * *

在返回巴黎的船上，云南府领事馆突围的英雄被乘客认出，而他情愿回到自己的船舱里静养和休息。但是，1900年8月29日，当轮船在马赛靠岸时，他再次被他的知名度所累。“我无法推开四个记者的冲击，他们强行占领了我的船舱，”领事写道，“他们同时发问和答话，对我说了一通蠢话，他们可以对他们的读者说是我的想法。幸好这只是一些蠢话！”时值20世纪初，谁都想抢在对手前面发表独家新闻……

方苏雅下榻的“大酒店”是坐落在卡内比埃区的豪华宾馆，那里配有最现代化的设施和电报通讯设备。他又与“欧洲”的舒适生活重逢。在经历了云南府斯巴达人式的生活条件后，这种享受来得恰逢其时，可以让他在回到巴黎之前恢复体力。实际上他的体力还没有恢复，尽管他在跨洋旅行中得以休整。他在这里也会被认出，因为他上了《名流》杂志的头版。“我逃避记者的纠缠。马赛人的关怀甚至到了一些爱国者匿名给我送退烧药的地步。”他叙述道。

他厌恶社交生活和虚伪做作，不喜欢抛头露面。“面对我这个微不足道的人引起的所有喧闹，我感到吃惊、局促不安和惊慌失措，尤其感到厌烦。”

在乘火车去巴黎之前，为了迎合时下的潮流，他让著名的纳达尔 (Nadar) [1] 拍了照。一张不寻常的照片，照片上的他身着深色细条纹西服，跨坐在一把椅子上，深邃的目光直视镜头。这张照片是在他从印度支那归来、陷入巴黎政权的迷宫前的那段时间拍摄的。

领事成为众矢之的：四面楚歌

在火车车厢里，方苏雅思考着“用于向国会成员说明情况”的文件。这些文件是泰奥菲尔·德尔卡塞请他带给奥赛码头的。显然，他的十字勋章不能免除关于他的行动的诸多问题。报纸和荣誉，某些人嫉妒这种越来越大的知名度，而他不需要这些东西。他预料将被置于被告席上。甚至连消息最灵通的阶层也在思忖云南撤退是否是一次失败，抑或真有必要。在颂扬滑向戒备的过程中，酝酿着他到达巴黎后将引起的传言、暗示和攻击的运动的开端。这

1. 菲利克斯·图尔纳松，又名纳达尔 (1820—1910)，摄影师，拍摄过许多当时的著名人物。他同时是漫画家、作家、飞行员。

场运动将持续数月之久。

云南府领事一踏上巴黎的路面，就不得不赴一系列无休止的约会。他在向最高领导层陈述云南的情况中度过了1900年的秋天。见过泰奥菲尔·德尔卡塞后，方苏雅被送去见共和国主席，然后是布尔热瓦先生、米尔朗先生和孔布先生，以及其他许多左派众议员和参议员，还有右派人士里博先生和德尼·科尚先生［……］一些金融家，［……］甚至还有亨利·奥尔良王子。方苏雅重新回到权力的封闭世界和敌对状态中。他们接待他，他们向他祝贺，他们听他讲述。但是他们明白他说的关于云南省的情况吗？方苏雅只需回想一下领事馆被包围时这些政客的所作所为，就足以让这些人的仕途野心恢复本来面目，因为他们为了达到个人目的可以不择手段。在这里，隐藏在奢华的装饰下的陷阱是另一种性质。由于保罗·杜美的圈内人莱昂·布尔热瓦的提醒，方苏雅保持着警惕性，无论是看到任何赞同还是反对的迹象。会见一个接一个。有文件作支持，领事揭露了总督的真正意图，这让很多人吃惊。在配有毡子的客厅里，方苏雅不止一次地观察到无声交换的怀疑的眼神，或者从肥胖的手中掉落下来的夹鼻眼镜，因为他们所了解的保罗·杜美与他们突然听到的完全相反[1]。

在杜美方面，他派出一些他的支持者去“巴黎报界的朋友”那

1. 可以肯定，在21世纪，这种现象还会是一成不变。我们知道，所谓的“政治家”只能以不可告人的秘密来构建他们的政治仕途。为了更好地明白其中的道理，我们不妨想想以下隐喻：莲花把根扎在淤泥里，但它的外表很诱人。它似乎完美无瑕，它的魔力在起作用。所以在政界（以历史经验看）莲花现象屡见不鲜。

里进行活动，“目标指向政府内阁”，方苏雅叙述道。在他们当中，尤其可以看到曾经在云南抗拒他的权力的军人。领事在这次攻击展开不久后就了解了它的内容，有一些记者向他提交了“由雷纳尔中尉授意的文章草案”。在信息发布之前，记者认为有必要进行核实，因此他们来采访领事。显然，他们“依据的事实是完全错误的”。他们指控领事违反了在中国禁止“武器交易”的协定，并且暗示他的行为招致了进攻和抢劫领事馆。这是颠倒事实！方苏雅极力反驳这些观点，指出这些论调重复了反对法国在云南立足的中国官员的论点。但这真是一种巧合吗？为了实现远大抱负使用些许小伎俩又算得了什么。之后方苏雅的确得知印度支那公共工程部试图挑起中国的下级官员对他的指控。

不久，在东京和法国本土的报纸上，印度支那的军官和官员对他进行大肆攻击。“他们利用，”罗贝尔·德·比利写道，“最不可告人的手段，企图证明 [……] 在云南的撤退是由于外交人员的态度造成的。他们忽而指控外交人员对中国人使用暴力，忽而指责他们软弱。”领事成为众矢之的。他们试图歪曲“他的行为”，发布“一些捏造的虚假事实，质疑他的勇气”。听惯了委婉的外交辞令，可以想象上述攻击的强烈程度。

在一次去奥赛码头时，方苏雅得知了一个他们惯用的欺骗手段。印度支那当局建议为蒙自铁路委员会作翻译的冯 (Maire) 神父提供一次赴巴黎的旅行，以便供报纸宣传民族主义。他从外交部同事那里得知的消息在曹佑宸副主教那里得到证实。方苏雅认识这位对外传教会的神父。对于冯神父，所有人都承认他过于老实，以

“探险者”装扮的方苏雅

（图片经布鲁诺·赛杜授权）

方苏雅与苏童林（音），摄于 1896 年，广西

方苏雅“总领事”的名片。
1906 年他才得知没有任何政令正式授予他这个职位。
（图片经布鲁诺·赛杜授权）

法国驻云南府（今昆明）领事馆

苏元春："我在边境上做了一番事业，我想留下一个正直的名声。我尤其在乎将来人们如何评说；有什么东西值得我牺牲正直的声誉呢？"

苏元春："我在边境上做了一番事业，我想留下一个正直的名声。我尤其在乎将来人们如何评说；有什么东西值得我牺牲正直的声誉呢？"

（图片经布鲁诺·赛杜授权）

保罗·杜美，1900 年 7 月 15 日
“当然，我有能力在需要时来一次政变。”

修筑铁路的挖土工程和便道建设工程

(©Désirée Lenoir.)

铁路修建中：在烈日下运送沉重金属部件的“人肉运输链”

（©Association Blanche & Auguste Marbotte, SPIE Batignolles.）

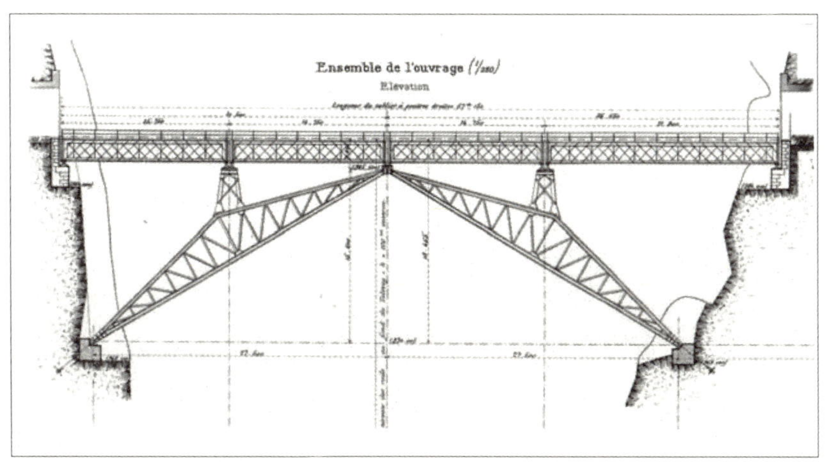

为法国印度支那云南铁路公司提供的人字桥工程图

（图片经 Claude Van Wijland 授权）

如今的人字桥，其构件大部分由人背运送

（©Désirée Lenoir.）

隧道入口的开凿工程

（©Désirée Lenoir.）

火车通过白寨大桥，摄于1908年

山中小站

“山中铃响马帮来”，
家喻户晓的说法

县衙门的官吏与随从

米轨穿越的村落

河口大桥

滇越铁路修建现场

苦力与隧道

盘溪车站前的小马车

火车通过人字桥，摄于 1908 年

“一根枕木一条命， 颗铆钉一滴血。”

今天的人字桥

法国驻龙州领事馆旧址

寸轨与米轨并驾齐驱的情景在 20 世纪 90 年代前还可见到，现在只能从照片上看到这种情景了

（摄影：徐晋燕）

致想象不到这种提议后面隐藏的恶意。他们的不择手段到了登峰造极的地步，企图利用上级来香港的机会愚弄他。面对这种阴谋，曹佑宸副主教反对他们“如此滥用”他的下属的“单纯”。

在方苏雅方面，他进行反击，将云贵总督给他的信件交给了奥赛码头。总督在这些信件中高度赞扬他，并感谢他排除了“任何导致更加严重的冲突的诱因”。在中国，一个总督讲的话毕竟是有一定分量的。领事认为，这样应该可以澄清事实。但是他错了。

* * *

“我一直步履维艰，焦躁不安，十分虚弱。”方苏雅写道。为了静心思考和让他的肺得以呼吸海边的空气，他动身去布列塔尼的洛内—凯诺城堡。城堡的主人乔治·法斯涅与方苏雅一样爱好打猎。两人喜欢在城堡周围完美的猎场中漫步交谈。在这片庄园里可以看到七十多种来自世界各地的树木。

方苏雅在宁静的风景抚慰下得以放松，思考着对付针对他策划的阴谋的方法。做出正式反击吗？以沉默和藐视对待整个事态吗？他的答案是中国式的：间接行事以便更好地击中目标。他决定将自己的怨言传递给保罗·杜美的办公室主任吕西安·富尔。因此这种调整是秘密和有节制的，不牵扯“应该在台面下进行的故事”。但是总督毕竟一开始就知道他的阴谋已被识破。

不久，方苏雅不得不与狩猎场和他的狗告别，因为政府当局要求他回巴黎。他在巴黎看到了一封递交部长会议的公函，“这个用粗俗文字写成的报告一开始就导致其起草者处于不利位置”。报告的作者在文中严斥“所有外交人员的软弱，他们在枪响之前就逃跑了”。来自印度支那的消息告知方苏雅，炮火是吉约莫多和马斯发射的。马斯企图借机报复阻挠他的行动的人，而且这个人不久前(在他即将退休前夕)剥夺了本该授予他的勋章。因为，方苏雅声称因“绝对的忠诚”颁发给约瑟夫·博韦的勋章也等于是“对他本人的奖励”，却请求泰奥菲尔·德尔卡塞从获奖名单中删除了马斯，理由是“他在撤退时的表现应该受到惩罚”。

在这些攻击还不成规模之前，方苏雅第一次威胁要公布夏尔—马利·吉约莫多在其任职前后牵扯到云南府事件中的证据。由于掌握了关于总工程师的充分情况，方苏雅恼怒地警告：“如果他迫使我采取行动，让他曝光[1]，所有人都会高兴。将这个小爬虫踩在脚下会让我感到满足，我认为[……]他难以洗清自身的污点。”“对不起了，”领事说，“但是某些人的行为确实卑鄙无耻。”

我们已经说过，信息在1900年传播得很快。民族主义者亨利·德·罗什富尔(反德雷福斯派)的报纸《不妥协》如同传播《海防邮报》和《东京前景报》论点的中继站。至于《时代报》，它变成了冶金工业公会利益的代言人。然而，随着往返法国和电报交流的便捷，巴黎的殖民团体同样可以通过殖民地记者更加直接地了解东京4 000个法国人的意见。他们一致认为德尔卡塞的政策过于胆小怕事。出于种种原因，火药味围绕着方苏雅领事本人蔓延。

1. 即让他暴露在光天化日之下。

这场运动在圣诞节几天之前到达顶点，《中国回声报》发动了一场有针对性的闻所未闻的强烈攻击。所有恶语汇集在一起，描绘出一个碌碌无为、胆怯、骄横跋扈、以自我为中心、笨拙、缺乏判断力的外交官形象。总之，一个不配代表法国的人。这已经离“反法国”[1]的观念十分接近，而当时极端民族主义的言论如同仇视犹太人和反共济会的谩骂声一样卷起时代潮流。这位人们对他顶礼膜拜，孩子们为他唱赞歌，远远看去威严得无所畏惧的方苏雅先生，被指控为“抛弃”云南的罪人。因为的确有人巴不得他离开那里。“在这段时间里，”报纸文章激愤地说，“方苏雅先生高昂着头，骄傲地迎接人们的礼赞！”我们须注意意识形态的盲目性导致的矛盾：方苏雅被置于叛徒的阵营，然而他刚刚为冒死营救同胞被授予了荣誉勋章！我们由此看到：不应该低估人的激情和冲突可能造成的政治后果，因为在这种被调动起来的愤怒中，欲望、嫉妒、怨恨起到了不可忽视的作用。方苏雅变成众矢之的。他明白他不明朗的身份（临时创造的职位）为吞并云南的支持者制造了话柄，这些人因阴谋失败而恼羞成怒。作为官方代表[2]，他是或多或少牵扯到云南铁路事务中的任何人都必须打交道的人物。他们因此对他不满。他是领事，并且认为自己以最好的方式完成了任务。人们也要为此而怨恨他吗？“我难道成了（如同人们所说的）挑起战争的罪魁，就因为带进武器（尽管符合我们的法律）？”他反击道，“那为什么在河内他们要给我那批武器？为什么杜美要致电祝贺我成功保存了这批武器？［……］英

1. 查理·莫拉斯（1868—1952）曾宣传的观念，后被法国极右派重拾。

2. 毕盛想出的身份，见115页。

国传教士大概也糊涂了，以为他们的机构也遭到毁灭。[……] 他们的头领给我写信，甚至 [……] 给《每日新闻》写信说，云南的暴动指向所有欧洲人，而且他与我一样有证据；他还说端亲王以电报的形式下达了屠杀的命令。”

反方苏雅运动的先锋是雷纳尔中尉。他与国会联系密切，在报界也有关系。他利用报界“猛烈攻击”奥赛码头和这个强迫各种“使命”人员撤出云南的政府。印度支那众多军人积攒的所有仇恨通过这个代言人发泄出来：1897年底贝内甘计划失败，马斯计划行动受限，撤离圆通寺；接下来是1899年6月保罗·杜美无功而返的旅行；最后是1900年6月的云南府和蒙自撤退。由于遵照奥赛码头的方针指挥了云南府撤退，领事成为理想的替罪羊。雷纳尔甚至唆使[1]法国和英国在云南海关的职员向他提供“虚假指控”，以便他匿名转给报界。我们可以看到出自他之手的一份公文：“所有你们能够寄给我的东西对我将要履行的使命都是有用的，也有益于国家，因为那里繁殖了太多的方苏雅。”这是一种多重含义的表达，须知“繁殖”通常指害虫，这种结论通常导致下一个步骤，即“消灭”它们。当方苏雅发现这份公文的存在时，他必然预感到这不只是一个貌似轻描淡写的要求。吞并政策的支持者没有开玩笑。为了让事情恢复“秩序”(以前的秩序，那时殖民者的言行没有受到质疑)，需要在方苏雅身上清除自由仲裁人和遵循政府政策的形象。这二者均对政治经济领域的权贵不利。选择雷纳尔是因为

1. 如同方苏雅获得的一份公文所证实的那样。

他的家庭声望和政治背景可以使他免受任何惩罚。"他的叔叔曾是甘必大时代的部长，'大内阁'里瓦尔德克—卢梭的同事。"方苏雅写道。

在这次厄运中，方苏雅的盟友很少。在奥赛码头内，鲍渥和罗贝尔·德·比利也许可以在泰奥菲尔·德尔卡塞身边支持他。他们与部长走得很近，但是当涉及指责总督时，他们均有所保留。他们清楚适可而止才能保有好的职业前程。外交部的圈子外，很少有人敢支持他。

在这个问题上，议员保罗·德斯图尔奈勒·德·贡斯当 (Paul d'Estournelles de Constant)[1]的支持尤其果断。他是本雅明·贡斯当[2]的侄孙，职业法学家，毕业于东方语言学院，曾与保罗·康邦 (Paul Cambon) 一道在突尼斯工作过。他在那里见到的事物（尤其是不合法的军事行动、耗资巨大而经常无用的宏伟计划）形成了他对殖民化的批判观念。他的和平主义立场因与阿里斯蒂德·布里昂的立场接近而知名，他后来作为法国代表参加了海地国际会议，这次会议催生了国际常设仲裁法庭。他的行为甚至使他荣获1909年的诺贝尔和平奖。然而如今他已被人忘却，除了他在萨尔特省的故居仍然保存，作为对他永久的缅怀。德斯图尔奈勒·德·贡斯当关注云南铁路事件，并愿意听取云南府领事的意见。

在1900年末，他是为数不多的在波旁宫讲坛上大声强烈地为方苏雅辩护的人。"我不认为我们当中有人站起来向国家指出这种危

1. 保罗·德斯图尔奈勒·德·贡斯当 (1852—1924)。
2. 政治家兼作家 (1767—1830)，复辟时期自由党党首。

险是无益的，”他态度坚决地辩护道，“如果不是方苏雅先生表现出[……]令人肃然起敬的坚定，在中国南方早已爆发与北方相同的暴动，而我们也要在物质上和道义上为此负责，并且要为违反条约在欧洲产生的影响负责。”随着时间的推移，我们今天同样可以向这位议员表示敬意，为了他向国人如此清晰地陈述了所谓“云南事件”(类似法绍达事件)给法国带来的危险。

随着保罗·杜美来巴黎的日期临近，针对方苏雅的诽谤和侮辱也在升级。为了摆脱干系，总督告知领事他没有要求任何人以他的名义说话。领事没有上当。他愤然揭露：“在派出雷纳尔给民族主义报纸提供了垃圾之后，看看他(杜梅)给我写了什么。”

在杜美到达前两天，殖民地公法学家阿尔贝·德·普乌荷维尔[1](茹费里的亲信)发起了反对方苏雅的前所未有的攻势。他说这个“小年轻人，德尔卡塞的好公务员”犯了损害祖国罪。他尤其指责方苏雅在泰奥菲尔·德尔卡塞面前非难保罗·杜美。他隐晦地做出极端藐视的评判：“我们不屑说出这个可怜虫的名字，只需记住他的可耻行径就够了。”

须知，无论茹费里还是保罗·杜美，都与报界和记者保持着密切关系。就两人的情况而言，他们各自的人生经历使得他们能够充分估量传播媒介在舆论形成中所能起到的作用。在20世纪初，这种

1. 户籍资料显示，其真名阿尔贝·皮雍，头衔是德·普乌荷维尔伯爵。他当时三十八岁，与方苏雅一样出生于洛林省，毕业于圣西尔军校，曾在东京外籍军团服役。回到法国后，他创办了两份杂志(《大陆》和《殖民地杂志》)。他活跃于多家报业机构之间，迅速扩大其影响，这使得他在1900年有了知名度，因此得以与《信使报》、《殖民地邮报》、《费加罗报》和《东京前景报》合作。

媒介的传播面最为广泛。普乌荷维尔曾在茹费里的领导下做过《信使报》的殖民地编辑；至于保罗·杜美，他年轻时曾在《艾斯纳邮报》担任过主编之职(1880—1883年)。同一时代的其他例证可以说明：记者和政界可以共生共赢。

* * *

在马赛，保罗·杜美受到一些军人、殖民部的代表，还有议员代表团的迎接。相反，奥赛码头没有派任何代表前往。

“我们可以毫不担心地面对未来。”总督到达时宣称。他将被共和国总统接见，然后他要会见巴黎的政界人物、企业家和有影响的金融家。他也将见财政部的老同事，以及共济会的兄弟莱昂·布尔热瓦、居耶斯、拉奈桑、欧仁·埃蒂安，还有他在所有政治活动阶段中保持重要关系的其他人。保罗·杜美二十二岁加入共济会。自1886年起，河内就存在一个共济会支部，作为印度支那与法国联系的中继站。这个支部的成员主要是公务员、律师、工业家和军人。但与西贡支部不同的是，河内支部不接纳任何印度支那人。因此只有河内才是印度支那法国共济会的权力核心。

方苏雅会见了与保罗·杜美相同的对话者，并试图向他们说明与云南铁路相关的危险。他坚定不移地认为预期的商业利益是毫无结果的，并提醒说法国和英国通过条约互相禁止在云南府和兰河(长江)之间擅取任何领土独有特权。“这就意味着，”他补充道，“为我们印度支那可能的入侵者出资修建铁路。”在法国于奠边府失败

54年前做出这样的预测是何等令人难以置信！历史印证了这种前瞻性的思考。奠边府离老街西部仅约150公里，越南军队只需将炮的零件固定在他们出了名的自行车上，然后通过丛林提供的理想伪装将武器运到目的地。

此外，与贡斯当一样，方苏雅不相信法国能吞并一片有可能延伸至中国海的殖民领地。对于倡导征服思想和民族主义的论调，方苏雅持反对意见，他认为这种冒险行动将引起严重的国际争端。他仍旧坚持一贯的现实主义立场，不惜引起矛盾。

他同时还着力破除矿产前景的神话。他认为，云南可开采的煤矿层不在东京方向，而是位于兰河方向，地处邻近贵州的东北地区。贵州的矿产固然令人振奋，但它已经掌握在英国人手中。方苏雅向惊讶的听众解释，最受青睐的矿产铜和锡受到严格控制。例如东川的铜是“国有矿，采掘的产品属省政府所有，需要用它来铸造铜钱。问题不在于开采原始矿床，而是购买和改造现有工业”。同样，个旧的国有锡矿不在中国准备特许经营的矿业之列。他的论据难免使其对话者显现出惊愕的神情。

他的对话者的惊讶是藐视的反应。方苏雅经常面对的是一些“冒险企业家”，他们将中国南部看作一个埃尔多拉多（黄金国）。如同他们在其他地方和其他大陆实现的事情一样，他们认为能够以优先购买权获得他们感兴趣的资源而不会遇到什么障碍。他们对中国古老而复杂的国家体系是何等的无知！在中国没有无主之物：不存在将“文明”带给中央帝国的问题。中国人反而将西方人视为野蛮人。

方苏雅毕竟使有些人产生了怀疑，他们远离了突然感到有危险的计划。巴黎—荷兰银行尤其意识到不应该把速度与仓促混为一谈。泰奥菲尔·德尔卡塞表示：这家银行今后只审核“有关云南矿产特许权的诉求，而不考虑简单的计划”。

* * *

1900年冬季，开始下雾凇时，泰奥菲尔·德尔卡塞召见了方苏雅。他事先没有透露会见的目的。方苏雅困惑而警觉，他在部长对面的深红色丝绒扶手椅上入座。大大出乎方苏雅的预料，部长对他说不希望在针对他的论战上耽误时间，他要派方苏雅去伦敦执行特殊使命。这是出于……与中国有关的理由。

矿产和铁路一直与法国在中国南部的目标相关。但是，不言而喻，英国也在此行列中。德尔卡塞承认，一场大规模的行动已经脱离奥赛码头的控制。因此，他想借助方苏雅在中国获得的经验来弄清楚矿产的问题所在。

因此方苏雅得以见证了法国用以跻身国际矿产角逐场的方式；一连串事实证明了20世纪初商业金融世界一体化的现实。“我去伦敦见保罗·康邦先生，”他叙述道，“与他磋商英法企业联合会的组建和云南矿产的问题。”保罗·康邦是德尔卡塞在伦敦的亲信，他行使法国公使[1]的职权。他们合作构建了法国和英国之间“相互信任”

1. 相当于大使的头衔。

的政策，这个政策后来[1]以“英法友好协议”而广为人知。总之，目的(公众舆论尚未做好接受的准备)在于翻过由法绍达事件引起的敌对的一页，并且建立两国之间的互补性关系以对抗德意志强国。但是经过若干年的不信任之后要实现转变并非易事。中国(尤其是云南)构成了博弈的区域之一，在那里法国和英国的贸易竞争仍在进行。

最初，在1899年，法国创建了一个名叫云南矿业联合会的机构。这个称呼实际是借用了“联合会”(即“集团”)这个当时在美国商界流行的行话。虽然法国政府为此照会过总理衙门，但是这个组织的唯一目的，按德尔卡塞自己的话说，就是占有个旧的锡矿。别忘了，这些矿属于中国中央王朝所有，绝对没有商量余地；但是一项著名的计划(1895—1897年在中国执行的里昂计划)的缔造者却乐于将这些矿产说成是可以可转让的，以至于外交部长本人也相信这种说法。这恰如英语给出的一个漂亮例句——痴心妄想(wishful thinking)。

一封来自康邦的信件促使德尔卡塞决定派方苏雅去伦敦。一个名叫瑟莱耶的第三方人士看到法国无法筹集到云南矿业联合会计划所需的财政援助，便毫不犹豫地伙同伦敦金融界的一个重要的经纪人伯克先生创立了英法企业联合会——一个以英国法律为准绳的公司。一切都不为奥赛码头所知。这个变更一完成，瑟莱耶就回到印度支那而没有向任何人报告此事。法国外交部，如同德尔卡

1. 1904年。

塞向方苏雅所说的，难以容忍支持英国的势力入侵其东京领地的行为。如果事情被证实的话，必须认真评估局势，提出解决问题的办法，以便摆脱困境。这项使命非常适合方苏雅。再者，这是部长信任他的证明。而且这样可以使他与殖民者拉开一定距离。但是另一方面，他又一次感觉到已经体验过的不快。因为矿产领域的混乱局面很可能是由于利令智昏的行为造成的。

在伦敦，方苏雅和保罗·康邦很快发现，英法企业联合会的决策权实际掌握在注入资本的英国管理者手中。此外该企业的总部设在伦敦乔治街15号，而不在巴黎。另外他们得知，瑟莱耶曾经是财政部的专员，与保罗·杜美合作过。

调查结束，一阵惊惶的风吹过奥赛码头的走廊。康邦和方苏雅就该公司行政委员会的组成提醒德尔卡塞：该公司真实地展现了英国企业创新能力的强势，同时也暗示法国在这方面的弱势。

顶尖人物都在其中：罗贝尔·艾尔拜，负责殖民事务的前副国务秘书，半岛—东方海运公司董事，东方电报局经理；银行家曼爵，代表兰省矿业公司和博茨瓦纳铁路公司；维尔纳—拜特公司的拜特先生，两人活跃在非洲南部，后者拥有价值10亿金法郎的个人财产；英国南非公司的阿伯康公爵，其资本为1亿250万法郎，嘉德骑士勋章获得者；阿尔·奎，同一家公司的董事；雅伯瑞伯爵，英国最大的地产商；斯坦迪什·格兰迪，多家澳大利亚公司的董事；最后还有伦敦交易所的七个重要的证券经纪人。谁能与之匹敌？

面对这庞大的利益集团，法国方面有来自工业界的人物：博诺先生和贝纳尔先生，代表法国冶金工业公会和菲尔迷尼冶金公司；弗朗克维勒·达邦库尔伯爵，俄国钢铁冶炼高炉公司秘书长；拜霍勒·德·偌当伯爵和德拉威尔—勒胡先生，代表法—美汽车公司；巴赫德雷米先生，代表法国火药安全装置制造公司；最后是昂浩特先生，代表当仁不让的法国驱动总公司。至于银行界，仅限于厄兰格公司巴黎银行。除瑟莱耶外，英法企业联合管理委员会还包括前云南矿业联合会的佛洛芒—莫利斯先生和当迪涅伯爵先生。他们颇有名气，但由于缺乏足够的金融基础，主要将名望带入这个机构。

方苏雅了解英法企业联合会相关交易的来龙去脉到什么程度呢？这很难说。但是他明智地表现出审慎和界限分明的态度，甚至退避三舍。完全有理由相信他只能部分评估这件事在政治和金融方面的令人难以置信的广度。因为在这类行动的磋商过程中，通常需要保持高度的机密性。因此档案给我们提供的全景视角必然脱离开他。原因如下。

瑟莱耶请求英国首相支持为法国矿业联合会提供资助的经纪人伯克。他得到维尔纳—拜特公司的支持，还得到张伯伦勋爵[1]和总理索尔兹伯里侯爵[2]的支持。伯克领导着活跃在中国的最强大的财团之一（北京财团），而且即将在伦敦市场发行大量铁路建设股票和中国山西省矿产开发股票。

他的竞争者，罗斯柴尔德公司是自1896年以来缅甸铁路的特

1. 张伯伦勋爵（1836—1914）。
2. 索尔兹伯里侯爵（1830—1903）。

许权享有者。这家公司也同法国一样瞄准了云南省和四川省。对于该公司来说，绝对有必要遏制伯克的行动，并且阻止他完成涉足云南的战略及其隐藏的政治动机。我们可以看到，国家内部政治和国际政治如此紧密相关，致使围绕中国的竞争激烈到何等地步。

法英联合还体现在英国巴林公司对法国前轴驱动装置总公司的支持。后者是法国正在进行的电气化发展运动的主要代表[1]，该公司经理还同时掌管由维尔纳—拜特创立的法国南非银行。英法联合大功告成……

伯克意识到他得到的强大支持，同时也感到英法财团的混合性质可能导致的保留态度，于是他请求泰奥菲尔·德尔卡塞给他推荐一位奥赛码头信任的人。但是德尔卡塞没有正面回应他的请求："我的部门不能直接参与议事。因为这里面牵扯到个人利益，而且法国人也处于竞争当中。"

在这件事情中，出于道德的考虑，方苏雅扰乱了这些巨头的亚洲"大赌局"。因为他担心可能出现偏差。于是，与德尔卡塞一道，他首先采取了谨慎态度，这种态度与英法联合体发起人的短期政治经济优先权的初衷不相符。涌向云南的潮流让外交部长不知所措，难以掌控。"最近一段时间，为了掌握云南的工业开发，各种集团或共同或分别成立。而我却远远不了解每个集团所拥有的实力，以及它们之间的联系或使它们分化的分歧。"部长对康邦坦言。在此期

---

1. 见138页。

间，中国成了抛售的绝佳理由。投机行为猖獗，英法联合集团的证券在伦敦证券交易所走俏。

方苏雅回来时，英法联合集团的问题被提交到部长会议。与会者相互商议，窃窃私语，忧心忡忡。政府拒绝接受这个机构。

这个机构最终被1901年1月11日的部长会议批准，命名为云南集团有限公司，由加来海峡省议员亚当先生担任唯一的主席。紧接着，一项研究使命被确立，负责人是弥乐石 (Émile Rocher)。此人是前里昂计划的关键成员，前驻蒙自领事，写过大肆美化云南矿产的报告。他曾担任过法国驻利物浦领事，了解这件事中英国方面的秘密。从这个角度看，可以说问题解决了。

法国挽回了面子。但仅此而已。日后回到中国，方苏雅将在铁路事务中看到维护继续存在的英法联合企业利益的具体表现。这个联合集团，无论怎么说，都属于英法共同事务。

* * *

1901年初，方苏雅的身体尚未完全恢复。偏头痛折磨着他。报界的攻势迫使他认为应该加快行动，健康状况只能放在次要位置。"我可能需要让人用担架将我抬上船，但我不会推迟一天动身。"他决定毫不拖延地回到云南府的岗位上，让保罗·杜美大吃一惊。这个提议受到德尔卡塞的欢迎，因为它符合中国北方暂时平静的局势。然而施加给奥赛码头的压力促使部长在同意的同时隐晦地提醒方苏雅"认真考虑"法国的利益。这意味着可以用灵活的外交策略来处理问题……如何考虑这番话呢？听从劝告吗？然而领事必须面对复杂的实际问题。而部长呢？他仍可以退避三舍，推卸责任。

为了表示对这次重返云南的重视，政府当局临时打算给方苏雅一支卫队，还考虑给蒙自派一队领事警卫队。但是如此安排可能会重新引起关于法国在云南的意图的争论。最终这些安排也作罢了。

2月中旬，方苏雅准备动身。他高兴地与他的主任秘书兼朋友约瑟夫·博韦重逢。两人一同乘火车去马赛，他们要在那里登上海运公司的头班轮船。最近伦敦和奥赛码头关系的传闻成为他们的谈资。

* * *

在船上，方苏雅注意到有一伙“杜美帮”朝东京进发。传闻在散布：杜美有可能在一年后被指定作为外交部长，他“不会忘记任何人，无论朋友还是敌人，一些人将被扼死，另一些人将春风得意”。如同1886年一样，领事与这个团体保持距离。他独自待在船舱里，继续起草云南铁路研究报告和施工章程。这是在巴黎就开始的工作，他说服德尔卡塞起草一份有价值的框架性文件来保证该领域活动的合法性和效率。以前与龙州铁路相关的争端，以及最近围绕矿产和铁路发生的问题促使他谨慎行事。

方苏雅赢得了主动。他回归云南府岗位的消息没有令人无动于衷，相反甚至令人不安。他有所不知，一个不可思议的警报网在活动，一直波及到遥远的锡兰岛。“可怕的方苏雅领事，行踪不定……上海的法国人在惊恐地谈论他将于3月初重返总领事馆的消息。”马斯说。他从科伦坡消息灵通的人士那里得到这些信息。

3月28日上午领事和他的主任秘书到达河内。他们一致决定不用印度支那政府给他们提供的汽车。杜美的办公室主任有些狼狈，只得临时决定次日请他们吃午饭。方苏雅变了。他们不是指责他胆小怕事吗？那么，他要向总督证明他们小看他了。杜美预计要在巴黎逗留到6月，进行关于铁路的法律条文的审核。妙哉！政治是一场运动战。

次日，方苏雅和博韦与富尔共进午餐。领事亮出他的牌。抓住总督过去在河内当着毕盛的面提出的支持的提议，他提出往云南带去一个邮政代理，一个医生，以及翻译菲尔斯。此外他还要10支1892型马枪，10支手枪和足够的子弹。这种专断的行为使一部分杜美的亲信惊愕不已，他们在上司不在的情况下不知该如何行事。“我像一颗炸弹一样出人意料地落在所有人中间，扰乱了诸多计划。”方苏雅写道。

报界的攻势使他变得强硬了。他决心毫不让步，强加他的要求，实现他的行动计划。他想让总督（即殖民部）兑现承诺，以便于4月6日重新上路。这种态度的变化让吕西安·富尔很迷惑，他问杜美是否应该在部长那里活动。杜美的答复不讲信义：“等待命令，不要理会他们，在这之前什么也不给。”

领事很快明白他们在用拖延的策略对付他，其目的是冻结奥赛码头的王牌。方苏雅与博韦取得一致意见，不顾殖民部的沉默，决定6日动身。他表示中国人已得到通知，并要求预定的医生来与他会合。殖民部有意拖延时间，直到领事走后四天，在奥赛码头的坚持下才做出派遣德莱 (Delay) 医生的决定。方苏雅又赢了一步。

* * *

汗水在脚夫背上发亮，昆虫在已经酷热的4月的天空中飞舞。“我在往红河方向行进途中饱受酷热之苦。”方苏雅记录道。在蛮耗[1]这个夹在陡壁之间的大火炉里，他看到中国当局出于好意派来迎接他的官员和护卫队。良好的感觉再次被证实：“在离蒙自10公里的地方，所有部队都向我致敬。”他向德尔卡塞报告。在城里，他接受了中方对1900年6月事件的道歉，当着宋嘉铭的面，中国官员向他们表达了对法国人的宽容的感激。在巴黎受到侮辱之后，事情有了反常的逆转，中国人比法国人对他更好。

1901年6月2日，经过23天的旅行之后，方苏雅从南门进入云南府。自从那个清晨被迫离开这里之后，几乎过去两年时间了。

黄花苑呈现出一片令人沮丧的景象。它被“破坏”和“洗劫一空”。精致的大门被拆卸搬走，地板被撬走，甚至还有挖掘的痕

1. 蛮耗，又作曼耗，意为白雾笼罩的村寨，位于今云南个旧市东南约87里。——编注

迹。更糟糕的是，庭院的部分被焚烧过。领事估算修缮费要两万法郎。

他的首要举动是证明与中国人的友好关系和他个人的廉正。他坚持立即解决他到达当地面临的行政问题。因为，与中国方面持续的传闻相反[1]，方苏雅没有非法入住，更没有不顾身份地占有住地。实际上，他的“衙门”属于富裕的银行家王鸿图所有，其公司名称为同庆丰。该住所曾正式租给法国铁路计划人员，领事向王鸿图保证支付一笔205皮亚斯特的款项，并“签署了正式合同”[2]。

住地的位置不利于防御，但是云南府领事馆毕竟一下子就存在了，而且被接受了。领事坚持与王先生保持最合法的关系。因此他向奥赛码头报告他以保全的方式支付了印度支那政府欠下的租金。他补充道：“我将每月向他支付租金。我无法在云南府找到其他更合适的住所。”因此他请求外交部为他们偿还实际已欠下的一整年的房租。

他强调与王鸿图保持良好关系的理由，事实上王鸿图是在1900年的暴动中唯一与法国人保持联系的显要人物。这个有影响的人物是一个精明、强势、受人尊敬的商人。他是云南最富有的银行家，据方苏雅估计，他的财产有8 000万银两，即当时的2 400万法郎。几张照片向我们展示出一个外表清瘦的人，他身着丝质镶金边的雅致衣服，被妻妾和家人簇拥着，这些人的特征反映出他们优越的社会地位。“这个银行家是唯一可以给我们提供有益帮助的人，我要说

1. 这种说法至今仍令人深信不疑。
2. 即“合法的”。

他对我们要建立的开发矿业的金融公司是必不可少的人物。”领事强调。

这些开支加重了方苏雅个人的经济负担，因为他在前几次的旅行中已经预支了各种费用。这使得他“在经济上处于十分窘迫的状况”。而奥赛码头认为不急于解决偿付，以及寻找合适的住地的问题。如果说中国改变了领事，领事却没有改变奥赛码头，尽管他被授予了荣誉勋章。

* * *

一天晚上，方苏雅告诉约瑟夫·博韦他对印度支那的想法。那些人似乎总是不打算正大光明地行事。他记着临行前德尔卡塞的“嘱咐”。的确需要见机行事和三思而后行，但同时也“应该穿有别于探险者的服装”，以及“摆出更加外交化的姿态”。反之，他十分满意与中国官员的关系，他们似乎已明白他可以构成抵制印度支那战略的一道屏障。

博韦和方苏雅一提起李总督的新近来访就感到好笑。“他知道他受到监视和我们不是傻瓜。”领事说。当前，李鸿章的侄子夹在自1900年事件后掌握了主动权的法国外交界和北京当局的指责当中左右为难。方苏雅在讲到李总督对他叔叔的教导做出的反应时，约瑟夫·博韦禁不住笑出声来。李总督著名的叔叔曾要求侄儿采取低调的姿态。“李总督十分愤怒，公开说他叔叔是不明事理的老顽固。现在，他显然垂头丧气了。”然后，领事在陈述自己的观点时采用了一种创新思维和脱离那个时代种族主义偏见的实用主义视角。他说谁履行职权不重要，重要的是职权被很好地履行。“终归是一个中国人，他们都一样。我不会无聊地对人加以区分，我只看才能。”此时我们不禁联想到邓小平在20世纪末为了推动改革而说的家喻户晓的名言：“不管黑猫白猫，会抓老鼠就是好猫。”

总之，领事在1900年撤退时做出的决定，以及返回时的和平主义姿态均起到了“证明法国政府的诚信作用，正如它现在所表现出的诚意一样”。谦逊在中国是一种受到高度评价的品质。

方苏雅坚持他对铁路的立场：出于经济和外交的理由，铁路必须由一家私营公司修建，而不是印度支那。为了保证其可行性，他建议将铁路从印度支那边界修到蒙自，从［……］上百万的保证金中提取必要的部分，然后再考虑第二阶段工程。“这是所有铁路人员的意见。”他说。

遗憾的是，1900年危机后好的变化仅限于中国方面。在法国本土，保罗·杜美正在为云南铁路法律草案的讨论做准备……但他同时制订了一个新的秘密计划，旨在使以前流产的吞并云南的企图得以成功。意志决定一切。

* * *

1901年5月5日，“勒·萨拉齐号”邮轮离开马赛港前往印度支那。船上有一位名叫布兰(Blim)的神秘人物。“我决定让这位公务员来领导我们即将在云南重组的公共工程部门。”杜美在一份给临时代办——暧昧的布罗尼的机密公文中写道。我们没有找到有关这次“重组”的动机的痕迹，很难对这个非常特殊的特使做出完整的描述。

布兰，毕业于巴黎综合工科学校，之前杜美委派他从事安南南部的铁路研究工作。这是一个表面不出彩的工程师；从某种意义上说，他是印度支那公共工程部总经理夏尔—马利·吉约莫多的陪衬。他熟悉交趾支那，但不熟悉东京，“更不用说云南”，一份公文这样记载。怎么会让他来干这个差事呢？此人之所以被总督选中主要是“因为他执行命令雷厉风行”，还因为杜美坚信召回方苏雅只是时间问题。一个奇怪的选择。布兰身边有一位叫朗贡 (Langon) 的人。此人是桥梁公路施工管理员，四年前被派遣到印度支那，此时被授予“公共工程部次总工程师”的古怪头衔[1]。可以想象他以头衔和津贴作为参与这项使命的交换条件费了多少口舌。

总之，布兰计划矛盾重重，无视方苏雅本人作为官方特使的存在。该计划秘密地负责以下使命：修建老街至云南省的铁路，铁路延伸至四川；建设一条电报线；建立一套包括财政和邮政在内的行政系统。

总督为了使他希望同时进行的行动快速合法化，递交报告说缺乏公路通道和配套建筑，并以此作为借口要求修建这些设施。事实上，与马斯计划一样，其目的在于建立军事和行政占领云南省的后勤中心。保罗·杜美准备借助于四号地区军人的积极协助，这个地

1. 按常理没有这种头衔。——译注

区的指挥官是昂奋的布特瓦 (Bouttrois) 少校。外交机构和云南领事被小心地避开。

* * *

在大量的日常邮件中，方苏雅在一份来自北京公使团的文件下方发现他的老朋友鲍渥[1]的签名。毋庸置疑，鲍渥接替了毕盛。领事想起前几天，他和鲍渥在鲁瓦杨[2]海滨散步，他们开玩笑地谈及这种可能性。他仿佛又看到鲍渥的面容和微笑的眼神。

泰奥菲尔·德尔卡塞通过此举酬报了他的办公室主任显而易见的外交才能，所有报纸都对此予以肯定。方苏雅为其闪光的人格所折服。他可以放心地指望这位患难之交。鲍渥与他一样受过法律教育。他注册于巴黎律师公会。在职业生涯初期，他曾在意大利任职。这是他第一次被推到另一个大陆上的中国。他曾多次听方苏雅谈起这个国家。

鲍渥对从事了15年左右的职业十分认真，但他也是一个乐天而随和的人；他喜爱社交生活，喜欢女人，比方苏雅在奥赛码头的另一个朋友罗贝尔·德·比利更具幽默感。后者更注重行为得体。领事在给博的信中对云南府和北京做了比较："你现在已经在中国。但是没有我来的次数多。哟，现在云南府的生活很枯燥。我是就个人消遣而言。"的确，与朋友闲谈、女人、音乐、招待会，这些都是在北

1. 鲍渥 (1857—1926)，报纸有时也称他为保罗·鲍渥。
2. 法国西部海滨城市。——译注

京的西方人圈子里的事情。在云南府没有这些。尽管方苏雅厌恶社交生活，但也不时地禁不住想起这个世界，仅只是一时间，当领事馆孤独的生活令他感到过于沉重的时候。

总之鲍渥没有留心亲自通知他的朋友方苏雅自己上任一事。因为与领事相反，他首先考虑的是远大的前程，这次任命可能标志着一次飞跃。德尔卡塞将他派到北京主要是让他负责商讨和确定1900年事件的赔偿问题，并且参与制定一个各强国与中国之间的议定书，以期了结当前的问题。这是一个荣耀的使命。

他在奥赛码头职业生涯辉煌的开端使得他得以接触政界和商界地位越来越高的人物。他们当中的许多人，与德尔卡塞和鲍渥一样，都是共济会会员。这强化了个人价值，并且保证了政治圈内团体的有效互助。鲍渥从中受益。与之相反，方苏雅选择不进入共济会圈内，也许因为他的思想太独立，不愿屈从于某种过于繁琐的仪式。鲍渥可能对他讲过共济会的"外衣"给自己带来的满足和利益，也许曾试图说服他加入某个共济会支部。方苏雅没有对权力、社交活动，以及这种思想流派及其连带关系表现出任何兴趣，他在同事眼中显得特立独行，甚至胆大妄为。总之，这是鲍渥和比利在他们私人通信中向他传递的信息，只不过或多或少以婉转的方式而已。但是领事的主意已定：选择放弃这种关系网，起码不会给人留下任何把柄。这种品质造就的人格顿时令人刮目相看。在严守规则的阶层，这种选择被视为离经叛道。

在第三共和国时期，共济会实际已融合了社会各阶层，推动共和主义思想。面对当时复辟君主制的支持者以及像布朗热将军那样的“救世主”的阴谋，共和主义思想还显得脆弱。在通常与政界紧密相连的经济决策者圈内，共济会会员的周旋也可以促成困难和复杂的计划。尤其殖民党[1]在海外推行的许多重大计划都属于这种情况。报界以及议会曝光了相关的种种恶习。出于这些理由，民族主义阶层和极右派把共济会当作靶子，毫不犹豫地怀疑某种“阴谋”的产生。对档案的研究表明：应该避免任何扩散；应该看到，当时和如今，共济会创立了关系网，这种关系网可以被唯利是图的商人引入邪路；问题在于不择手段为自己的企业牟利，而不在于共济会自身。毫无疑问，从各方面看，方苏雅为他绝对的独立性付出了沉重代价，因为他处于孤立的境地。

在1901年4月2日动身之前，鲍渥应邀参加了在大陆酒店[2]举行的一次宴会。宴会由法国亚洲公会[3]举办。400人出席宴会，其中有殖民界的精英：排头的是埃蒂安，还有拉奈桑（印度支那保罗·杜美的前任，现任海军部部长），德凯，商业巨头于利斯·比拉，夏尔—马利·吉约莫多，斯塔尼斯拉斯·西蒙（印度支那银行行长）[4]。席间，保罗·杜美宣读了维护印度支那唯意志论和爱国主义政策的辩护词。招待会的盛况和无处不在的记者为鲍渥的职业生涯大添光彩。他非常清楚适才接近的这些重要人物对他即将履行的北京职

1. 殖民党的大多数成员都是共济会会员。
2. 后称作洲际酒店，再后更名为威斯汀酒店，位于巴黎卡斯迪格里奥街。该酒店于1878年第三次国际博览会期间开业。在酒店常客中，除了政要人物，还有欧仁妮皇后和萨沃尼昂·德·布拉柴。
3. 论坛由欧仁·埃蒂安创立。
4. 于利斯·比拉的朋友。

务是何等的重要。毫无疑问，他比他的朋友方苏雅更谙熟此道，尽管他尊重这位朋友和他的信念。

* * *

1901年6月15日这天，保罗·杜美笑了。云南铁路事务在进展中。尽管有意想不到的阻力，他还是成功地以重大利益作为交换条件，以斯塔尼斯拉斯·西蒙和埃利·德瓦塞勒[1]为主创建了一个金融财团。这个新财团取代了1898年的财团[2]，只包括印度支那银行、兴业银行、国家贴现银行和工商银行。里昂银行和巴黎—荷兰银行最终从项目中撤出。在建筑商方面，国营铁路总公司和巴底纽勒建筑公司一直存在。保罗·杜美毕竟意识到自己之前险些闯祸。因此，为了避免再次受挫，总督给予特许公司许多实惠：尤其是铁路中国段的工程施工，还可以享受印度支那段铁路（河内—老街）75年的经营权。印度支那铁路用1898年批准的2亿法郎贷款建造，即每年50万法郎的隐性补贴……

6月27日，国会展开了对杜梅提交的法律文本的热烈讨论。讨论变成了保罗·杜美与加斯东·杜梅格之间的较量。在杜美看来，这个关乎国家利益的计划刻不容缓；而杜梅格则为这次讨论与1898年12月第一次不愉快的讨论如出一辙而感到遗憾，他认为总督再次企图将他的野心凌驾于国会的控制之上。

---

1. 法国兴业银行董事长。
2. 见110页。

费用大大超出1898年对议会做出的保证。最初的法律条款允许以每年300万缴付款额担保高达7 600万的保障性债券。然而，工程概算从6 000万法郎上升到1亿100万，公里概算从15万上升到20.5万。面对新的数字，议员们更加关注这个文件。

为了补偿超额费用，根据保罗·杜美的预先安排，缺空的2 500万一半由特许公司承担，另一半由印度支那从自己的储备金中提取1 250万作为“无偿捐赠”[1]。从天而降的储备金！这笔钱原则上应用于应对自然风险或重大意外事件，但是其具体用途却不透明。加斯东·杜梅格指出总督的这种“安排”违反了法律文本条款[2]，他援引的法规禁止使用此项资金作为个人以及国家或工业机构的借款。杜梅格在会上用手指着保罗·杜美说：“您，您捐赠，这更加严重。[……] 您扰乱了1898年制定的所有法规，您通过这个项目在特许权上加特许权，补贴上加补贴。”这些做法令人想到保罗·贝尔和拉奈桑在印度支那任职期间的所作所为。

加斯东·杜梅格认真履行议员的职能。他重提方苏雅和德斯图尔奈勒·贡斯当的论据，并提醒说：铜矿和锡矿属北京专控资源。他质疑云南铁路的商业回报率。但是保罗·杜美很自信。“鉴于越来越多的人对该项目感兴趣，我看好铁路的商业发展前景。”一句耐人寻味的话。总督是一个优秀的演说家。他的口才又一次征服了听众。1901年7月5日出台的法规批准了印度支那总督于1901年6月15日签署的关于开发海防—云南府铁路的协议。

---

1. 在年担保金额的基础上。
2. 1892年11月20日有关殖民地投资的法令，第100条。

法规的延伸在接下来的8月10日催生了印度支那云南铁路公司。该公司接替了原来的财团，其中四家银行必须参与运作特许公司的资金（1 250万法郎），并且以该铁路公司的名义发行7 600万法郎的债券。印度支那银行是顶梁柱。

“我很高兴看到他们保留了与我的初衷一致的想法。[……]唯一可靠的建设铁路的媒介就是这个公司。”方苏雅得知消息后从遥远的云南如此评论。但是，出于谨慎，他指出：“当我离开巴黎的时候，埃利·德瓦塞勒主持的财团撤出了。我们面前的是否是一个东京公共工程部借名的影子公司[1]呢？如果是这样，真是愚蠢之极[2]。”

除了印度支那云南铁路公司，人们又组建了维塔利伯爵领导的印度支那铁路建筑公司，资本400万法郎；与之并列的是国营铁路总公司和于勒·古安的巴底纽勒公司。铁路建筑公司成为印度支那云南铁路公司的承包商，负责修建老街—云南府铁路。另外，印度支那银行起推动作用，其股份占400万法郎中的10万。

远离这些野心勃勃的交易，领事急于考虑的是如何实现老街—云南府铁路计划。鉴于铁路即将动工，他坚持认为铁路建设必须遵守法律规范。但是他提醒：具体困难不久将出现。“直到蒙自，土地让与将不成问题，一切属于国有。[……] 一旦我们触及稻田，我承认我不知道会与当地人发生什么情况。中国官员惶惶不安，他们有他们的理由。”

---

1. 即“由顶替人构成的虚拟公司”。
2. 即“如果是这样，我们会大惑不解”。

* * *

印度支那总督办公室简练地通报新任法国驻北京公使，他们需要紧急派遣一名叫布兰的工程师去云南“建立云南省至老街电报线”[1]。鲍渥很吃惊。在中国建一条电报线不是无足轻重的事情；他要求延缓时间来核实所有批文是否已报政府。在巴黎的保罗·杜美急得跺脚。他没有通知鲍渥，而是催促他的代理布罗尼继续行动。“请求但勿浪费时间[2]。”

在云南府，方苏雅通过信件得知河口边境站任命了一位新领事杜邦先生。他抱怨一来就被邻近四号地的军人排斥，此外还告诉方苏雅戴德斯雷—德凯勒公司的一位使者到来，他担负修建河内金属桥[3]的使命。领事笑了，他读到：这位德·圣—弗洛芒杰先生给自己三天时间来评估他要修建的铁路桥隧工程地点的困难……这段时间只够匆匆查看几块岩石，而岩石群的复杂结构外加特殊的气候条件构成了对自然的挑战。

不久，蒙自道台来见方苏雅。云贵总督委托他请领事澄清某位帕特 (Patté) 先生的确切身份。这位先生以法国总统使者的身份来见他，随身带有老街军事指挥部的介绍信。方苏雅认为这又是一件同样性质的怪事。道台用恼火的手势来加强他的陈述语气。中国当

1. 一封电报的节选。
2. 电文。
3. 保罗·杜美桥，越南人熟悉的龙边 (Long Bien) 桥。

局，他说，向布特瓦少校[1]提出抗议。少校回应说他不认识这位帕特先生。中国当局对此事感到厌烦，声称：只承认领事的职权，而不愿与这位“神秘使者”有任何联系。“我还不知道此事的所有真相。”方苏雅不得不承认。领事被这个新的骗局搞得很生气。道台走后，他尽力在约瑟夫·博韦的帮助下收集有关这件事情的信息。但是他面对的是“自相矛盾的事实”。

事实上，帕特先生的云南之行是一次十一天的闪电式旅行。领事后来得知，他的派遣没有明确的目的，却是印度支那总督委派的使命。这个“使命”又一次偷偷摸摸地完成，不为法国政府所知。总统不知道这个密使，泰奥菲尔·德尔卡塞也不知道。他的任务是为入侵云南行动确定路线和站点的位置。该使命无疑是布兰计划登场的序幕。

在布特瓦少校方面，他很愿意继续支持在准备中的法国入侵。在布兰计划人员向云南进发时，他在边境地区张贴署名告示，号召中国人提供600个苦力所需的搬运工具。这个消息如同导火线一样传播开来，传到杜邦的岗位，然后传到方苏雅的领事馆。什么计划需要如此之多的运输工具？为什么云南府领事没有接到通知？

经询问，保罗·杜美办公室回答：布兰计划的目的是保证铁路公司代表在蒙自和云南府驻扎。由杜邦提供的信息引述了一个袭击计划，该计划由总督和总司令共同制订，目的是“打开一道顽固关

1. 四号地的指挥官。

闭的门”，如同内格里埃将军1885年的表述[1]。总之，保罗·杜美想要用一次军事行动洗刷谅山和法绍达的耻辱……方苏雅和博韦在考虑这种行动的危险：1900年6月事件过后仅一年，冲突又可能发生。重要的是更多地了解情况，不惜通过各种途径。

调查很快有了结果。布兰计划之庞大令人吃惊。参与计划的人员众多：33个军官，一些在服役和已退役的军士和士兵，一位记者，一些妇女儿童，以及负责行政和财务的公务人员。他们携带的货包不是600件，而是将近4 000件！总督说：启动这项计划是依据他在1898年云南之行时与云贵总督达成的口头协议，而不是笔头协议。该约定要求中国方面提供安置这些部门必需的场所。但是领事非常怀疑是否有这种协议。

由于种种原因，“技术”代表团的组成混乱不堪。首先有记者的存在，某位波姆埃伊先生，根据军方推荐委派。这是一位今天所谓“内配”[2]记者的先驱者。再者，如同方苏雅指出的那样，大部分成员“从未使用过绘图铅笔和水平仪”。他们当中一个名叫高莱尔的人，因曾经向警卫队长报告一次出自他的幻觉的敌人进攻而出名。更严重的是，另一个人（某位里夏尔）在著名的夏布勒堡垒[3]包围中与于勒·盖兰在一起。领事哭笑不得。要去中国领土重演

1. 见第47页注释2。
2. 来自英语“嵌入式新闻”的概念。
3. 夏布勒堡垒：反犹太人联盟的别称，其地点在巴黎夏布勒街。该组织的首脑于勒·盖兰是反对重审阿尔弗雷德·德雷福斯案的坚定分子。1899年他与他的支持者一起，以堡垒做掩护对治安力量进行了激烈的抵抗，最后被捕。

夏布勒堡垒事件吗？1899年与反德雷福斯分子一起经受了37天的包围的事实可以作为选择的标准，甚至作为政治保证吗？这一切如同儿戏……

在该计划的人员中还有一位河内的律师，德鲁斯塔尔。他是少数殖民者当中因鸦片种植而领取一笔丰厚津贴的人。他这次来云南与寻找罂粟种植专家有关。铁路计划似乎明显为各种误入歧途的人提供了一种适时的且令人羡慕的包装。该计划最后接纳了一个人，前中尉雷纳尔。此人现已晋升为上尉，他的返回对领事构成了“真正的挑战”。显然，整个计划与接待金融财团代表和严格意义上的铁路工程人员的唯一后勤需要没有多大关系。

在此期间，总督在巴黎继续大肆活动。他的言论没有逃过中国当局的注意，其中始终贯穿着征服的思想。别忘了，“对中国大众来说［……］，这种征兆只能被理解为‘征服’一词”。

边界领事杜邦征求方苏雅的意见。鉴于围绕布兰计划的阴影，他拒绝发放进入中国的护照。在北京，鲍渥等待奥赛码头的指示。而保罗·杜美办公室却督促他“立即执行”命令，以便展开已报经殖民部同意的行动。

封锁消息，施压，制造既成事实，这就是杜美方式的写照。鲍渥第一次领教了方苏雅以前描述过的同类外交警报。“难以置信，”方苏雅愤怒地说，“我对您更清楚地了解情况感到高兴。因为在巴黎您难以想象这里发生的事情。正因如此，他在法国将被看作一个伟人，一个有创举的人。而我们则被视为懦夫和笨蛋。”甚至前蒙自领事弥乐石也表示出担忧。他担心布兰计划会使正在同中国人进行的矿业谈判夭折。

不久后，法国驻北京公使看到一份令人惊愕的机密公文，该文件证实了杜美对征服云南予以的高度重视。文件中写到："杜美先生从印度支那储备金中拨给布兰先生550万法郎，其中50万法郎预计用来收买中国官员和平息民众的抗议。"他立即报告德尔卡塞："我无法相信政府已经同意该计划，一笔500万的款项被提供给印度支那公共工程部用于组织云南计划，一支连同妇女儿童在内的庞大队伍被指定沿着未来的铁路成梯队展开。大规模的工程在计划之中：住房、医院、学校、邮局、行政部门。而这一切都在铁路建设范围之外。"然后，鲍渥问部长政府的立场是什么，并且暗示让杜美承担擅自行动的后果，既然他还在法国。不管怎样，这位双方认同的外交官在这种局势下起到很大的影响作用。虽然他手中掌握的公文的确令人难以置信，他也谴责这些"错误行为"，但是没有指名将责任归咎于总督。部长惊讶不已。他也同时发现布兰计划、巨额预算的存在，以及妇女儿童的异常存在。他同时收到云南领事证实此事的报告。他的第一反应是写信给殖民部长表达他对该事件的震惊，不过他尴尬地将携带家属的事称为"无关紧要的事情"。但是，出于既令人惊讶又反常的决定，他没有将这封爆炸性的邮件[1]寄出。从中可以看出在奥赛码头和殖民部之间存在的深刻矛盾：一方面涉及殖民部给予总督的行动自由空间，另一方面涉及外交部长的政治技巧（抑或是犬儒主义）。这位部长不愿过多涉足属于德凯权力范围

1. 这封信从此以草稿的状态带着"删除"的批语沉睡在档案中。

的麻烦事。

事实上，德凯也不知道布兰计划在云南的目的。因为布兰被正式委派到……印度支那执行使命，连东京执政官[1]本人也不知道这个计划的存在。因此方苏雅后来用绷着脸说笑话的方式如此总结这种形势："他们厚颜无耻地欺骗政府和驻北京公使团，往云南派去一帮狂躁的乌合之众。"

真是太过分了。1901年7月18日，布兰计划被提交到部长会议的议事日程。人们发现，如同帕特计划一样，这个计划是在保证严守秘密的情况下实施的。知情者只有四个人，即组织者的核心人物：保罗·杜美和他的印度支那代理布罗尼、殖民部亚洲司主任鲁门 (Roume) 先生、吉约莫多。金碧辉煌的爱丽舍宫内一片哗然。人们在会议的长桌周围窃窃私语。面对这种冒险行动，卢贝总统和外交部长大声而强烈地表达他们的不满。对德凯而言，局面非常尴尬。他不得不承认他的下属部门的行动脱离了他的控制。大家很快明白，这个"使命"构成了杜美策划的一次挑衅，它不为共和国最高当局所知，违背了国家政策。该行动的国际影响是无法预料的。因为，这将使整个法国的外交政策处于被质疑的境地。另一方面，在敏感的局势下，该计划对在云南恢复信任的努力构成障碍。"它可能使我回来后取得的所有成就付之东流。"方苏雅简明地总结。而且这个计划有可能使北京朝廷颜面扫地，因为这个时候正在进行

---

1. 富埃斯先生。

1900年事件赔偿的谈判，而且铁路建设计划正在云南逐步成形。另一方面，该计划形成军事入侵和吞并云南及四川的态势，也就构成了英国方面向法国宣战的理由。因为根据《伦敦宣言》的条款，英国有理由与法国发生冲突。又一次战争一触即发。

但是须知，同年5月，在鲁昂，保罗·杜美发表了一个纲领性的讲话。按他的话讲，印度支那殖民地只是中国旁边的一个小殖民地，“我们可以在中国建立一个庞大的殖民帝国”。那天，他宣布了自己的信念：“需要建立的就是这个帝国……印度支那算不了什么，那只是一个行动基地。准备战争吧，如果有必要就开战。”是的，一场战争，他无所畏惧。而且他将独自决定。在这种情况下，我们难道还要为他通过布兰计划的所作所为感到吃惊吗？

在部长会议上，德尔卡塞提到加尔各答的英国报纸对法国的警示。最近的一篇文章，通过两国在非洲西部和中国南部的野心的对比，划出一条英国不能接受被越过的红线。“我们不大在乎拥有赤道附近的沼泽地带。”作者写道。但是他强调“不能容忍法国独占中国南部的全部对外贸易，[……]也不容许法国威胁印联邦和缅甸边界，如同俄国在西北部的威胁一样”。这种通过报界的警告必须认真对待。

部长们尊重卢贝总统和德尔卡塞的意见，总统和部长要求德凯采取一切措施阻止总督的军队。德凯当场执行。在会议桌上，他用电报的形式起草了如下命令：“根据部长会议决定，请停止派布兰计划人员去云南。”政府给予方苏雅行动优先权，由他负责与中方商谈有关铁路“研究、工程和计划建立的机构”的条件。总之，明文规定今后派遣印度支那的代表去云南必须经外交部同意。文件由总统交给一个传达员即刻发送。

这份公文的措辞尊重方苏雅提出的要求，使他肩负的调停人的使命具有一定意义：较之其他在中国的外交官，他实际上是云南铁路计划的主要负责人。保罗·杜美不会不明白公文的意思。他暴跳如雷，叫嚷这是“某个神经不正常的人的无稽之谈”，他不能容忍“浪费时间”。

人们会以为事情结束了。不，布兰计划拒绝接受命令。中国农民愤怒地看到配备带刺刀的武器的军人又出现了，他们甚至不隐藏他们的弹药。“这种将中国这部分领土视为被征服国的方式使中国人厌恶。[……] 人的善良是有限度的。”前领事弥乐石指出。面对继续向云南推进的顽固使命，混乱爆发了，在1901年7月27日至29日达到高潮。“民众得知杜美先生的人到来之后，他们想放火把我和我的主任秘书烧焦。”方苏雅当时给德斯图尔奈勒·贡斯当写信说。领事怒不可遏。“这个狂躁的人应该让我们安静些，停止他的荒唐计划和利用公务人员以及贪图安逸的乞食者来扩大法国的影响。”领事对鲍渥说。怎么做才能阻止杜美，既然部长会议都无济于事？约瑟夫·博韦很少看到领事如此愤怒。方苏雅决定采取他的权力范围之内的一切措施来阻止布兰计划进入云南。他将情况告知弥乐石。弥乐石非常吃惊。“方苏雅先生很激动，已经提到驱逐所有未经他同意越过边境的人。”

方苏雅写信给他的同盟贡斯当说：“我已经致电政府说，我将坚持到最后，我不会以任何借口离开。至少，[……] 政府这次有可能找到一个可以公开承认的借口进行一次远征。你看我们在这美妙的逗留期间过得并不乏味。”此外，他出于谨慎考虑给保罗·杜美发了一封电报，郑重提醒他政府的决定，并且要求他遵照“不雇用任何军官”的“明确命令”召回雷纳尔。而且，他要求中国官员必须通过他这个中间人与法国军人联系，以免布特瓦上校任意发放非法护照。“要进行对话，至少需要两个人[1]。”他对博韦说。

但是在当地，战争的准备仍在继续。以至于在部长会议决议半个多月之后，鲍渥面临着北京朝廷的抗议。因为朝廷刚刚得知：为了运送弹药进中国，布特瓦上校进行了一次招标。

鲍渥只局限于向奥赛码头抗议这些自部长会议以来“变得多余的准备工作”，而云南领事却认为必须亲自去见该计划的人员，让他们知道他反对他们越过边境。这是原则问题。他们绝不能越过边界。做出这个决定后不到半小时，领事就骑马赶往老街。

到达现场后，领事见到一帮险恶之徒，他们顽固地坚持他们的计划。迫于情况紧急，他顾不上外交礼节，一下马就独自上前，强迫捣乱分子放弃行动。“这真是奇迹，我竟然能及时阻止著名的布兰计划的人员越过边界。我对他们的首领说：我要抓着敢于违抗我的命令的人的裤衩，将他扔回边界，如果有必要就动用中国正规军。”他叙述道。

我们能充分理解这一令人难以置信的历史时刻吗？可以想象

1. 等同于英语的习惯用法：“跳探戈需要两个人。”

在场所有人的惊愕。因为，就是这位他们戏称为蠢货和懦夫的领事或者外交代表，毫不犹豫地飞速跑完了距离印度支那边界的三天路程，为的是阻止他们，仅凭借他意志的力量[1]。他的语气是如此的直接和坚决，他强迫他们接受他的命令，即遵守共和国的法律。这是一次了不起的赌博，不系安全带的一跳。而这一赌成功了。一次历史性行动的成功的决定性因素往往带有神秘色彩。这些因素通常与心理学所称的“个人观察容许误差”有关系。有的人具备这种能力。如果说军人之间衡量自身价值的默契是面对死亡的能力，那么布兰计划人员在内心深处一定被这个人的胆量所震慑。这个人为了捍卫他的信念，敢于做他们当中任何人从未尝试过的事情。因此，他们感到面对的是比他们更强大的人。法国应该感激这位孤胆英雄，他敢于以道德的名义直视对方，发出不可抗拒的命令，他无法接受道德受到嘲弄，他使法国避免了一场战争。布兰计划的人员不得不忍气吞声退回东京。方苏雅毁灭了他们的梦想。

一个问题萦绕心头：为什么方苏雅创造了这些不平凡的业绩，他的名字还是不为大众所知呢？原因在于公众无意识中回避的难言之隐。官方的历史闭口不谈法国对中国南部省份的吞并政策，同时对这种政策的方式、缺陷和失败也保持沉默。这样历史一下子就封杀了揭露这些问题的人，而方苏雅就是这些人中的杰出代表。只有付出这种代价，国家的自尊和声誉才能得以保全。

1. 他没有拔出腰带上的手枪，并且把长枪留在马鞍的套筒里。

在这次意想不到的成功之后，云南领事已转向未来。他以中国式的实用主义态度，耐心地重建相互信任的关系，以便重新开展关于铁路建设条款的谈判。中国地方官员理解他、支持他。方苏雅头脑很清醒，他从刚刚经历的事情中汲取了经验。“如果杜美消失，我们将拥有成千上万的劳工来修建铁路；他稍一露面，等待我们的就将是岩石后面的无数支枪。这些民众不会任人摆布。”

方苏雅活跃和好奇的思维在政治活动的考验之后总是能很快恢复常态。那天，约瑟夫·博韦告诉他，有12 000名学生要在云南府考场[1]进行艰巨的朝廷考试。他不愿意错过一次特殊的仪式。于是，他携带摄影机[2]，从人群中挤开一条路。观众流露出好奇和尊敬的神情。“这是方大人。”人们一边低语一边给他让道。

1. 这个地点现在还存在，继续接待学生。

2. 用电影记录实情在那个年代非常少见。方苏雅是第一批（抑或是第一个）用摄影机拍摄中国人的日常生活画面和他任职期间与中国人接触时有意义的场景的人。

第三章

痛苦的起源

铁路公司：国家之上的国家？

云南府领事馆，1901年秋

布兰事件终于得到解决，领事的工作也重归正轨。在这次外交风暴之前，方苏雅接到光若翰神父[1]的一个有益的建议。神父是邻省四川水富的教会负责人。

光若翰神父需要不间断地与云南对外传教会的教友联系，于是他向云南府领事建议共同建立一个可靠的邮局，并答应提供部分资助。当时中国皇家邮政网呈零星分布状，而且发送时限得不到保障。因此神父建议在法国的保护下建立邮件直接和规律的传

1. 光若翰神父（1860—1935）。

递系统，走云南府—水富—重庆一线。“我很快做出与我钟意的计划相符的决定。”方苏雅写道。建立一个独立的邮局实际上是奥赛码头和印度支那优先考虑的问题之一。除了学校和医院，邮政也属于保罗·杜美对云南的计划之一。方苏雅考虑，如果联合建立邮局，一方面可以满足总督的意愿，另一方面可以阻止不恰当的使用。对奥赛码头而言，一个邮政网络既可以使其拥有一个独立于中国邮政的可靠的通信工具，还可以面对强大的英国以和平方式确立法国在中国的地位。英国人已获取了最大的利益，他们成功地为罗伯特·哈特 (Robert Hart) 先生谋得中国海关总监的职位。这位爱尔兰人受慈禧太后(她友好地称他为“我们的哈特”)委任，负责征收天朝的所有海岸关税，他因此得以独自控制三分之一的外来收入。这个任命一方面受到英国政客的批评，他们指责他与中国人走得太近；另一方面受到朝廷中一些中国官员的批评，他们不愿看到这样一种权力集中在外国人手中。在这些批评中自然还夹杂有法国阵营对这个杰作的嫉妒。从某种意义上讲，这是占领中国机构方面的法绍达。法国当局在这个邮政计划中隐约看到另一个大赌注。因为从一开始就掌控这个领域，可以保证信息传递的安全，防止其他西方国家干涉的可能性。自己对自己的服务是最可靠的。

区域地理位置给方苏雅提供了迅速实现这个计划的若干理由。在某一点上他和保罗·杜美意见一致：东京占据一个战略闭锁的位置，因此可以趁机在蒙自这个开放城市建立邮局。因为“在东京周围，中国邮政需要依靠我们的邮局”。必须尽快决定，因为许多中国邮局正准备在这个城市开业，他们甚至已经收到邮政图章并且准备发行邮票。

对方苏雅而言，与光若翰会面势在必行。水富的教会代理人也是一个非凡的人物。他出生于一个非常古老的布列塔尼贵族家庭，这个家族与弗朗索瓦—勒内·德·夏多布里昂的后裔联姻。光若翰(即让—巴蒂斯特·德·盖布里昂伯爵)也是一个实干家。他喜欢冒险，对中国文化十分感兴趣[1]。他在中国南部上任的时候正值领事在东京任职的年代[2]。他的格言“以善制恶”概括了他对于自己的使命形成的观念。“天主教传教士 [……] 不是任何民族的先驱者，他是上帝派遣的先驱者。他以仁慈、献身、好的榜样和忠告、慈善活动、教诲、社会改良的方式将永福施与肉体和灵魂，他让世人了解法国好的方面。他的行动效果是肯定的，尽管被殖民官员狭隘的激进主义所抵制。”[3]与方苏雅一样，光若翰神父是一个着眼未来且讲求实效的人。他开始研究当时被称作“倮倮”[4]的少数民族。那时西方人畏惧和不了解这个民族，中国政府则容许他们近乎自治地生活。当时这些人被罕有的法国观察者称为“野蛮人”[5]。光若翰神父编撰了第一本关于这

1. 为了更加自主，他甚至学习了中国普通话。
2. 1886年。他在中国南部任职到1921年，两次当选为巴黎对外传教会大主教，他以这个头衔领导该会14年。光若翰与方苏雅同年逝世(1935年)。他超凡的气度为他赢得了荣誉：他于1932年成为荣誉勋位团成员；地理协会专门为他发行了一枚独版纪念章。他的葬礼在巴黎圣母院举行，下葬在布列塔尼圣保罗·德·莱昂大教堂内的花岗岩墓碑下。
3. 被François de Sesmaisons在他献给光若翰的论文中引用(见参考文献)。
4. 当今的彝族。
5. 透过这种口头禅，可以看出西方观察者在这些不屈不挠的勇士面前的不知所措。只需看看方苏雅拍摄的照片就可明白：他们不需要军装，也不需要复杂的武器。如同在武术大师那里一样，重要的不是这些。在这些战士具有威慑力的眼神中，我们看到的是夺人心魄的力量和傲气。

些令人敬畏的勇士所用语言的字典。他与云南领事之间很快就建立起友好的关系。在第一次接触之后，两人就同心协力迅速开展邮政计划。

方苏雅计算，六个人确保云南府—水富的邮路时限为14天，费用大约是每年9 000法郎。一个更庞大的计划，其中包括在云南府建立一个高效的邮局，连同必要的外交预防措施[1]，外加蒙自的邮局，每年需要32 000法郎。对于外交部的预算来说，这是一笔微薄的开支。领事打算获得奥赛码头的资助。因为他担心总督半路杀出，直接参与他愿意投资的项目。也许是担心外交部与杜美的支持者之间发生冲突，泰奥菲尔·德尔卡塞否决了这个解决方案。

作为铁路计划的拓展，继汉口和上海之后，第一个覆盖华南的法国邮政系统终于在1901年10月8日开始运行。这也是伯尔尼国际邮政事务所登记蒙自邮局的日子[2]。

追溯以往，光若翰神父向云南总领事馆审慎和坚韧的行动致敬。他总结道："只要法国人同心协力，一切都有可能实现。"[3]

* * *

在云南府，方苏雅首先考虑的是与云贵总督和巡抚商讨铁路工

1. 中国容许法国邮政的存在，如同默认黄花苑作为法国领事馆一样。
2. 在蒙自有反映第一次信件递送场景的铜像。
3. 被François de Sesmaisons在他献给光若翰的论文中引用。

程的章程。鲍渥在北京催促他，但领事事先考虑的是如何避免规则被滥用。龙州的教训并不遥远，何必要仓促行动，事后再来抱怨意见不合与浪费资金呢？他按照礼节的惯例耐心地听取中国方面的意见。博韦不是告诉他“法国”在中文里意味着“法律之国”吗？领事恢复了和平外交，一种建立在相互尊重基础上的建设性的交流。正如李总督给予的评价：“您提出的建议形成了最受欢迎的规章，我们应该表示赞同。”这没有妨碍方苏雅保持警惕。他认为这个人的行动不正常，还带有坚决的爱国主义狂的味道。然而李总督听从他著名的叔叔李鸿章的命令，即保持对话的气氛[1]。中国官员甚至向领事提议在市政会议给他保留一个席位，还建议给他颁发勋章。一切都极其顺利。

然而关于铁路规章的两个版本显示出截然不同的思想。一个文本是方苏雅起草的，另一个是泰奥菲尔·德尔卡塞考虑的。部长执拗地坚持减轻对法国和特许公司的限制，尤其涉及与中国当局事前商议方面和对工地雇用的工人的保障方面。领事坚持要一位中国官员以铁路公司顾问的身份对所有重大决定提出意见。在这点上德尔卡塞认为只要通知中方即可。

在法国政府看来，方法没有结果重要。河内、北京和巴黎共同强调必须尽快出结果。官方不断来电催促领事。方苏雅感觉到任何谈判都被认为是障碍。他发现，对鲍渥和德尔卡塞而言，不用与中国人平等协商。字里行间透露出这层高高在上的意思。部长

1. 在他拿给领事看的一封信里注明的命令。

的文本想限制中方的作用以便法方开展行动。该文本有意运用了模糊的概念，旨在有利于法国企业主放开手脚。显然，这里面不只是存在权衡局势的问题，更多是政治行动中的道德问题。

诚然，在北京，鲍渥有其他操心的事。他积极地完成了1900年事件赔偿的谈判，在所有相关强国[1]在场的情况下代表法国签署了9月7日的议定书。他还想一鼓作气推动加速采纳方苏雅起草的章程，以此来满足希望云南铁路建设尽快启动的各界人士。因此他向德尔卡塞提出一个惊人的建议，即除领事外再委派一个"代表，他的出现将会给中国人以事关一个私人企业的印象。这样中国人可以与他进行在中国惯行的讨价还价，但是我们的外交代表不必直接介入事情当中[2]"。

这个提议既属于非本意行为又属于试探性举措。通过派遣这位代表私企利益且具有决定权的"代表"，鲍渥希望强迫方苏雅限于扮演次要角色。按照他的话讲，这个角色仅限于"在必要时支持财团代表的工作"。在第二封信中，鲍渥甚至公然认为这项措施是"必不可少的"。与此同时，法国公使也支持收买中国官员的想法。贿赂变成了为尽快达到目的的运作方式之一。鲍渥坚持说："这是云南企业联合会使用的方法，也是适合于对付中国人的方法。就云南铁路而言，这种方法在我看来更有必要。"在北京的外交圈内，殖民主义的思想方式很快就污染了新的法国公使。

这些人如此之急切使德尔卡塞感到十分意外。他回复北京公

1. 德国、英国、奥匈帝国、比利时、西班牙、法国、荷兰、意大利、日本、俄国、美国。
2. 明显暗示以贿赂作为谈判的方式。

使团说，我们不会匆忙地绕过领事主持的谈判，况且等待谈判结果构不成失败。于是鲍渥试图纠正自己的措辞，解释说他的行动是迫于杜美施加的压力，总督“激烈的措辞显示出［……］一种危险的思想状态”。实际上，这种压力也许是受弥乐石、殖民团体和云南企业联合会的影响，还可能是受某种伪善的态度的影响。他的朋友方苏雅应该是首先受影响的人，而领事根本不了解这个计划。然而总督危险的思想状态是的的确确存在的。因为档案给我们揭示了关于布兰计划的最新“细节”。

保罗·杜美个人主张携家带口地进驻云南，理由是这个地区宜人的气候和丰富的资源。代表团的二号人物朗贡也和其他许多人一样携妻子儿女而来。相反，布兰将夫人留在了法国。但是当该计划的人员向边界行进的时候，拉萨尔[1]少校写道：“在携带家眷前往云南的人中，有些人不久将被中国人杀害［……］已在意料之中的事件提供了借口……六个月后，在当地建立军事权力机构将变得不可避免。”

“已在意料之中”！这个注释对预谋供认不讳。我们无法想象这种恬不知耻的公开意图：总督准备牺牲一些同胞，并且是平民，来给外籍军团和炮兵部队的干涉提供借口。印度支那参谋部已命令炮兵部队做好向蒙自进发的准备。然而对这种背信弃义的言行，保罗·杜美在事后声称：“我在任何情况下都完全独立地按照我的意图实施行动。”

1. 杜美的军事办公室主任。

* * *

当方苏雅在全力组织蒙自的铁路行政部门的时候，奥赛码头提醒他必须考虑建立负责监督铁路建筑情况的监理部门。领事对急于解决这样的问题的态度感到诧异，因为相关财团还未完成组建。领事在博韦面前做了个嘲讽的立正姿势，总结对新命令的解读："既然'法律'规定了监察，我们就监察吧！"不过他很快就恢复了严肃的态度，提笔迅速起草了给泰奥菲尔·德尔卡塞的回信。他提醒部长，建立这样一个部门似乎给人以严谨的表象，但这里面存在一种虚假的形式。因为对这个问题已经做出了决定，即铁路公司承包工程，自行承担费用和风险。这个理由充分但令人不快的评论使部长很不受用。他没有将这个评论看作是对于行动的合理性的讨论，而是将其视为对建立监理部门的指责。

忠言逆耳。这使得他们之间的分歧继续加深。德尔卡塞请鲍渥转告领事说：他错以为这个机构隶属奥赛码头管辖，实际是归印度支那政府管辖……言下之意是方苏雅在其中的作用仅限于执行法国公使的指示。无疑泰奥菲尔·德尔卡塞从中看到了一种叛逆的人格。他用隐晦的方式请鲍渥要求领事重新认识印度支那政府权力的范围和性质。他们又一次在恫吓与下达荒唐的命令之间游移，因为外交部长本人的确在根据情况调整这种"空间"。

但是风向转了。11月末，铁路计划第一次使泰奥菲尔·德尔卡塞面对两个部级决定。尽管决定与法国外交政策息息相关，外交部长却对此一无所知。首先，国家公共工程部长的一封信通知他任命马克西姆·热当 (Maxime Getten) 为印度支那云南铁路公司经理[1]。马克西姆·热当此前在奥兰任公路桥梁总工程师。任命四天后生效。德尔卡塞第一次体验到类似方苏雅经常面对的情况。打击是严酷的。

部长很吃惊，并为没有征求他的意见而感到愤怒。热当先生是一位有能力的人。他属于可以委以重任的人物，但是没有任何迹象可以使人预感到他的新任命[2]。信件平淡而简练的语气使部长想到这样的评语："我认为我们只有签收。"

还有第二件令德尔卡塞震惊的事。当天，他得知了对铁路建筑工程 (在印度支那和中国) 总指挥的任命。此人是萨波罗夫斯基 (Zaborovski)，他同样是总工程师，在铁路总局的经历已经证明他能够胜任管理在国外的铁路工程。那天，部长暗中感受到被人随便打发是多么地令人气恼。

随着1901年12月的到来，奥赛码头预定完成云南铁路章程的期限即将到期。但是鉴于某些规定不明确，还有许多问题悬而未决。法律上的模糊是问题的关键，同时也是自方苏雅回来后就困扰他的问题。鲍渥在一封给德尔卡塞的机密公文中承认了这点。他

1. "热当先生是我的一个旧相识。"当方苏雅得知热当的任命时这样说。方苏雅于1886年在红河岸边与他有过接触，并留下好印象。

2. 热当是奥兰议员欧仁·埃蒂安的人，殖民党的栋梁。这个事实大概是有分量的。

在文中强调:“1898年赋予我们的特许权具有绝对不正常的性质。”法国方面无计可施。在协议的每个具体问题上,中国官员实际明白了当时出让给法国政府的权力最终将使印度支那政府受益,同时也将使他们面对印度支那对于领土和商业的野心时处于不利的地位。与方苏雅一样,鲍渥及时注意到:“在中国人看来,法国人的这种手段将破坏协议的所有条款,并且以这个令人担心的政府之名义提出的所有提议都值得怀疑。”

中国官员的反对姿态日益显现出来。方苏雅大发雷霆:“我们忘记了我们在中国,我们在同中国人打交道,可能存在需要考虑的法规。”在这种情况下,问题涉及关税,中国铁路的开发税,抑或还有中国铁路章程规定的种种限制。所有领域实际上都严格纳入法律范畴。此外,合同的一项条款本身也有争议,即保罗·杜美插入的75年后印度支那赎回铁路的条款。“那么中国人,我们对他们怎么交代呢?印度支那将成为一条铁路的主人,但是铁路不是它出资修建的(至少人们这样认为),而是使用中国提供的土地。但是印度支那想保留铁路的产权?那么中国人,在他们的国家内,是他们提供的土地,他们将得到什么呢?你们认为他们会善罢甘休吗?”方苏雅反驳说。因为中国的法律规定,在中国领土上修建的铁路……90年后必须归中国所有。一厢情愿是不行的。

十足是胆大妄为:第一阶段的工作尚未宣布有效,因为铁路财团首先必须确定选择哪条线路,并经中国工程师批准。然而,领事已经预见到可能出现的问题:如果著名的吉约莫多的方案像他担心的那样被认为不可行怎么办。

* * *

风水轮流转。这回轮到鲍渥面对既成事实。杜美通知鲍渥，他已经安排了一个名叫卡伯什 (Caboche) 的人担任监理部主任。

法国公使向奥赛码头抱怨，况且他认识卡伯什，对其的印象是一个"做事相当没有条理且非常自负"的人。在巴黎，德尔卡塞越来越难以容忍来自鲍渥和方苏雅在铁路事务上对他的态度。他将此称为"冒犯"。但一周后，他本人也气愤地看到他的权力受到杜美的嘲弄。他从总督那里得知后者已经对新的监理部主任的职务做了仔细的安排。部长很恼火，只能提醒对方：原则上只有他才有权决定是否"扩大权限"，他们侵犯了他的外交特权。显然，总督成功地赶在了处于昏厥状态的巴黎行政部门的前面。

在这个特殊的时刻，保罗・杜美对政府部门的令人难以置信的放肆态度不能不令人质疑。我们不禁要问谁真正掌握决定权。在他给殖民部的报告中，总督假装服从外交部的管辖。但他以效率为借口，主张"日常事务"可以不通过外交人员的控制，直接与中国人商议解决。这种既开放又模糊的权力分配方式为所有自主行动开了方便之门，也保留了杜美的行动自由。

处于这种夹缝中的德尔卡塞不断催促鲍渥尽快使章程得以通过。在压力之下，鲍渥尽量推托责任。他说：奥赛码头本可以，或应该，以同意该章程作为方苏雅回归领事岗位的筹码。他还说："也许本来有可能把全盘同意章程作为方苏雅回来的条件。我们没有这样做。因此现在必须与中国人讨论章程的条款。"领事根本没想到，这个不只是同盟，而且是他视为朋友的人，在这种情况下竟然诋毁他。

在云南府，当博韦向他转达奥赛码头的指令时，方苏雅惊跳起来。他立刻给外交部写信。招标细则第14条给予的自由度在他看来很危险。他质疑其后果："赋予监理部门的使命仅限于［……］对特许公司的监督吗？监理部门认为自己能够对特许公司进行监督并且以公司的名义与中国当局打交道吗？"领事刚努力确定了一个法律框架，新的安排就出台以取消这个框架的约束。这真是西绪福斯的工作。在私人信件中，他直截了当地说出了不能对德尔卡塞说的话。"正是他们打算隐藏在话语下面的东西，出卖了监理处。"方苏雅摒弃了这些含糊其辞的话语，使章程的临时文本得以通过，这样至少铁路公司可以开工了。

* * *

12月间，保罗・杜美宣布卡伯什即将来云南。方苏雅持不信任态度。在龙州或云南府，过去他与博韦接待过的使者对铁路计划均表现出轻率的态度。关于卡伯什，领事只认识他的夫人。"如果她能代替她丈夫来检查，"领事诙谐地说，"我心甘情愿地接受。这是一个小个子的金发女人，不太坏。但说到底，是她丈夫来这里。"

但是，当这位新代表于1902年初到达时，领事修正了他的判断。卡伯什三十八岁。他刚在东京待了四年。虽然杜美提醒他提防领事的偏见，但是他选择自己做出判断。他带着地图，尽可能近地沿着将来铁路可能走的线路，一路旅行来到云南府。

从他第一次与方苏雅会面起，卡伯什就承认这次长途旅行对于他是一次真正的内心演变的过程。面对陡坡、沟壑和当地的贫穷，他对这条铁路的可行性产生了怀疑。领事欣赏他的坦诚。他们一同对老街—云南府铁路的前景和困难进行了细致的讨论。对合同、招标细则和拐弯抹角的法律文本的研究使新的监理部主任相信：铁路公司的目的不是修建铁路，而是通过模糊的条款寻求巨额补偿。他毫不犹豫地表达了非常谨慎的观点。方苏雅将这些情况报告了部长，同时强调他只是忠实地复述了这位综合工科学校毕业的工程师的话。在卡伯什看来，铁路公司之所以卷入到这桩生意中来是因为“所有风险由印度支那承担”，它投入的1 250万资本股的正常收益约占预计支出的1亿500万的15%。此外铁路公司为自己保留了多条出路。因此，如果支出超过预算，铁路公司已考虑到如何从中撤出，或者由印度支那负责支付余额。方苏雅的结论不容置疑：施工的条件将产生变化，因此在投标细则中陈述的条件也将宣布无效；这将导致由铁路公司继续完成原本由政府出资的计划，或者铁路公司放弃计划并得到补偿，这样一来就会迫使东京公共工程部来完成铁路建设。事情很严重，在开工之前，领事提醒道：“我认为，部长先生，铁路公司受到的约束极其有限。投标细则存在漏洞，初步的研究没有对如此严重且耗资的困难做充分的评估。”这将使铁路公司得以为所欲为，印度支那的预算也将任其自由处置。最后，领事强调：铁路公司拥有最后一个武器，即投标细则第58条允许它，按卡伯什的话说，强迫印度支那走特许公司想走的路。因为条款规定“总督[……]保证特许公司免受由云南境内的动乱和战争导致的直接的和物质的损失”。

因此，在1901年，方苏雅向奥赛码头证明了：印度支那云南铁路公司从一开始就算计得很清楚，它以快速的金融赢利为目的，自认为它的强大足以使所有与这次行动有关的决策机构或行政当局接受其观点。这些断言在后来都得到了证实。

* * *

印度支那云南铁路公司是一个特殊的实体，是服务于殖民党的最强大的工具之一。它通过与银行界和政界保持良好关系的关键人物的斡旋来实现其目的。揭示这些关键人物各自的影响力可以估量云南领事与之抗衡的压力集团的强大。

铁路公司与印度支那银行长期保持再密切不过的关系。这个金融机构的代表占据该公司的三个最高职位。银行董事长埃利·德瓦塞勒男爵同时领导着兴业银行，因此印度支那银行伴随着云南铁路计划的发展。它首先是创始财团的成员，然后是重要的股东，并且加入了7 600万法郎借款担保联合会。最后别忘了印度支那云南铁路公司的总部位于巴黎歌剧院旁的拉菲特街，紧挨着印度支那银行总部。事实上，一次真正的利益合并实现了[1]。

---

1. 尽管印度支那银行在这个庞大计划中扮演了重要角色，在它的档案中却完全不留痕迹，正如一部关于这个银行机构的专著指出的那样。见Marc Meuleau, *Des pionniers en Extrême-Orient, Histoire de la Banque d'Indochine, 1875—1975*, Fayard, Paris, 1990。

公司的二号人物斯塔尼斯拉斯·西蒙也与亚洲保持联系。他通过印度支那银行在河内和海防的分行以及他的朋友于利斯·比拉了解当地的情况。于利斯·比拉本人也是一个商业王国的领袖。他的企业如此之强大，以至于他在法国被称为“印度支那副领主”。这个称号可不是盗名窃誉。作为标志性的企业家，他懂得抓住中国这个极其重要的市场，首先从他擅长的丝绸工业领域入手，然后再扩大活动范围。因此他建立了一个真正的进出口王国。这使得他拥有政治上的影响。他善于利用这种影响，包括在反对方苏雅的事情上。

他出生于里昂一个丝绸厂主家庭。里昂是一个传统上与丝绸制造联系最紧密的城市。年轻时候，比拉就在上海实习，为一家总部在香港的英国公司工作。这是一段特殊的经历。因为在那个年代[1]，法国面临纺织品匮乏和蚕受到严重的传染病侵袭的局面。当时里昂难以找到原材料的来源，亚洲似乎就成了英国人保留的狩猎场。英国和法国尤其觊觎四川的丝绸。由于不能立即在这方面采取行动，比拉就在第一时间从日本进口蚕。然后他在马赛创立了自己的经纪贸易公司。马赛是与印度支那和中国进行贸易活动的必经之路。他于1876年回到出生的城市，随着苏伊士运河的开通，里昂成为国际丝绸市场的中转站。于利斯·比拉建立了印度支那里昂公司。凭借设在里昂和马赛的公司，他从此控制着丝绸领域。

1880年，于利斯·比拉成为法国在印度支那经济活动的柱石。作为里昂商会的主席，他是1895年派往中国的里昂计划人员里的煽

1. 1860年代。

动者之一，该计划的目的是调查资源和贸易销售市场。他也是印度支那商业联盟的成员之一。他的王国逐渐把商业利益扩展到印度支那，涉足的领域有丝绸、矿产、港口经营、各类农业食品等，其中还有鸦片。由此看来，他于1910年成为云南铁路的支持者是自然而然的事情。这是“进入中央帝国的通道”，为进出印度支那的贸易流通提供了方便。因此比拉是必不可少的人物。进入印度支那银行董事会后，他与保罗·杜美保持着良好的关系，如同他昔日与保罗·贝尔的关系一样。总之，这是一个亲近权力和行使权力者的老手。

印度支那银行也是云南铁路项目最大的股东之一，同时还是负责老街—云南府铁路施工承包商——印度支那铁路建筑公司的主要贷款机构。铁路总局和巴底纽勒公司为这个宏伟计划提供技术担保。巴底纽勒公司已经推动过阿尔吉尼亚—突尼斯铁路、法国—埃塞俄比亚铁路，以及刚果—大西洋铁路。但是在所有人眼中，该企业的力量是由一个叫乔治·维塔利 (Georges Vitali) [1]的人体现的。

为了炫耀自身的强大，印度支那铁路建筑公司将它的总部设在一个1 700多平方米的豪华府邸里。房子位于巴黎星星广场旁的蒂勒斯特街7号，坐落在一个享有盛名的街区的中心。这个街区在1860年代根据奥斯曼男爵的决定加以整治，为了提供一个与凯旋门相称的环境。这个地方[2]也是维塔利家族的私人住宅，他们于1886年获得这处住所。这种私人与职业领域之间的融合是如此的明显，以至于方苏雅私下将铁路建筑公司称为“维塔利公司”。

1. 乔治·维塔利 (1861—1925)。

2. 自1867年就装备有液压气动电梯和电话！

从某种意义上讲，乔治·维塔利伯爵雄踞铁路领域如同于利斯·比拉称霸丝绸业。他的家族于1832年定居法国，住在从罗昂族系成员手中买下的维尼城堡里[1]。乔治继承了维塔利王国的创始人菲利普·斯皮依迪翁—维塔利的产业。菲利普·斯皮依迪翁—维塔利祖籍威尼斯。他是一个有远见的工程师，1851年进入商界，后来聪明地转向一个未来的产业——铁路。他创立了菲利普·维塔利公司并很快使他的企业站在国际化的高度。他在西班牙战争期间修建了科尔多瓦—马拉加铁路，同时还在意大利修建了穿越亚平宁山脉的比斯多依—博洛尼亚铁路。他在法国、荷兰、塞尔维亚、俄国，还有希腊[2]建立了铁路线，并且致力于大马士革—哈马铁路的叙利亚计划。他与米德哈特帕夏 (Midhat Pacha) 建立了密切的关系，后者想用铁轨使奥斯曼帝国现代化……即让175万平方公里的活动领域现代化！如此宏伟大业很容易给人以置身现实世界之外的错觉。之后，他与……法孚—里尔铁路公司创始人的侄女结婚，巩固了他的商业地位。

如此非凡的业绩显然令人陶醉。铁路构成了独一无二的活动领域，为设计宏伟的计划和完全自由地 (几乎是这样) 实现这些计划提供了可能性。维塔利家族的下一个目标是中国。似乎正是在这个全方位发展的时期，由于靠近政治权力，铁路建筑公司习惯了随意应付法律程序[3]。1897年，经过多年锤炼获得丰富经验的乔治·维

1. 在瓦尔德瓦兹省。
2. 萨洛尼克—君士坦丁堡铁路。
3. 根据方苏雅留下的书面评论。

塔利接替了他父亲。他娶了一位富有的继承人[1],举办了一个所有巴黎名流都出席的婚礼,尔后通过1893年的法令成为法国人。他自信自己属于那类无所不能的人。他有无懈可击的感觉,自恃代表了殖民党和铁路公司的双重利益。方苏雅在云南即将与之抗衡的就是这样的人,而且是孤军奋战。

老街—云南府铁路处于追逐殖民特许权的时代。我们已看到,掌握决定权的数量有限的人物瓜分了这些特许权。

在议会里,殖民党占大多数,其中法律界人士最具代表性,其次是企业家和工业家,然后是工程师、医生、教师和军人。由于所涉及的市场规模、投入其中的金额以及现代化载体的形象,铁路成为这个集团带头人论据中的王牌。这方面的事情少不了法国印度支那云南铁路公司的董事长埃利·德瓦塞勒。他同时还兼任在中国的法国—比利时工业研究公司的副董事长[2],该公司负责监督京汉铁路的建设。

伴随着预期的商业浪潮的涌动,两个直接与铁路相联系的收益来源越发凸显出其重要性。这两个领域是矿产和冶金工业。铁路扩张发生在法国钢铁工业面临和美国竞争的时期。美国开出更有竞争力的价格。然而,继冶金工业公会的雷耶男爵[3]之后,一个叫亨利·达赫西的人创立了煤矿工业公会,并且自1899年以来一直担任主席。他极力说服他岳父维护冶金工业的利益。他的岳父不是别

1. 玛格丽特·肖莱。
2. 1898年以来。
3. 卡尔莫矿业公会主席,1890—1891年当选为冶金工业公会主席,波拿巴王朝拥护者。值得一提的是,保罗·杜美于1910年成为冶金工业公会的理事。

人，正是埃利·德瓦塞勒男爵。由此看来，云南以及它的矿产、预期的销售市场和铁路的大工地为他们创造了天赐般的机会。

殖民党的形成及其策略是欧仁·拿破仑·埃蒂安[1]的作品。这是一个1920年代议会领域不得不提的人物。

埃蒂安出生于一个移民军人家庭。他在鲁维埃、甘必大，然后是茹费里的支持下进入政界。茹费里于1884年推荐他做议院秘书。在年轻时，作为马赛海运公司的职员，他内心就滋生了一种对印度支那的特殊感觉。欧仁·埃蒂安具有政治上的敏锐度，为达到政治目的可以不择手段。在1889年世界博览会期间，他就意识到有必要在议院、政界和报界推动殖民运动。他也是一个有条不紊的政客。在担任保罗·贝尔内阁的殖民预算处报告人的时候，他就与未来的苏伊士运河公司经理奥古斯特·达朗贝尔[2]一道创立了法国非洲公会[3]。我们还记得当他后来成为“殖民党”副国务秘书的时候[4]，方苏雅宁愿辞职也不肯听命于他。

在当选为国会副主席后，埃蒂安组建了对外事务殖民联合会，支持建立法国殖民联盟，并创立了《殖民快讯》杂志，而后在国会创建殖民外事常设委员会[5]。他也注意与参议院马赛尔·圣热尔曼领导的殖民联合会建立有效的联系[6]。

1. 欧仁·拿破仑·埃蒂安（1844—1921）。他的第二个名字是他科西嘉籍的母亲选择的。
2. 奥古斯特·达朗贝尔于1893年当选此职务。
3. 1890年。
4. 见43页。
5. 1892—1894年期间。
6. 这个机构后来在法国亚洲公会成立（1901年）以及摩洛哥公会成立（1904年）后日臻完善，最后统一在殖民联盟的领导下。

埃蒂安在议会和报界积极捍卫在法属殖民地发展铁路的提议。他将铁路视为统治和开发殖民地必不可少的工具。长期担任国会铁路委员会主席使他得以促进达喀尔—圣路易铁路以及河内—谅山铁路的修建。欧仁·埃蒂安支持一种观点：在阿尔及利亚推行的铁路政策照样适用于印度支那。对于这种主张，方苏雅毫不让步地加以评论："有些错误是无法避免的。云南铁路变成了殖民者团体的一块心病，其余问题都被置于这个中心思想之后。"

利奥波德二世对比利时所属刚果的吞并对殖民党的创始人来说是一个榜样。然而，比利时国王同样通过东方企业联合会在修建中国汉口—广州的铁路生意中持有股份。在欧仁·埃蒂安看来，云南铁路应该有助于巩固法国私营企业主的地位，以对抗在亚洲的欧洲竞争者。因此他积极行动，旨在不惜一切代价促进私有企业在法属殖民地的活动。法国印度支那云南铁路公司认真执行这些规则。档案藏有一封殖民部长写给保罗·杜美的信。在信中部长承认：杜美本人原想在铁路计划中通过一个量身定做的协议来帮助铁路公司，结果最终失去了对公司的控制权。事实上，法国印度支那云南铁路公司完全能够强加它的要求给殖民部和印度支那，尤其在现场人员的工资问题上。"协议书赋予公司通知总督定价的权力，而总督无权要求任何改动。"

欧仁·埃蒂安熟悉保罗·杜美，而总督在出席的各种委员会会议中[1]支持埃蒂安的论点。如同保罗·杜美一样，欧仁·埃蒂安在

1. 殖民事务、预算、铁路、农业和贸易、工业和殖民地、殖民地高层、军队等委员会……

他的职业生涯中有机会仲裁诸多涉及私人利益的纠纷。他于1901年创立了法国亚洲公会，该组织会集了保罗·杜美身边的印度支那殖民者的精英[1]。

在当时盛行的社交关系之外，殖民党还编织了关系网，建立了联接纽带。这些因素对于赢得像矿产和云南铁路之类的重大合同起到了关键性作用。方苏雅写道："著名的殖民主义者埃蒂安，前殖民部长，同时也是与英法企业联合会合作开发云南潜在矿业创办股的受益人，我尤其从他的言行中觉察到事实真相。我的报告被转给了埃蒂安先生。他在巴黎利用他的报纸和杂志攻击我，说我奇特的想象力无视云南的财富。而正是报界对这种财富的宣传吸引着英法联合集团的股票认购者。"同样，欧内斯特·鲁门，受杜美委托组织机密的布兰计划的人，不仅是殖民部[2]亚洲事务处的主任[3]，而且是国家行政法院成员、印度支那银行理事和法国殖民联盟印度支那分部的主席。他与法国印度支那云南铁路公司的经理马克西姆·热当来往密切。

尽管欧仁·埃蒂安[4]影响重大，他如今却不为大众所知，也没有收录在词典之中。如同第五共和时期那些曾在法国海外领地大有作为而鲜为人知的人物一样，第三共和时期围绕这个人物的沉默与他的历史重要性形成反比。也许现在是纠正这种现象的时候了。

---

1. 我们已看到，这个集团组织了欢送鲍渥赴中国任职的豪华宴会。见本书204页。
2. 当时被如此称呼。
3. 他曾顶着这个头衔来到广西，在龙州铁路事务中支持法孚—里尔铁路公司。
4. 一尊欧仁·埃蒂安的塑像陈列在1907年巴黎殖民展览会的现场。他是殖民党唯一被展出的形象。尽管他的塑像很宏伟，但值得一提的是，关于他个人和他的行为却没有任何说明文字(甚至没有日期)。

* * *

方苏雅接到保罗·杜美的一封信，杜美在信中命令他不要阻碍铁路工程的开工，并告诉他工程得到议会的支持。领事站在被地图和公文所困扰的约瑟夫·博韦面前说：我们甚至还不知道（他指着地图上的云南省）铁路从哪里开始！一条鸿沟将建筑方案与实地情况分开，泰奥菲尔·德尔卡塞应该明白这点。领事决定给部长寄去他对不同线路做出的比较和深入研究的结果。“有必要进行认真的研究。”他开门见山地说。

领事提供了几个方案，尽管已经有正式预定的线路——吉约莫多线路。方苏雅承认这是连接蒙自高原最短的线路，而且从战略上考虑，这也是最佳入口通道。但是他认为这条线路无法实现，原因是技术上的难度太大。因为这样必须离开红河进入向蒙自升高的新现河隘谷。“有一段路的坡道和弯道非常大，以至于从商业角度看几乎是没有价值的［……］；从这种观点看，完全需要进行重新研究。”卡伯什与他一样认为这条线路如果保持不变，有可能带来“预料之外的问题”。

至于这条线路的商业利益，方苏雅质疑相关报告的真实性。这个乐观的报告是弥乐石以前领导的里昂计划的产物。他现在仍是权威人物。领事重复强调这个地区的贫穷程度。他断言：“只是商业和农业运输在任何时候都不足以回报这条占地面积如此广阔和耗资巨大的铁路。”如果需要将赌注下在销售市场上，他认为更明智的是（如同他私下开玩笑的话）听从矿业工程师勒克莱尔的意见，根据未来矿产开发的情况来选择线路。“事实证明：通常是铁路依存于矿区，而不是矿区迁就铁路。”因此他提出第二条线路，位置略往东，沿着南溪河低谷，“经过阿密州[1]，以便在云南开发点什么”。第三条可供选择的线路（老街—临安—云南府）偏西面。这条线路比原定线路更短且难度更小，因为它避开了最险峻的路段。最后是更加明确的第四条线路（老街—元江—新平—云南府），朝东西方向，沿红河而上。这条线路的优势是逐渐向高原上升，因此“坡度更加缓和”，并穿过弥乐石汲汲以求的矿区。方苏雅还指出：这条线路的定位更加干脆地“封闭”了英国人可能考虑的铁路线。据推测英国人应该走思茅—云南府方向。

因为他知道任何不同于“吉约莫多线路”的建议都将遭到印度支那和殖民者[2]的谴责，方苏雅试图破除蒙自的神话。

诚然，这是一座开放的城市，无人不想得到其地域政治利益。但是奥赛码头错把它看作是一个商业中心。须知商品只是在这里过境，然后转口到其他地方进行交易。一位于利斯·比拉印度支那里昂公司的代理人最近告诉领事，他们一家分公司的花费颇巨的业务在那里面临“令人失望的萧条局面”。除了过度等待顾客之外，方苏雅从中看到了西方人固执地排斥与中国人合作的后果。使有经商传统的中国南方人蒙受这种耻辱，而且是在他们的领土上，这是非常失算的事情，是注定要失败的策略。“在中国开始经商，没有

1. 如今的开远。
2. 据他们看来，这座城市构成了铁路线上的自然中心节点。

别的方法，只有让中国人参与到欧洲人的公司的活动中。”方苏雅写道。再说这方面的竞争[1]已经在进行。

反之，蒙自是马帮路上的必经之地，马帮在这里与货物转口代理人和海关代表打交道。马帮进行鸦片生意，通过陆路直到东京，在那里换回棉纱，沿红河运往云南。

领事不是随便提及鸦片。大朵的淡紫色罂粟花在云南极其适宜的气候下，在大片的田地里开放。这些罂粟花的汁液具有令人垂涎的品质。方苏雅知道这个地区对里昂公司的吸引力与鸦片密切相关。于利斯・比拉在一封私人信件中向他承认了这点。“我们进驻云南就是指望这种生意。”几个月之后，在他的女婿弗拉松先生[2]的支持下，他甚至要求领事帮助他获得为保罗・杜美创建的鸦片专卖局[3]提供这种毒品的专营权。事实上印度支那设想用云南潜在的法国鸦片取代来自加尔各答的英国的大部分供给，这样更加近便并可提供一个更加稳定的价格。领事不理会于利斯的权势，他认为这个计划不会在他的外交职务任期内实现，尽管于利斯表示一旦事情不成首先是“他本人丢脸”。方苏雅的反应显然大大出乎人们的意料，因为很少有人敢对于利斯・比拉说不。“当地最大的财富——鸦片从我们手边溜走了。”于利斯抱怨道。

方苏雅向奥赛码头指出，人们猜想的英国人的意图其实已不复存在，对法国来说当务之急是不要冒进。他刚刚就此问题与利通

1. 即其他企图介入的西方强国。
2. 他也是印度支那商界的一个人物。
3. 1899年创建的鸦片专卖局是1897年创建的酒和水稻专卖局的补充。这三个专卖局是印度支那预算的主要收入来源。

(Lytton)[1]领事[2]进行了有启发性的会谈。利通领事感到惊讶。

利通有名副其实的冒险家领事的声誉，他非常了解云南省。他曾经是中英边界划界委员会的成员，担任过思茅领事，后来任腾越领事。利通是唯一进入过位于上缅甸与云南之间的蕴藏金矿的山区的欧洲人。这个地区敌视外来的掘金者。因此他头顶某种光环。在1898—1899年的冬季，他和他的护卫队中了边界土著设的埋伏[3]。

利通向方苏雅证实，英国人研究了三个铁路计划[4]，但是由于建筑成本和难度，所有计划都被放弃。他还向方苏雅透露，印度总督劳尔·柯荣放弃了修建连接八莫和云南的铁路计划。总督进一步肯定了他先前在仰光商会所做的声明。在这些声明中他表示“不明白为何要投入巨资建一条200匹骡子就足以承担运输的铁路线”。因此，英国威胁的紧迫感纯属想象。

* * *

但是，突然，一切都加快了速度。

蒙自的中国官员看到来参加铁路建设的西方人驻扎进他们的

1. 或里通 (Litton)，根据原始资料。
2. 英国领事。——译注
3. 利通受了重伤。一个英国同胞和护卫队的几个锡克人在事件中丧命。他做金子生意发了财的传闻对法国外交人员和军人产生了不可抗拒的诱惑力。
4. 英国人考虑过三条进入中国的线路：第一条从八莫经大理；第二条以昆仑走廊为起点；第三条往思茅方向。

城市，在离领事馆不远的地方。木已成舟：要修铁路了。

卡伯什到了，带来了他的会计布里德先生。这是印度支那公共工程部的财务人员，吉约莫多的朋友。据方苏雅看来，“他的性格很粗暴”。之后蒙自当局看到一位主要的施工管理员到来。他来自新喀里多尼亚，也是公共工程部的职员，曾参加过维亚尔计划[1]。在他们当中有一位邮政职员，他正赶往四川，去那里与在光若翰神父活动下建立起来的邮局合作。

当地民众注意到公司的医生叙勒大夫和化学工程师斯当帕先生。在他们之后是一大群制砖工和石灰煅烧工，他们负责在铁路沿线建造窑炉[2]和勘查工程需要的材料就地取材的情况。最后，中国人看到三组印度支那云南铁路公司的意大利籍承包商，他们是由维塔利伯爵招聘来的。维塔利亦携带妻儿而来。不久，31个欧洲人在蒙自定居下来。这是前所未见的事情。

蒙自领事很快就通知方苏雅，卡伯什有滋扰行为。一旦在城里住下，卡伯什就拒绝在前铁路研究使命的住地安置工程总指挥萨波罗夫斯基。敌对关系顿时就出现了。监理部主任重提布兰计划曾经的借口，即蒙自没有合适的住地。领事立刻向德尔卡塞驳斥这种理由。“有住地，并且现在绰绰有余。”

自从正式来到蒙自，卡伯什突然对方苏雅采取了一种与他来云

1. 吉约莫多计划的分支。
2. 石灰和砖建造的炉，约每15公里建一个。

南府时公开的中立立场形成反差的态度。他坚持强调他对蒙自的欧洲人拥有的权力，并且认为他的监理部代表的职务过于局限。他写信给领事说，他拒绝只充当传达人的角色，他认为自己除了本职工作外能够胜任萨波罗夫斯基和罗格菲耶的职务。铁路使人令利智昏吗？

方苏雅勃然大怒。在马斯计划失败后，这明显是又一个篡权的企图。保罗·杜美和他的代表想绕过行政当局而直接让道台（不是总督）和监理部门（不是外交机构）来处理铁路的问题。领事直接给德尔卡塞写信说："卡伯什要我为他放弃调停人的使命，而调停正是我的使命的目的。[……] 云南政府没有任何出让权力的表示，也没有表露让除他们和我之外的其他人来处理铁路事务的迹象。"在方苏雅看来，必须提醒卡伯什遵守规则。"我认为妥当的做法是要求卡伯什做好监理的本职工作。[……] 他的提议不可能被接受。"

这天晚上，领事与约瑟夫·博韦讨论白天发生的事情。他们喝着惯常饮用的普洱茶，膝上趴着他的暹罗猫。方苏雅决定，每个由印度支那派遣的官员今后必须用中文显示其姓名、职务和明确的职衔，以便杜绝在与中国官员的交往中越权。印度支那公共工程集团的反应随之而来。一场不公开的战争开始了。

卡伯什开始在他的上级吉约莫多面前诋毁云南领事。他指控领事破坏铁路计划，并且进行明显违反国家利益的活动。方苏雅以一封给德尔卡塞的信予以反击，信中呼吁要求相关人员遵守秩序。他强调，在中国领土上，只有奥赛码头的代表或经法律授权的私有企业有权行动。他在信中还透露了监理部得到过分的财政预算（25

万法郎的运转费）支持。整个情况显得超出常规。在监理部看来，从今以后云南是印度支那的领土。

正是为了反对这种以“光耀法国”为借口的侵略性观点，同时为了不给任何责难以可乘之机，云南府领事继续以他和平的方式维护法国的形象。

诚然，领事致力于在这座城市建一家医院和一所学校，然而他是在严格确定了目标之后才付诸行动。他采取灵活的策略，有意将这两个计划通知当地的中国官员。他们很欣赏他的举动。当时在云南建立的西方人的学校一般由倾向于传教的传教士[1]掌管，这样的学校实际上引起了中国官员的怀疑。但是，根据中央王朝的命令，地方当局今后必须在全省所有学校里加入“欧洲”科目的教学，这种举措迫使他们修改考试大纲。然而，方苏雅出人意料地宣布：新学校是非宗教的，并且在教授法语课的同时也设有中文课。“我对他们说，如果我们另外加入中文课，这［……］就完美了。不能忽视了孔夫子，让我们来讲授规范的课程。他们鼓掌赞成。”

这种以尊重中国文化为前提的中立学校的开放观念赢得了中国官员的赞同。于是他们提供了地方和一位中国教师。这是一种法国共和主义中立观念的移植。须知，当时政教分离的共和思想在法国本土[2]尚未被所有人接受。领事对医院也如法炮制，同样获得了免费提供的地点。很快他就满意地得知第一位法国中学教师不久

1. 英国人或德国人，大部分是新教徒。
2. 我们记得教会与国家政体分离的法律始于1905年。方苏雅走在了时代的前面。

将到来。

不久，爱德华·库尔赛勒(Edouard Courcelle)来到云南府领事馆。方苏雅接待了他，同时希望与他结成温和主义政策的同盟。希望破灭了。这个腰别手枪的年轻人一下子就让人看出他属于哪类人。他问领事他将得到什么待遇和名分[1]。领事私下气愤地说："他完全是个蠢货！！[2]这比我期待的一切都要糟糕得多！[……]这下要令人对我们的同胞失望了。"

根据得到的情报，之所以选择库尔赛勒是由于他与一个保罗·杜美的支持者有关系。此人叫奥尔茨，民族主义者，拉夏贝尔区[3]的议员。库尔赛勒起初在这个区做聋哑学校的教师，后来在印度支那海关部门工作了两个月，然后投身商界。经商失败后，通过奥尔茨的撮合，他来云南谋取这个教师的职位。奥尔茨曾做过保罗·杜美的秘书，后来担任过殖民部印度支那事务办公室副主任。库尔赛勒的经历引起了方苏雅冷漠的评价："殖民部是接纳法国本土废物的部门。"

领事被"这个家伙"玩世不恭的态度搅得不得安宁。他既不考虑他的使命的外交约束，也不考虑中国官员和普通学生的期望。这个中学教师不会讲中文，这也不要紧……但是他把对聋哑人的教学方法搬到这里的课堂上来！他声称要"改革中国家庭，改变中国人

1. 按方苏雅自己的话说。
2. 两个惊叹号是方苏雅标的。
3. 当时位于巴黎附近。

的社会状态”。他随便到上课什么都不带的程度，“不带钢笔，不带铅笔，不带入门教材”。

为了强迫库尔赛勒履行责任，方苏雅决定亲自收集教学用具。库尔赛勒的固执使领事担心他同中国官员对话的努力会前功尽弃。但是库尔赛勒照旧我行我素。“我要严格控制这疯子的举动，如果他发牢骚，我就让他走人。”领事在一封私人信件中说[1]。

在中学教师到达后，领事担心地等待着医生的到来。他在龙州的同行提醒他提防这个名叫巴伯齐厄 (Barbézieux) 的人。这个焦躁不安的人急于“到云南来看看有什么事可做”，而且他对外交人员“不怀好意”。这话不由令人想起笼罩在军事领地的思想状态。巴伯齐厄与他的团体一行六人来到云南。他将与他的夫人和两个女儿在城里安家。他夫人是个风趣的女人，但是在几年前失明了。与在蒙自的所有西方人一样，方苏雅立刻被他们的长女、十五岁的伊冯娜那少有的美貌触动。与医生同来的还有一位不大寻常的海军中尉遗孀莫埃勒夫人和她的女儿，她的哥哥不久后也会到来。莫埃勒夫人说自己是医疗助理和法语教师。但风传说她是巴伯齐厄的情妇。

在政治上，巴伯齐厄得到德夏内尔[2]和保罗·杜美的支持，但他根本没有得到奥赛码头的正式承认。作为医生，他却涉足新闻界。

---

1. 最终开除成为事实。后来顶替他的教师只是非常有限地弥补了办学的失败。这是一位文学和英语学士文凭获得者，也曾经有过经商失败的经历。他在谋得云南府教师的工作之前被一家英国银行辞退。
2. 保罗—德夏内尔 (1855—1922)。

他在巴黎领导《和平报》七年。来到云南，他大概还为《白色期刊》和《自由报》担任通讯记者。方苏雅对他的医术有些怀疑。不久领事就把他归为江湖医生之类，并得出“不可信任”的结论。这个巴伯齐厄“是一个危险人物”，他写道。

但是，在一个出类拔萃的女人凤毛麟角的男性社会圈里，这种“危险”由于他的女儿伊冯娜的出现而被淡化。这个美人似乎成为所有垂涎者的目标。虽然方苏雅对她的感情流露甚少，虽然他写下的所有文字表现了居于另一种考虑之上的责任感，但是无疑他并不是对这位年轻貌美的女子无动于衷，如同在蒙自的欧洲人小团体中的大部分男人一样。罗格菲耶毫不犹豫地将她称为“真正的美人”。领事向宋嘉铭打听情况，了解她是否有求婚者。他得知一位名叫诺埃尔的海关职员已朝这个方向做了努力，但是美人的母亲认为最好等她女儿到法定年龄十六岁再谈婚论嫁。宋嘉铭似乎对伊冯娜·巴伯齐厄也不是无动于衷。因为当这桩婚姻一时间尚无定论的时候，他突然开始关心婚姻法的法律条文的最新变化……

存在某种秘密。尽管不可得知方苏雅的内心活动和巴伯齐厄医生可能由于政治动机导致的不讲信义，我们注意到当医生女儿的婚礼最终举行时（保罗·杜美作证婚人），巴伯齐厄表达了方苏雅可能为此不高兴的推测。无论怎样，方苏雅必须与西方人阵营的所有重要人物和解，以便以最佳方式组织好他任期的下一个阶段的工作——铁路工程。这是一场真正的挑战。

日复一日修建铁路的人们

1902年7月1日的部长会议一致同意任命鲍渥为印度支那总督。他与外交部长的良好关系可能起到了决定性的作用。因为新总督后来为部长对于他的任命给予的大力支持表示感谢。至于导致保罗·杜美任期结束的原因不甚明朗,可能是由于他越来越不得人心(今天我们所说的“管理不善”),以及他的个人动机。事实上前总督也有意将他的职业生涯重新转向法国本土,因为在那里他可以得到更好的支持。方苏雅在日记中对杜美的任期做了严厉的总结:“杜美的印度支那充满不满情绪。[……] 他却说:‘印度支那以前什么都没有。看看,我把它改变成什么样子。’他挂出了标签,而装商品的瓶子里什么都没有。不,留下了破败的残局。因为要粉饰这些标签,他耗资几百万。[……] 但是他在所有这些计划未实现之前就走了,还说一切都做了,只管继续往前走就行。”这个观点得到消息灵通的政治圈内人士的赞同,只不过他们不愿表露而已。由于政治传统,同样因为身处这个竞争激烈的领域,生存的本能迫使他们谨慎对待这个前程看好的强人。

方苏雅遗憾很晚才知道他的朋友鲍渥要去东京任职。他本可以利用保罗·杜美在职的最后时日,在铁路工程正式动工之前(预计11月),重新确定他与印度支那的合作。“杜美与我,我们可能会相互致以鳄鱼的微笑。我研究过这种蜥蜴类动物的亲密表示。”领事开玩笑说。他同时联想到巴黎的世界和他以前熟悉的巴拉圭的凯门鳄。

不久，领事高兴地接待了印度支那云南铁路公司的经理马克西姆·热当。方苏雅欣赏他公正的思想方式。热当不停地来往穿梭于公司在巴黎的总部、河内的分部和人们夸张地称之为“蒙自办事处”之间。终于可以与一位有明确动机的对话者研究创建铁路的条件了。因为热当带来了他的团队，考虑到领事馆相对简陋的条件，领事指示尽可能体面地接待他们。博韦将此意翻译给中国佣人，他们之前没有接待数位西方人的经验。方苏雅喜欢整洁。为此他指望欧叶妮[1]保证按照他的习惯，以细致的西方标准保持房间内的织物和客人制服的整洁。欧叶妮是负责洗烫衣服的职员，已经在领事馆工作了一段时间。

法国铁路公司经理在云南府的逗留引起了轰动效应。马路上的人聚集在领事馆周围。15天内，马克西姆·热当与四个工程师驻扎在云南府。工程师中有引人注目的奥托·冯·卡普·居勒施泰因[2]。

这个被方苏雅称为“恺撒的朋友”的德国工程师与威廉二世有着极好的关系。乔治·维塔利根据他父亲的建议支付这位工程师的工资。他父亲认识这位德国工程师的时候，正值他们在奥斯曼帝国塞尔维亚设计通往巴格达方向的铁路。这个项目的研究从理论上讲与云南铁路有共同点，铁路都要穿过干燥的、部分起伏不平的

1. 欧叶妮，法国人，领事馆里唯一的女人。这是一位长着栗色头发的年轻女性。她算不上“真正的美女”，但是有别于一个普通职员。有几张她与方苏雅在一起的照片，她身着裙子，白色的襟饰上别着胸针。人们可能会觉察到他们之间的某种默契。虽然无法证实，但他们的关系超出雇主与雇员的界限也不无可能。一封方苏雅给他的朋友鲍渥的信的附言证实了这种假设。“您问我照片中在我身边的年轻女人是谁。唉，我亲爱的朋友，您的好奇心太强了！”这张照片中，无论他在伊冯娜·巴伯齐厄或是欧叶妮身边，结论都是一样的。

2. 奥托·冯·卡普·居勒施泰因 (Otto von Kapp zu Gültstein，1853—1920)。

地区。冯·卡普在很年轻的时候就指挥过开凿科林斯运河的工程。这是一位钟爱铁路的人，他的座右铭“我说了算”[1]表现出决断的个性。有一支优秀团队作后盾，热当一来就表现出投入紧张工作的意向。互相介绍的礼仪过后，一个内容为集体研究和实地考察的日程安排很快被拟定出来，这当儿甚至连待客的茶杯里的水都没有凉。随后一系列会议在领事馆召开。

所有西方人的穿着都无可挑剔，清一色旅行装和探险者戴的头盔。但是他们一律可笑地身着白色衣服，在当地这是服丧的标志。工程经理萨波罗夫斯基主动从蒙自赶来参加讨论。然而热当遗憾监理部的人认为没有必要来迎接他们，要是他们在场就可以逐项进行直接了当地审查。与方苏雅一样，热当意识到监理部对铁路公司的监督有可能令人无法接受。而卡伯什又是按照保罗·杜美的指令行事。其实监理部主任后来也承认：“印度支那公共工程部的指令与法国政府下达的指令不一致，与巴黎做出的安排不一致，与对铁路公司所做的声明不一致。”此外云南府领事诧异地发现印度支那当局并没有将临时规章和计划附属的指令传达给铁路公司。“工程师们抵达云南，”领事写道，“而并不知道中国官员和我之间确定的有利于他们的立场。”这种貌似草率行事的举动给人的印象是云南府没有做任何有利于工程开展的准备工作。有人试图将错误归罪于他。为了说明情况，领事起草了一份对形势的陈述报告，在将报告递交泰奥菲尔·德尔卡塞之前，他让热当也在报告上签了名。

---

1. 即“我坚持我的看法”。

然后工程师们和领事开始仔细研究既定的线路（吉约莫多线路）。方苏雅指出吉约莫多线路的错误和缺陷。他陈述了他的取道阿密州[1]的备选计划，这种选择在此期间被印度支那公共工程部主任著名的吉约莫多所否决。“这个方案被宣布不可取，但从没有人去实地看过。”领事在他的私人信件里写道。在七位客人面前，他在会议桌上摊开他画的地图，上面清楚地标注了主要障碍。热当和同伴走近来俯身细看。他们突然意识到实际情况“远不像在法国被人描绘的”那么简单，相反现在他们面对的是“一条从各方面看都令人惊怵的线路”。事实与杜美在国会上的论点相去甚远：他竟断言说云南铁路计划不存在特殊困难。困惑显露在新来者的脸上。为了避免不公正的反对意见，方苏雅坚持去看现场，用地图来对照要穿越的实际地形。人们立即在领事馆的院子里进行这次视察必要的准备工作。

第三天，领事将领事馆的管理工作交给博韦，便与铁路公司的团队出发去考察既定线路。鉴于实地存在的困难，一行八人尽可能地跑完了既定线路。时值盛夏，他们手持地图和仪器工作。工程师们大吃一惊。尽管萨波罗夫斯基有29年在不同国家修建铁路的经验，但是他从未见过如此艰险的地势和如此不准确的地图（吉约莫多的线路图）。领事记录道：“我沿途专心地［……］查看所谓的地图。与实地对照，［……］地图绘制的河道的走向似是而非，或者根本就不存在，有些州府的位置［……］被弄错了一至两个河谷。然后考察队沿着我考虑的线路的一部分走。对比是惊人的，热当连同

1. 如今的线路。

萨波罗夫斯基显得为这条线路的优势感到震惊。”

回到云南府后，马克西姆·热当和方苏雅对他们共同做的考察进行了一个总结。他们在各方面达成了一致意见。临走之前，铁路公司经理进行了最后一次核实，他用领事提供的来自中国人的地图与自己的测绘图做了对比。结论不容置疑。他表示对不可行的既定线路留下惊人的不良印象[1]，并用电报通知了制定线路的人。吉约莫多很恼火，他固执己见，坚持认为唯一不可行的方案是领事提出的已被印度支那经过研究后否决的线路。这种反应激怒了领事。“我再说一遍，从来没有唯一不变的研究方案，没有一种未经仔细研究就判定为可行的方案被执行过。[……] 印度支那的图纸设定为唯一可行的线路不成立。”方苏雅至少成功地使热当和一部分法国铁路公司的成员意识到狂热的殖民者们坚持的方案是如此棘手和难以操作。“马克西姆·热当掌握了具体可见的和不能否认的事实，这种事实是想象不出来的，只有在实地才能看到。”

西方的现代文明闯入了中国内地。铁路公司代表团在领事馆的逗留也使云南府的居民大开眼界。西方人骑着早期的自行车来往穿梭于城市的街道上。方苏雅用胶片抓住了他们迷惑的眼神。

* * *

回到巴黎后，马克西姆·热当向董事会做了汇报。紧接着，领

1. 即：留下负面印象，或对缺陷感到惊讶。

事诧异地得知铁路公司要求免税引进建筑设备。领事与云贵总督商议，总督告诉他这属于中央王朝的权力范围，因为涉及国家预算。习惯很快得到满意答复的铁路公司等得很不耐烦。北京的赞成意见终于到了，不过是几周后的事情。

萨波罗夫斯基同意与方苏雅一道进行一系列研究，尤其为了避开蒙自的卡伯什。他们又一次赴实地细致考察了既定线路。工程总指挥指出的施工难度促使领事给德尔卡塞部长又写了一封详细的报告。萨波罗夫斯基面临计划施工地段的险恶地形，尤其是朝蒙自方向上升的路段。“那里要进行浩大且非常耗资的工程。”领事写道。这条铁路线，方苏雅警告说，将可以列为最艰难的工程之一。他指出：与卡伯什一样，萨波罗夫斯基担心意想不到的财政困难[1]。他还提醒道：工程师维亚尔[2]自己也承认造价的预期与实际情况不相符。领事还指出：预期的经济盈利是幻想。仅凭一个铁路网，云南的煤无论如何也不可能代替海防港的日本和澳大利亚的煤。云南的煤单运价每吨至少约合40法郎，而竞争者的卖价是20至30法郎[3]……

运用这种比较很有效。以这样的交易去哪里找买主？德尔卡塞对文件如此批示：“抄送殖民部。转送共和国总统审阅。”但是法国行政当局难以接受这一事实！档案显示方苏雅的报告直到六周后才转到国家总统手里。以历史的观点看，无论如何法国政府高层

1. 他写信给罗贝尔·德·比利加以说明：“计划规定的价格为1亿500万，而从实地看需要1亿5000万至2亿。”
2. 他参加了最初的“研究”。
3. 同样以每吨计算。

对云南铁路问题上法国承担的风险评估是心知肚明的。但是法国还是不顾一切地投入冒险当中。然而方苏雅的干预无疑有助于铁路公司在财政方面采取折中态度。因为铁路公司最终同意将预计的工程总费用分成几个部分，定期支付研究费用和用于总开销，这样可以指望（在理论上）更好地控制成本。

其间，保罗·杜美发布了一个关于印度支那的情况报告，为自己作为组织者为国家创造的业绩歌功颂德。方苏雅提醒奥赛码头：此报告含有攻击政府对云南实行的政策的内容，还体现出总督坚持将云南纳入他的权力之下的目的。即将离任也不能阻止保罗·杜美精心策划他的对抗行动。他的怨恨此时因为得知云南府领事在约一年前针对雷纳尔事件的大胆行为而加深[1]。

我们还记得这个中尉的不正当行为被提到部长会议上。但是他们没有做出任何处分决定，甚至姑息养奸，因为雷纳尔又加入了布兰计划——一次政变未遂的行动。云南府领事被政府的无动于衷所激怒，便提醒印度支那总督此事的利害关系，然后又给陆军部长写了报告。前所未有的行为！严厉的安德烈将军被领事大胆的越级行为所震惊，于是通知了共和国总统。一段尴尬的时间过后，材料最终又回到奥赛码头手中。

外交部长认为他的权力受到了嘲弄。“他怎么能直接与陆军部长联系？”德尔卡塞大发雷霆。领事的行为被当作丑闻传播，事态逐

1. 见133—135页。

渐由雷纳尔事件转变为方苏雅事件。难道要沉默直至放弃才能被视为一个法国外交界的合格代表吗？对这个事件的一系列官方反应告诉我们是的。裁决呢？等了七个月才得到最终的决定——沉默。

方苏雅不知道他以坦率的严厉态度要求惩办当事人的报告在政府部门之间周转的过程。在交换意见和表明立场之间的时间间隔表现出政府明显的为难态度。档案还保存了意想不到的线索。信件草稿证明：安德烈将军遵循一种严格的道德规范——军事杰出人物的道德规范，他知道领事的请求是公正的。安德烈将军与方苏雅领事的意见大体相似。对于德尔卡塞来说也同样如此。但是这种真相不能明说。因为牵扯到杜美，关乎国家利益。这期间无疑有过多次讨论。政府最终选择了对它来说最适合的解决办法——息事宁人。而这是方苏雅很难接受的，他无法容忍这种特权。

随着雷纳尔免于受罚，失望开始笼罩领事的心灵。他越来越感觉到生活在一个价值观被颠覆的世界。在这个世界中布兰和雷纳尔之流占据上风，而他被告知他提出的问题是不合时宜的。

* * *

不久后，领事接待了邢[1]道台和魏[2]道台的意外来访。这两人是当地对外关系办公室的领导。他们的轿夫急促的脚步声只能说明发生了意外事件。邢和魏带来了云贵总督的消息，事关违反滇越铁

1. Xing音译。——译注
2. Wei音译。——译注

路规章的新的问题。在蒙自，一些土地（1公顷半面积）未经许可便被罗格菲耶领事谋取作为铁路公司用地。占用土地之前没有任何买地的请求交到方苏雅手中，然而他是与中国官员进行这类交易必须通过的中间人。这些土地上甚至已开始施工。虽然领事努力保持镇定的态度，但是面对这种无视他们所有人存在的行为，他的眼里还是透露出惊愕的神色。

作为对云南当局抗议的回应，罗格菲耶直接向北京朝廷陈述问题。朝廷提醒云贵总督不要轻举妄动。对于一种等级制度和礼仪极其严格的文明，这样的行为相当于一种侮辱。面对云贵总督的抗议，方苏雅完全措手不及。"我声明是他们[1]告诉我消息，而我像一个别人不屑理会的笨蛋，或者像一个背信弃义的骗子。"他很丢脸，而这是由于他蒙自的同行犯下的错误。马克西姆·热当得知消息后，个人向云贵总督表示了歉意并提出支付一笔赔偿金。但总督予以原则上的拒绝。这是对广为传播的中国官员经不起贿赂的陈词滥调的又一次驳斥，铁路公司经理应该记住这个教训。而蒙自的民众只等一点火星就会发泄他们的愤怒。虽然方苏雅做出努力，但铁路公司没有寻求和解，而是反其道而行之。云南方面也绝不出让有争议的土地。铁路公司从巴黎威胁云南，如果征地受阻将要求补偿。铁路公司引用1901年6月15日的协议。根据此协议中国应该提供修建铁路所需要的土地。在他们看来这就意味着无偿赠予。

无偿赠予是一种空想，因为中国政府必须赔偿未来的铁路要经

1. 邢和魏。——译注

过的土地的主人。意识到涉及用于生产粮食蔬菜和坟地的土地构成的尖锐问题，方苏雅曾建议：铁路公司先行支付占地费用，然后再由中国政府偿还。但是中国政府对这个建议无动于衷。实际上，铁路公司自恃有在修建奥斯曼铁路网时的成功经验，不愿接受赔偿的原则，试图逃避责任。一名工程师甚至感到奇怪，因为在印度支那修铁路无须考虑占地是否有主人；至于负责修建京汉铁路的公司则拥有“所有想要的便利条件”。

人们无法想象更典型的傲慢与无知。在这片中国的边境地区，农民依靠水牛的帮助在狭窄的平原和山坡上获取稀少的耕地，就像他们的祖先一样代代相传。在云南，肥沃的土地弥足珍贵，而仅有的还要面临欧洲铁路计划的威胁。

由于与他的主任秘书一起熬夜翻译文件和给巴黎发电报，方苏雅筋疲力尽。他进行了大量活动来维持中国官员尚对他给予的信任。他同时通知贡斯当，以便后者能在国会转达他的观点。“想象一下这种局势是否可以忍受。我害怕这里我要履行的职责。我们可能在稻田边，在每块岩石的拐角处（这是更经常发生的情况）遭到攻击，我们可能时时刻刻面临触发武力远征的局面。您比我更清楚由我们发动军事行动的危险。”最后，铁路公司转向印度支那总督要求提前支付修建铁路需要的资金。这是一个他们自然要急于抓住的机会。德尔卡塞很担心，一方面担心投放中国市场的印度支那债券所承担的风险，另一方面担心奥赛码头受制于殖民部和印度支那。为了表示外交部的态度，德尔卡塞将罗格菲耶调往巴西以示处分。

罗格菲耶将愤怒转向方苏雅。最后为了表示轻蔑，他没有通知领事他动身的确切日子，更没有按惯例向其告辞。领事高兴地得知无需再与他打交道。“他走了，谢天谢地！”领事在私人信件中写道。蒙自领事被巴伯齐厄医生和莫埃勒夫人控制。后者可能已成为他的情妇。“这个可怜的小伙子，”他评论道，“真是没用。”

随着弗勒里—纪尧姆 (Fleury-Guillaume) 商号在蒙自安家落户，蒙自的欧洲人小团体不断扩大。这家先前在老街落户的企业，现在开了一家餐馆、一家由中国裁缝坐镇的成衣店、一家修鞋店，甚至还打算建一家宾馆。

占地事件暂时平息。方苏雅得知，卡伯什为了彰显其监理部主任的重要性，想在铁路公司驻地附近修一条大道。他准备用中国官员提供的资金的结余来做此事，无视经费的本来用途[1]。领事反对这项毫无必要的计划。卡伯什在抱怨受到不公正对待的同时给云南矿业联合会写了一封信。在信中他要求实现这个计划[2]。

方苏雅给德尔卡塞写了一封信，对他说蒙自屡屡进行这种冒险活动会构成一种危险。“我请求，”他写道，“有更大的自由来处理棘手的事情，我会相机行事并保持必要的谨慎。”这些具有十足中国式节制态度的建议得到奥赛码头的赞同。但是他也面临卡伯什、吉约莫多和杜美串通一气的反应。他们指责领事的“无端攻击”和“想

---

1. 这笔资金专用于资助与铁路建设有直接关系的建筑活动，绝不能用于装饰和奢华的工程。
2. 他甚至详述了这条长450米、宽20米的道路的占地面积。

象力”，一致呼吁在云南府重新任命一个“以国家利益为重的，没有因仇视印度支那而丧失理智”的领事。卡伯什对方苏雅说：“我不认为我应该对由你们导致的铁路谈判的拖延和障碍负责。”失望之余，领事向罗贝尔·德·比利坦言：“现在对我来说是一个觉悟的问题，我投身于一个我在内心深处认为**非常**[1]愚蠢的事情。”

在这种局势下，助理医生和药剂师的到来对领事来说是一种真正的鼓舞。这两个人是他亲自在东京为云南府的法国医院挑选的。由于他与中国官员的良好关系，领事叫人在城门口张贴了这个免费诊所开业的告示。他的创举获得极大的成功。不久他就看到众多衣衫褴褛的穷人蜂拥而至，他们如同“一群从乞丐王国里放出来的人”，以致局面难以控制。

* * *

方苏雅忧虑重重。他必须过问为修建铁路招工的问题。然而中国西南部频频发生骚乱。广西和云南边界也受影响，人人自危。“动乱［……］在扩大，他们觉得苏将军无能为力。”领事写道。一种近乎1900年动乱前夕的气氛此时似乎又来临。中国人说这种时期并非偶然，此时的混乱往往同时降临在自然界和人类社会中。1902年末，继一场饥荒而来的是少见的雨天。随之而来的是无政府状态的移民，而暴动如同无法预测的地震般咆哮。在四川省，邦·旦迪领事和光

1.“非常”一词原文首字母大写是方苏雅所标，以示强调。

若翰神父必须面对动乱者拥向扬子江的主要流域。动乱、劫掠、凶杀在他们身后留下了2 000多具基督徒的尸体。然后民众的愤怒更加广泛地转向外国人。在一封给方苏雅的信中，邦·旦迪解释了义和团的理论迅速成功的原因。这在于他们使四川人坚信“外国人威胁他们的独立，要征服他们和强占土地资源”。他将中国人的这种“观念”与下列理由联系起来：法国的外交人员很难抵御投机商人和“某些理论家的无稽之谈”的诱惑，因而与他们同流合污；西方人对其意图的宣言经常与事实不符；中国老百姓需要发泄的方法和途径。

随着信件和电报的传递，一系列令人不安的消息证明云南不安全因素的增加。一名中国官员被有组织的团伙在蒙自至河口之间的地域杀害。一个被派出进行铁路考察的法国军官被强行夺走武器。在印度支那，老街至安沛之间的路上发生了两次武装入侵。

在这混乱的局势下，驻河口的领事通知方苏雅，马尔蒂达巴迪(Marty & d'Abbadie) 贸易公司的一个派遣人员在云南府，他来为铁路施工招聘第一批2 000至3 000个工人[1]。这个重要的印度支那企业，于利斯·比拉朋友的公司，在河运和煤矿开采领域牟利；而且它为印度支那专卖局在印度购买鸦片而获得可观的收入，也使得印度支那专卖局无须直接出面。

招募劳工成为一系列有待解决的复杂问题。经咨询，铁路建筑公司回答全线需要不少于40 000个苦力。领事目瞪口呆。这个被第一次提及的数字意味着计划的发起人需要进行大量的组织工作。

1. 这家贸易公司专门为铁路公司提供劳动力。

去哪里招聘这些人呢？他们在雨季停工时又能干什么呢？此外这会带来放纵的危险，因为这样一大群人可能会变得无法控制。

铁路公司估计能在云南民众中轻松地找到劳工人选，因为在平原上和沿着铁路线分布的山区村庄比比皆是。然而方苏雅指出：这是些农民，他们每年只有六个月的空闲时间。难道我们准备延长施工时间吗？此外，铁路引起当地人的恐慌，他们惧怕这种由火推动的破坏风水平衡的外国运输工具。然而铁路公司根本没有预见到这种情况。因此，需要小心地取得中国官员的帮助。总之，在当地招聘的劳工数量将明显不足。

但是铁路公司信赖吉约莫多的报告。吉约莫多认为四川、广东和广西的苦力强壮能干。如同用来描绘矿业和商业前景的现代流行语言，他将这几个省份说成是“几乎取之不尽的人力库”。领事持怀疑态度。如果取道阿密州和南溪河谷的线路得到认可，云南人毫无疑问不会愿意下到这个笼罩着恶劣气候和传染病的死亡峡谷去。根据热当先生的报告，铁路公司谨慎地决定只在法国招聘当地无法找到的部门经理和职员，以便“减少开支”和“避免水土不服”。一派温和而婉转的措辞。

在讨论招聘工人的当儿，博韦提到中国当局的一封来电。电报告知：逮捕了一个有110人的土匪团伙的首领，他们试图伪装成挖土工混入老街的铁路工地“进行破坏活动”。领事并不吃惊。但是这类阴谋必须被最大限度地遏制。于是他开始专注于研究未来的铁路建筑人员群体的组成。

这些劳动者将来大多数是挖土工、搬运工和派作各种用场的苦力。他们自然都是些农民。但是他们的队伍不可避免地随着被一份固定工资所吸引的大量人员的加入而扩大。这群人里有逃离动乱地区的士兵、加入过可怕的“三点会”[1]的印度支那与中国边境地区的“土匪”、逃兵、流动商贩、惯犯，还有乞丐。此外还有手工业者（泥瓦匠、铁匠、木匠、石匠），他们的技能使他们得到稍好一点的待遇。

这些劳动力必须通过中国的中介人招聘，中介渠道由中国官员胡乱管理。这些中介代理人形成一个混杂的独立社会，属行会和秘密结社（各种会）的范畴。按照传统，这些组织囊括了各种职业，为其成员提供保护，尤其是对病人、穷人和被遗弃者。这个社会近乎行会、秘密结社、政治集团，抑或是以行业划分并信奉各自行业保护神的普通民众的团体。他们所崇尚的习俗和道德标准从最好的到最坏的都有。铁路公司的一份公文承认：他们的代表充当了招聘工作顺利进行的保证人。这些无法回避的人物中有升迁未果的小公务员，也有退出军界的军事官员。他们尽可能地利用其关键地位来对未来工人的工资讨价还价，在铁路公司看来，他们的表现证实了关于中国人在谈生意时的狡猾诡诈的说法。

铁路公司告知领事，他们将利用在修建海防至老街的铁路时获得的经验。在那里他们已经充当了中间人的角色，铁路车辆供给商与顾客间的交易必须通过他们。这种中介交易方式也将适用于中国方面。公司为他们开发的铁路线对土著人[2]进行职业培训。只有工人中的干部必须由欧洲人担任。因为他们认为只有这样做才能实现

1.“三点会”是反清复明的地下组织，成立于咸丰年间。——编注

2. 那个年代的惯用语。

“严格”管理[1]。对于老街至云南府铁路线，干部将在印度支那公共工程部的职员中招聘，或者在维塔利伯爵选择的公司中产生[2]。

但是方苏雅不仅坚持审查工地人员招聘规定，也注意研究工地必然要面临的整体物质条件。第一个问题出现了：在吉约莫多线路的老街与新现河之间的部分无法找到建筑石料。这就意味着得用砖或水泥混凝土供泥瓦匠工作。因此需要保证这些建筑材料的生产，预先考虑运送方式。

此外，无论选择哪条线路，铁路穿过的山区都无法提供建筑构架和轨枕需要的木材。这些东西必须用金属代替。令铁路公司高兴的是有可能在位于红河两岸[3]的铁矿区生产这些材料。“对于法国的工业家来说，这也许是与同类机构竞争的机会。”此外火车站的建筑构架也将求助于东京和南溪河谷的木材。

在预定线路的大部分地区也没有沙子。只有在红河流域才能找到这种材料。在石灰岩山坡和平原上能看到的红砂石不适用。它显示出在堆积的崩塌物之上残缺的峭壁的易损性。地形结构决定了必须使用这种材料，但是应该尽量绕开这些地段，因为这种材料不能提供足够的稳定性。

总之需要重视自然的力量。云南府领事在外出期间不止一次

1. 在后面的叙述中我们将看到方苏雅如何评判这种“严厉”的管理方式。他将这种方式作为暴行来揭露。
2. 一般是意大利公司。
3. 东京的 Trinh-Tuong。

当场看到水位在几小时内涨了数米。由于有29年在各国铁路工地的经验，萨波罗夫斯基与领事持同样的观点：有必要增加支撑工程以阻止岩壁被侵蚀。铁路线需要穿过魔鬼般蜿蜒起伏的险峻地带，这已然成为工程师的噩梦。他在想象着爆破、穿透、整平、加固的工程。危险将无处不在。他预想着在这条线路上建单孔桥、高架桥和防止塌方的护墙。在与方苏雅一同考察期间，他观察到路堤边坡斜角异常的大[1]。领事提醒铁路公司重视兴建供劳工居住的简易住所。但公司不以为然，认为初期有窝棚就足够了。他们也考虑到运送器材的问题，打算用牛车搬运最重的物品，用马和人力对付其他东西。鉴于起伏的地形和多石陡峭的稀少通道，领事和萨波罗夫斯基明白：公司认为是执行计划日程中简单的内容，实际却是壮举般的工作。然而他们缺少一个基本条件：必须等待巴黎做出确定线路的决定才能制订更加具体的措施。

铁路公司不喜欢等待。等待就等于失去金钱。1902年的最后几周，他们擅自沿着他们希望被采纳[2]的线路安排了员工队伍。

方苏雅对这种违反向中国人和他个人所做出的保证的行为感到十分愤怒。他写信给奥赛码头的朋友罗贝尔·德·比利说："公司催促我对中国人施压。很好。但是让我要求他们履行契约？故作姿态[3]，这很容易。但是如果这些人回敬我'去你妈的'这类话，我们该怎么办呢？会有人支持我的立场吗？难道不会有人说是我

1. 路堤斜角经常达到45度。
2. 往阿密州方向的线路。
3. 即"摆架子"，"作态"。

玩火自焚吗？总之，我惧怕中国人这种粗鲁的回绝。”如此真实的言语让他付出的代价是遭到这位朋友的疏远。此人在野心的驱使下，每天都在刻意将自己塑造成一个完美的外交官。圈内人婉转地提醒他注意提防他的爱唱反调的朋友。罗贝尔·德·比利半提醒半威胁地回信建议：“您应该同意我的观点，注意收敛一贯外露的锋芒。”

方苏雅逐渐苦涩地严格区分开记忆中与罗贝尔[1]志趣相投的友谊和现在德·比利[2]先生的政治策略。他们的交流虽然也有风趣的话点缀，但更多的是只叙事实不加评论。曾经默契的幽默（如同他与鲍渥的关系一样）变得更少和更警觉。方苏雅心照不宣地写信表述：“我亲爱的朋友，您写信说不应该过于妨碍别人［……］。我请您原谅，亲爱的朋友，我没有认真听从您的建议。但是我感谢您给我的忠告。它给我启示，使我更加清醒。”

* * *

1903年底，方苏雅的身影在风雪的鞭击下依稀可辨，他的马艰难地行进在通往蒙自方向的岩石路上。他正穿越被称作“万阶路”的地区，一个无论冬夏都陡峭倾斜的人间地狱。他用笔描述此时无法拍摄的情景。“与埃菲尔铁塔的楼梯一样陡的台阶上覆盖着融化的雪，马、挑夫，所有人随时会摔倒。”

---

1. 称其名，表示亲近。——译注
2. 称其姓，表示疏远。——译注

在河内拜访了鲍渥之后，领事返回云南府。在河内，鲍渥轻松自如地穿着印度支那总督的行头。他细心听取领事的意见。大名鼎鼎的维塔利伯爵被介绍给领事，他路过河内，在此地小住。几天内，在他们身边，方苏雅又领教了商界的权力规则以及缎纹桌布和银制餐具的排场。这是另一个世界。新年的庆祝活动一过，领事中止了印度支那社交圈沉闷的舒适生活，回云南府独自继续他的使命。几乎有做不完的事情。回到中国，他感觉在竭尽全力支撑着一个计划，而涉及的各方却没能够明白其中的复杂性。了解更多情况的维塔利拒绝接受吉约莫多的线路，但是还没人知道什么是老街—云南府铁路的正式线路。

鲍渥的两匹阿拉伯坐骑加入了寒冷的旅行。它们高贵的步伐与不知疲倦的云南马的步伐形成对照。这两匹马中的一匹几乎经受不住路途的艰辛。得到马夫的报告，领事临时充当起兽医。“需要半夜在灌木丛中借助鸦片烟灯的微光打开马的肚子，清除使它窒息的液体。”手术成功了！游历过后，方苏雅与博韦重逢。博韦在极地般寒冷的领事馆里冻得麻木了。河内的舒适生活已远去，此时的他住在一个没有像样的窗户的屋子里。他试图堵塞所有的缝隙，并开始使用煤炉。结局是灾难性的：温度几乎没有变化，他和博韦却中毒了，头晕了好几天。领事的鼻子、喉咙和牙龈肿胀了两周多。为了取暖，他每天徒劳地烧掉10升煤油。难闻的气味久久不能散去。就是在这种艰苦的情况下，他对一个新的工具[1]产生了兴趣，这是一

1. 方苏雅对发明创造很感兴趣，这种性格特征一直延续到他的生命尽头。他自己设计了一些精巧的、经常出人意料的装置（例如，显示是否需要去邮箱取信件的旗子）。

台新近出产的打字机。他在一封首次用打字机打出的信件中说："这机器很有用，我在键盘上打字取暖。"

身体才恢复，方苏雅就重新与云南省政府联系。铁路公司和铁路建筑公司表现出不耐烦的迹象。云南当局坚持同时考虑铁路建设和经营的规章，并告知领事他们不反对在最初考虑的线路上做出改变。在当时混乱的局势下，信息显得尤其重要。领事用相同的、中立的措辞同时将信息传递给北京公使团、河内，以及奥赛码头。

不久，一件大大出乎方苏雅意料的事情从天而降。印度支那总督告诉领事，殖民部长[1]对他向云贵总督做的声明表示惊讶。据他的声明说，南溪河的线路"最终被选定"。事实上，对线路问题的沉默迫使他每天面对这个无法解决的难题。因此方苏雅奋起反击这种对他的行动的歪曲。他不明白为何殖民部竟代替奥赛码头表达情绪。为了表示拒绝接受有悖事实的游戏规则，领事直截了当地回复鲍渥："我没有做过任何声明［……］如果有人想坚持某条线路以达到无法修建铁路的目的（差不多可以这样说），那就直接告诉我。迄今为止，如果我们研究另一条线路——即使只是做简单的研究，也应该通知中国人。"

像是在跳奇怪的探戈，奥赛码头和北京公使团轮流表示应该由对方向领事下达指令。这种推卸责任的行为表现出巴黎当局对不得不正式批准放弃夏尔—马利·吉约莫多线路的难堪。吉约莫多

1. 加斯东·杜梅格（1863—1937）。

被视为不会犯错误的综合工科学校毕业的工程师[1]，杜美战略的旗手。这种推卸责任也表明在铁路公司、殖民部、外交部和殖民党之间的较量中未知的结果。它也唤醒了方苏雅对赔偿法孚—里尔的阴谋故伎重演的担心。"从1900年我就有所察觉，还记得我不断地给在北京的您写信吗？我曾提醒过吉约莫多计划是假的，他们要迫使您受铁路公司的支配。这下好了。"领事在给印度支那总督的私人信件中写道。抉择简化为要么采纳吉约莫多线路，冒着撤销计划和一笔沉重的赔偿金的风险；要么采纳穿过南溪河的线路，距离缩短67公里，这是唯一合理可行并可以减少股权担保负担的计划。

历史总是嘲弄人。最终铁路公司不情愿地承认：最初确定的线路有许多谬误。我们暂且举一个例子：出于技术上的原因，铁路的曲线半径不可低于75米。这促使夏尔—马利·吉约莫多忽而考虑穿过隘谷，忽而考虑绕过隘谷，全然不顾整体方向。虽然对吉约莫多计划有大量颂扬的评价，但铁路公司不得不承认："这样就导致了线路的延长和完全不正常的交错。结果是在最初17公里的线路上弯曲再弯曲，造成45公里的延长线。"

1903年2至3月间，铁路建筑工程进行招标。遗憾的是预期奔着这个大工程而来的候选人大潮并没有出现。于是工程被分成若干份，分包给12个由铁路建筑公司遴选出来的企业[2]。据方苏雅记载，奥

1. "综合工科学校毕业的人不能接受被人当场抓住把柄，他们想证明自己是不会犯错的。"方苏雅在私人信件中写道。

2. 这些公司有Bozzolo，Luigi Pelli & Cie，Valpreda，Schnebelli，Carelli，Lejeune，Waligorski……

托·冯·卡普深得维塔利伯爵信任，他在决策中起到决定性的作用。然而他的公平性受到质疑，因为他既是铁路公司领导部门的成员，又是“冒名瓦利高赫斯基 (Waligorski) [1]的承包商”。由于与“维塔利公司”[2]的协议，承包商都是意大利人。除了索雷尔先生，他是法国公民，负责云南府的区域。

第一批劳力大军在边界附近集结。所有应聘者都被录用来修建这条环境险恶岩石密布的铁路。衣衫褴褛的劳工以明显的轻蔑态度打量着西方招聘人员，因为他们什么也不怕失去。一些贫苦的农民来参加第一次试用。但是风传在12 600个候选人中大部分是不法之徒，他们希望抹去自己的过去，在更好的庇护下开始新的生活。大约有200个“土匪”混入来自广西的劳力中。铁路公司决定与重庆领事馆联合在四川建立一个劳工招聘代理处。

在河口，张贴的告示[3]提醒有罪犯混入工人当中，建议欧洲人外出需要有护卫队保护。作为回应，边境警察局长[4]无视杜邦领事的特权，派人张贴布告，宣布今后应聘者必须持有护照或由他主持发放的许可证。云南府领事认为一切都不会有明显改变……

铁路公司向方苏雅陈述了规定的工作条件。夏季，每日工作10小时，冬季8小时[5]。不实行年均8小时工作日。合同规定供给工人米和蔬

1. 见270页注2。——编注
2. 见235—236页。
3. 表面是建议在这种情况下保持警惕，实际是有意制造事端。
4. 布拉尔少校。
5. 夏季，工人6点15分上工，一直工作到8点，休息半小时吃早饭，然后工作到10点。第二次休息预计一刻钟，然后工作到12点。接下来吃午饭，休息到12点45分。下午，工作到18点，中间有15分钟的休息时间。冬季，作息表有所变动 (晚一个小时上工，早一个小时收工)。

菜。另外，每月两到四次供给中国制式半市斤肉[1]。他们的工资一开始定为每日80至100个铜钱[2]。然而，追求最少开支的铁路公司已经考虑给几个意大利工人更好的报酬，他们的工资将增加20个铜钱。相比较而言，手艺人将拿到200个铜钱。即使以最高的价格计算，铁路公司也承认："这里的劳动力是法国劳动力价格最低的地区价格的六分之一。"

今天，云南铁路以令人叹为观止的景象以及相关数字呈现出由这些无名者在十分简陋的条件下完成的壮举。在一条全长464.47公里的铁路线上[3]，数百万吨的岩石被挖掘，106 000根铁轨和630 000根轨枕[4]由8 000多匹牛、马、骡进行运输，然后由约40 000个中国人铺设（其中12 000人身亡）[5]。人们在这条线路上修建了3 577座桥、隧道，及其加固工程[6]。甚至妇女也被动员起来为大量的加固墙焙烧黏土砖。老街—云南府铁路是第一条中央帝国与国外连接的通道，它如同19世纪最疯狂的幻想一般横空出世。

谈判与阴谋

领事馆院子里开放的野兰花昭示了春天的到来。方苏雅在

1. 即300克。
2. 即每日0.20至0.25法郎（1903）。
3. 来自铁路公司完成的正式计算数据。
4. 共计52 000吨（比埃菲尔铁塔重6倍）。
5. 还有80个欧洲人身亡。
6. 即每130米铁路修建一个。

这里接待了云南矿业联合会的代表尼古(Nigou)先生。一时间，领事又想起1900年在伦敦时他向法国大使保罗·康邦解释他所知道的该联合会的情况以及云南的局势，当时大使先生感到很疑惑。

尼古先生坐在中国雕花木扶手椅上，搓着双手，向领事诉说他的困惑。他发现了一些事实，他的良心迫使他将这些事情说出来：有人滥用欧洲股民的信任。在一部分联合会领导成员的怂恿下，他所尊敬的领导人弥乐石[1]与某些中国官员一起合作，使人相信他手中掌握着可以任意支配的锡矿。他的行动像一块磁石一样吸引着巴黎和伦敦的投机者。因为“这可能是交易所回报最高的证券”，方苏雅评论道。主要是无论在云南拥有什么，都可以作为证券出售。金融市场全球化已开始运转。弥乐石的同伙将以共享佣金的方式卖掉几个二等矿[2]……于是骗局上演了。

反之，个旧是另一回事，一个真正的火药库。尼古给领事看了一张他实地绘制的矿产开采图。弥乐石的交易目前可能是取走一些“危险的沉降物”。此外，尼古谈到，提起弥乐石的名字会在中国官员中引起他完全无法理解的愤怒。但是凭借第一任蒙自领事的名声，弥乐石成功说服了一些巴黎的权威人士[3]赞同向个旧锡矿投资的主张。如同方苏雅以前告知德尔卡塞的一样，个旧的锡矿是不出售的，因为锡矿属国家垄断产业。然而，在以仇外动乱为特点的局势

1. 前蒙自领事。
2. 不是指锡矿。
3. 尤其是布尼耶（里昂矿业考察特使）、勒克莱尔（矿业大学）、埃利舍·贺科吕（地质公司），以及殖民部商务处的领导。

下，个旧以及周围[1]的居民比过去任何时候都警惕。如此优先购买的企图无异于在遍布整个地区的火药上点火。“个旧的矿工不会任人宰割。”云南领事说。这是一个后来被证明完全正确的警告。

尼古告诉方苏雅他决定向巴黎揭露这些阴谋。领事表示赞同，并在告别时宣布将采取同样的行动。既然尼古准备从内部揭发强势的矿业联合会的丑行，他应该支持。“这是一次纯粹的猛禽狩猎，如果暴露此事是一个冒失的行为，我甘愿冒这个险。”方苏雅给罗贝尔·德·比利写信说。

云南矿业联合会经理的傲慢似乎在这次事件中起到了很大作用。专横且易怒[2]的弥乐石其实很嫉妒他的同行弗洛芒—莫里斯（联合会董事会成员）的成功。此人凭借巴黎和北京的关系成功获得好几项日本的特许权。在这场两强相争的对决中，弥乐石渴望胜过对手一筹，无论风险有多大。

中国官员被激怒了。实际上弥乐石的这些交易只是许多其他交易中的一部分，其中有些是新近策划的。方苏雅试图向奥赛码头揭发这些阴谋。

此人经历复杂，其中一个正式的、讨人喜欢的（流传后世的）身份是法国在云南立足的先驱者，这使得他在巴黎出名；另一段比较暧昧的经历，只限于少数熟悉内情和了解云南的人知道：蒙自领事

1. 临安，现在的建水。
2. 按鲍渥的话讲。

最初从事走私活动。他与置于法国保护下的中国人合作，借助于一个属于后者的公司，通过边境两边的免税方式赚了大钱。这些行为一直刻在中国当局的记忆里。而现在事情又重新浮出水面。一个低级别的中国官员给方苏雅寄来了一封请愿书。这人是弥乐石的替罪羊，因参加这些走私活动坐了十年牢。“真可怜。”领事评价道。

觉察到弥乐石打锡矿主意的中国官员公开将他称作“老流氓”，并且再不愿意与他签任何协议。他们没有将他当作矿业联合会的合法代表，尽管他声称他以法、英双方正式委任的总领事的身份代表这个组织！对此方苏雅很不受用。只要弥乐石独自承担后果，方苏雅可以容忍这种篡权的阴谋。“他用鸵鸟的羽毛给自己加冕。让他做妇人们的总领事吧，但在合同里中国人不予承认。”方苏雅辛辣地评论说，弥乐石不具备应有的能力，他只不过是一个“无赖”，一个“福州兵工厂的前锁匠”。在尼古先生揭发的前几天，领事也接待了大批中国官员。他们来是为了请领事对一件涉及弥乐石的私人事件进行调解。弥乐石娶过一个年轻的中国女人。她属于回族首领马如龙家族。弥乐石想通过婚姻来发展他的关系网和他在云南的生意（已涉及矿业）。这个结合留下了一个孩子。他在离开云南之前曾承认过是他的儿子。仅几年之后他便回来了[1]。此时他的儿子已成为军官，并努力尝试见到他。对此弥乐石予以拒绝。“他叫人找警察将他儿子投入监狱以便摆脱这件事情。”方苏雅记录道。领事对此事感到震惊。“云贵总督、知府，以及所有官员都觉得这件事

1. 他毫不迟疑地重新利用马如龙的关系网来购买矿产。

情骇人听闻。”消息传遍了全省[1]，中国官员们抱怨不止。他们在这件事情中丢了面子。于是他们决定驱逐弥乐石并凑钱为遭遗弃的妇人提供一份收入。他们请求领事帮助这个弃妇获得精神赔偿。方苏雅坦言他不能公开干预弥乐石的私事。不过，他明确表达了他的谴责，并答应如实向外交部长反映情况。他信守诺言向德尔卡塞报告了“弥乐石抛弃他过去承认过的儿子这一令人发指[2]的行为”。在奥赛码头，如此大胆指责矿业联合会负责人的言论绝无仅有[3]。

* * *

“现在有一种几个月前未曾出现的莫名的紧张气氛。可以预感到要发生什么事情。”领事写道。在1903年的这个春天他感到忐忑不安。“结果将会怎样呢？”

云南府周围的农村麇集着临时拼凑起来的部队。在27天的时间里这些民兵被组织起来进行训练。所有不满四十五岁的男人都应召入伍。从广东和广西运来了武器。机关枪，甚至速射炮也出现在暴动队伍里。“他们像欧洲人一样操练，说真的，不赖。”方苏雅观察到。

新的云南政府严格的预算节制使大量被裁减的士兵非常不满。

1. 几个月之后，领事得知连云南最边远地区的传教士都听说了此事。
2. 那个时代的语言，也就是引起愤慨。
3. 方苏雅在私人笔记中将弥乐石同冒险家涂普义（1829—1912）进行比较。后者是那个时代（1873年）的军火和锡矿商人，安邺的朋友。他曾经抛弃过他的儿子……但是当他的生意情况允许时，他将其子带回了法国。

他们威胁要去加入正在朝蒙自和云南府行进的个旧暴动的矿工队伍。在这些矿工中甚至可以看到未成年的孩子。他们瘦骨嶙峋，衣衫褴褛。人们之所以雇用童工是因为他们身材矮小，便于在矿洞里工作。矿洞没有被加固，随时有崩塌的危险。

在法国本土，呼吁使用武力介入矿业的文章将这些中国人称之为没有理智的匪帮。但这有悖事实。因为实际上法国想得到的不只是锡。云南从事这种金属生意的大户人家进行多种商业活动，甚至建立了在特定地区内[1]非常繁荣的真正的商业堡垒。

法国人垂涎的正是这些堡垒。因为真正可望而不可即的是，除了锡和纺织业之外，他们还做盐和鸦片生意，而这两种可观的收入来源是不允许西方人介入的。

尤其是鸦片，令邻近的印度支那羡慕不已。他们很想在云南不动声色地于矿业和鸦片生意中大捞一把。法国的股民们不了解他们投资矿业的资本被如何操作。印度支那政府认为在买卖成功和相关生意公开化以后再让他们知情也为时不晚。中国人很清楚这点。他们将这种策略控制在痴心妄想的范围。如同方苏雅"觉察"到的一样，云南省的商业大户不会受制于人。正是在他们的资助和组织下矿工们才联合在一起。

矿工们刚刚取得了一场对付道台的部队的胜利。道台曾打算将暴动消灭在萌芽状态。矿工们不会让人抢走他们的矿石！外国

1. 他们的网络一直延伸至海防、广东和香港。

人就是敌人！大路上的强盗趁乱抢劫路上的单身旅行者，而云南府的居民准备一有号令就起来造反。中国官员们知道他们的权力遭到反对，但迟迟不采取行动。官员们尤其惧怕三点会的成员，因为他们得到全省众多拥护者的支持。他们当中的400多人夹杂在牲畜商人中混入城内。

冲击波在扩大。富有的银行家王（鸿图）是“云南最重要的人物”[1]，他可以影响矿业和铁路领域的关键人士。他告知方苏雅，他决定将他的全体职员武装起来。“他问我，”方苏雅说，“我是否可以用电报催促[2]他在法国订购的60支枪和20 000发子弹。这个订单由法国矿业联合会付款。”该组织考虑到他在当地矿业中的影响，坚持部分资助这批武器，以便为将来的谈判保留机会。但现在是民众运动时期。一些帆船在红河受到攻击，一些法国铁路职员在阿密州附近受到多次武装攻击。在这种局势下，方苏雅领事的责任是保证他们的安全。首先必须向他们发出警报。但如同1900年6月一样，领事馆处于与外界隔绝的状态，既没有电报也没有信件。面临危险的迫近，方苏雅派人骑马去见处于险境中的铁路职员。被派出的信使中只有一部分人得以发出撤退的命令，另一部分人受到攻击。“有人解开他们的辫子，拆开他们的衣服，为了寻找他们可能随身携带的信件。”唯一能控制进攻者的位置是一片高地，但云贵总督拒绝他们进入该地，因为那里有皇家墓碑。方苏雅服从这种限制并下令组织撤退以避免任何冲突。这在当时的情况下是少有的宽容的表示，也是

1. 据云南府领事看。
2. 即加速。

对中国文化理解的证明。

最后只有撤退，铁路公司的职员惊慌失措地拥向领事馆，携带着妇女和儿童。在最后一人到达后，领事馆的门随即关闭。“我这里有意大利人、希腊人、瑞士人、比利时人、土耳其人和地中海东岸地区的人，当然少不了法国人。”领事记述道。他哀叹这些人的怯懦。在他个人价值观的标准中，他将以下两种情况加以区别：一种是害怕的感觉(面对真正的紧迫危险所体会到的感觉)，他尊重这种感觉；另一种是他所称的“卑劣的胆怯”(当人们放弃理性判断危险时所体验到的感觉)，他鄙视这种感觉。他此时面对的正是这种“卑劣的胆怯”，好在他得以劝阻他们放弃向缅甸逃亡的计划。整个云南省的局势在恶化。正规军在个旧遭到失败，暴动者占领了临安。在“声明不要铁路的民众”的尾随下，暴动队伍同时向蒙自和云南府进发。在领事馆驻地的围墙外面，人群发出敌对的呼喊，同时散布关于西方人的无法证实的谣言。他们威胁说要烧死所有与铁路计划有关的人。5月21日，避难者当中的一人认为：“领事馆可能在四五天后被包围。”方苏雅要求大家保持镇静，并且说他认为凭借所有人的努力和冷静，他们能够经受住包围的考验。约瑟夫·博韦回报以会意的眼神。如同三年前一样，他帮助领事组织100多人队伍的后勤工作。这群人中的60人有作战经验。云贵总督提供了一批崭新的枪和5 000发子弹。但是领事知道城门随时可能关闭，因为它们被暴动者的同情者把守。需要根据现有条件来组织抵抗。他们决定设置街垒。在需要时由一个兵团的上尉负责指挥。总之，只要能供给水、食物和木柴，大家肯定能保持冷静。28日，方苏雅终于用电报[1]通知德尔卡塞：暴动者试图从东面和西面进攻城市。

1903年的这次暴乱的局势不同于1900年。眼下，领事认为法国可能的（局部的）干预也许有意义，如果包围时间延长，以至于中国官员请求他这样做的话。“因为他们在与一场他们对之力不从心的叛乱做斗争。他们中间的许多人希望得到我们的援助，并向我透露了这种意图。”这就是重要的区别。与后来此事在中国传播的观点[2]相反，领事完全没有为这种解决问题的办法感到兴奋，尽管这也许是最后的解救手段。1903年6月15日他向外交部长清楚地表明了意见：“显然我们的干预只能在不会对我们的同胞构成危险，并且中国政府同意的情况下进行。”意识到这样的干预可能造成的灾难性后果，他始终坚持节制的原则。然而巴黎和北京没有给他下达命令。电报石沉大海。在领事馆外面，人群继续在吼叫。领事馆内，男人维持警戒，日常活动照样进行，犹如巴别塔的画面一般。有位比利时人讲述他对德兰士瓦的回忆，有位意大利人提起加里波第战役。避难的家属感到烦闷。

皇帝从北京下令镇压暴动。但地方官员找不到可靠的部队来执行命令。造反者拉拢了正规军，从将军到普通军官。为了表示抗命，一位绰号叫“大驴”的将军甚至发电报表示正式拒绝。廷(Ting)[3]想表示强硬态度，下令处死最具象征性的叛乱首领周云祥

1. 通过一位中间人发出。
2. 出于意识形态的原因，19世纪末的中国人通常被描绘成粗暴的反外国人的抵抗者，而外国人则被视为暴力的拥护者。
3. 此处应指陆荣廷。——编注

(音Zhou Yun Xiang)。但是只有他的卫士愿意接受砍头的差事，而且闹事者的压力迫使当局改变了行刑地点。为了起到震慑作用，好几个叛乱头目带血的头颅被装在竹笼里，挂在领事馆的墙外示众。方苏雅用底片记录下这个场面。

负责保卫领事馆的马将军找不到任何士兵陪同前来，身边只有一个厨子。“我们忍不住笑弯了腰。”方苏雅写道。生活仍在继续，包围[1]期间发生了一些如同真正战斗一般的事件。一位年轻的葡萄牙妇女分娩，而一位出生于瑞士的法国男子死于肺炎。面对一些安南人的偷盗行为，不得不设置了一个临时监狱。更加令人意想不到的是，铁路公司的医生似乎在他私人的箱子里藏匿了偷来的物品。一场由铁路公司的一名监工发起的斗殴被及时制止。“我不得不亲自动手卡住此人的脖子。”方苏雅记录道。

这第二次穿插着寻常的人际冲突的包围给我们留下了好几张照片。在其中一张照片的中央，方苏雅在与他驯养的不寻常的宠物——豹子一同摆姿势。在1903年的中国，法国外交人员也有不同寻常的举动。

* * *

7月末，云南府恢复平静的状态，领事馆也解除了与外界的隔离。由老街—云南府铁路建筑公司指定的各个机构的负责人从法

1. 包围最终持续了一个多月。

国和意大利赶来。由于只了解吉约莫多计划的信息，他们在来云南府之前到实地进行了察看。他们被眼前的情景惊呆了。

阿尔贝·迪弗尔、维克多·普律多姆、弗朗索瓦·塔塔阿以及他的公司助理路易基·白利当着工程指挥长莱翁斯·居拜尔(Léonce Guibert)的面表达了他们的不满。他们用气得发抖的声音申诉：他们发送了大量的设备到印度支那，但是他们认为在条件如此恶劣的场地上无法建造工地并展开安装工作。如果南溪河流域的暴乱没有被平息就更是雪上加霜了。他们哀叹困难被低估了。此外首份招工总结报告显示，“在这个地区难以找到劳力”，并且“我们找到的少量苦力要么死在这里，要么无法在这里待下去”。

的确，南溪河[1]地区以环境凶险而出名。红河在这里的绝壁间流过，令人眩晕的峡谷由混合着石灰石、黏土和胶泥的岩石构成。地面深陷陡壁之间，饱和的湿度[2]使酷热变得难以忍受。幽灵般的雾气笼罩的热带峡谷为微生物和寄生虫提供了理想的生存环境。直到修建铁路之前，渺无人迹的山谷被异常茂密的植被遮蔽，其中交错生长着树木、藤本植物和蕨类植物；在这使人透不过气来的、充满敌意的青翠之中，隐约可见将人类视为闯入者的猛兽[3]。由于大量病死的人和没有移走的尸体，当地以风水不好而出名。按照当地信仰，

1. 位于从老街出发约45至104公里处。

2. 超过80%。

3. 如今，铁路线周围的景色仍然大量保留着令人赞叹的原始特征。可能就是在那里，方苏雅捕获了他的豹子。

死尸的灵魂经常在河边出没。由于不知道是疟疾[1]所致，对于这些偏远地区的贫困的中国人来说，这种病代表当地的厄运。就是在这里外国人决定让带火的车经过！只有鬼佬才想得出让成千上万的工人在这个要命的地方劳作或逗留！历来人们只有在绝对必要时才会经过这里。

莱翁斯·居拜尔不在乎这些客观条件。只有目的才是最重要的。他宣布必要时到其他地区招工。为了更有效地处理问题，他决定独自住在云南府领事馆。方苏雅不得不忍受这种僭越。他写道，此人矫揉造作，口蜜腹剑。领事和他的主任秘书刚刚习惯了他的存在，由印度支那总督派来的矿业计划的人员就也在领事馆住下。这种失礼的做法令方苏雅想起保罗·杜美的方式。领事质问："你们难道不能通过办公室通知我你们的使命吗？我总应该知道在我这里发生的情况吧。"对莱翁斯·居拜尔来说，他倒是对这种巧合喜出望外。该计划的负责人，综合工科学校毕业生朱利迪尔，通知他法国云南铁路公司将完全认同他的结论。方苏雅注意到在他们的谈话中，居拜尔毫不犹豫地歪曲了真相。工程指挥长高兴地发现，在派遣人员中有一位朗特诺瓦先生是他同届的同学，并且是他哥哥的朋友。他指望昔日的同学能够在未来的报告中做出有利于他的结论，为此他像雄鸟对雌鸟献殷勤般地奉迎朗特诺瓦，以期获得对方的支持。"他还提出让朗特诺瓦睡在他的床边的位置，"领事用讥讽的口吻在给鲍渥总督的信中写道，"我做了[2]合乎道德的住房分配，并

1. 这种病的发现在当时是新事物，可追溯到1898年2月。
2. 意思是"我进行了"。

且提醒朗特诺瓦提防有人企图诱惑他。”

这种出于职业道德的预防措施带来了成效。朗特诺瓦的严肃态度得到方苏雅的赞赏,他交出了一份对于云南矿业准确务实的报告。然而他谨慎的结论与他的同行以及……弥乐石的热情洋溢的报告比起来,对巴黎当局[1]的影响甚微。

* * *

蒙自的情况不妙。宋嘉铭在他的领事职责中又增添了为铁路公司招聘劳工的任务。铁路公司希望他充当南溪河地区的承包商与中国代表之间的中间人和翻译。铁路公司刚刚在那里损失了15个人,其中有意大利矿工,他们成为气候和穿着不当的牺牲品。方苏雅开始相信:在铁路事务中,不成文的法则促使人们无须忠于职守。外交官怎么能为私人企业效力呢?在他看来这事关“尊严”问题。

方苏雅试图从蒙自领事那里了解更多的情况,但是徒劳无益。他通过快速调查得知:一段时间以来,天真的宋嘉铭被铁路公司对他表示的信任所迷惑,以致“完全被这家公司所控制”。事实上,在最近云南省的暴乱时期,他执行工程指挥长授意的政治决定,放任铁路公司人员的阴谋活动,在危急关头擅离职守。宋嘉铭甚至与叛乱分子的首领周云祥联系,表示愿意接待他,并提出为他提供护照,

1. 矿业联合会、奥赛码头和殖民部。

以便他在必要时向东京逃遁。面对如此行为，城里的中国官员竟然猜测，全体法国外交人员都收买了这个可怕的匪首，以期得以幸免于难，他们不相信方苏雅的无辜。如何对付如此具有欺骗性的表面现象？在蒙自的中国当局眼里，方苏雅已失去信誉。尽管如此，领事还是发现宋嘉铭和铁路公司的另一个极其危险的举动。在严重暴乱的局势下，宋嘉铭居然帮助居拜尔招聘了40 000名苦力。然而铁路的最终线路并未决定，同时招聘也未经授权。结果有450多个工人被拒绝进入工地。他们没有生活来源，四处流浪，满腹牢骚，要求中国当局为他们的悲惨命运负责。“您能推测到接下来的事情！”方苏雅写道。他们不可避免地走上了犯罪的道路。

铁路公司采取了不正当的手段。他们执意要减少停工时期造成的损失，催促分包商加紧工作。可以看到在一些场地上堆积着设备，一些承包商在那里进行完全非法的建筑工作。但是铁路公司同样试图引起事端来使适用于动乱情况的第58条法律条款生效，目的是迫使印度支那给予赔偿并给法国的武装干预找到理由。他们差一点就触发无法控制的恶性连锁反应。

方苏雅十分恼火：“我提醒居拜尔他有一条铁路要建，对宋嘉铭说我知道他的领事馆仍然是外交部的领事馆。”宋嘉铭为他的动机辩解说，铁路公司在蒙自占有十分之九的法国股份。云南府领事只得向他的部长报告。

然而，两个法国外交官必须面对一个更加棘手的新问题。作为普通的领事，他们不能对大量驻扎在蒙自的意大利承包商行使职权。这些人开始以不断扩大的骚动来显示他们的不满。虽然方苏雅是铁路事务的代表，但他从1899年起就在等待名誉总领事头衔的正式任命。此外，如同他在1906年才完全明白的那样，即使承认这个由外交部特制的人造头衔[1]，也并不等于授予他总领事的管辖权。而在当前情况下只有这种权力才真正有用。

意大利人虽然寄居在中国领土内，但团队效应和维塔利伯爵的保护伞给予他们刀枪不入的自信。铁路公司的承诺与严酷的现实之间的巨大落差使他们越来越恼怒，以致他们中的许多人对法国和中国职员施加暴力。方苏雅向德尔卡塞揭发他们对待本来就为数不多且愿意工作的工人的危险而粗暴的行为。根据宋嘉铭的记录，三分之二的南溪地段的雇员为此离去。铁路公司的领导似乎也同样担心意大利承包商的无常的反应。

对此在方苏雅和莱翁斯·居拜尔之间发生过无数次激烈的争论。居拜尔妄图回避责任。事实上当法国职员为了逃避暴行而离开工地时，他拒绝帮助这些人。居拜尔的理由是"他自己与他招来的承包商的所作所为毫不相干"[2]。领事否定这种逻辑。这些被居拜尔赶走的法国人没有了生活来源。方苏雅威胁说要将这些人当作贫民遣返回国，而且要通知巴黎当局：居拜尔对自己的同胞漠然置之。居拜尔屈服了，不过他请求领事不要过早满足他们的要求，他顾虑的是满足救济请求要产生的费用。方苏雅的反应意想不到的强硬。"我的职责不是让我的同胞忍饥挨饿来取悦意大利人。的确，

1. 法国外交部对方苏雅使用的出尔反尔的手段将在第四章以更多的细节呈现。
2. 即无论如何他都没必要介入他们的行动当中。

他们正感觉自己变成无政府主义者！他们如同置于资方座位下的炸药，你们将对后果负责！”

“侮辱比苦役还要残酷”：不归之路

四十六岁的方苏雅仍然有足够的意志力支撑他所捍卫的信念。他的正义感依然如故。然而，自从第一次领事馆被围[1]后回到中国，他不再是原来的自己了。虽然这种内心的裂痕没有当众显露出来，但是慢慢地，不可避免地，失望的感觉在他心中增长。厚颜无耻的算计、唯利是图的现象和麻木的友谊让他承受失望的重压。这些思绪在独处时越来越经常地折磨他，夜里也在烦扰他。尤其是一件事情以决定性的方式动摇了他作为法国外交代表的动机。这就是方苏雅所说的“库尔泰勒蒙事件”……一个旨在拉拢中国南部穆斯林迎合法国吞并主义战略的阴谋。

在法国亚洲殖民史未被探究的领域，例如布兰计划引起的政变企图，或者如前面提到的各种吞并企图，库尔泰勒蒙使命及其地缘政治学的延伸理论[2]一直不为大众所知。事实被小心地掩盖，因此还需要在各种档案中长时间搜寻才能理清错综复杂的情况。因为这些殖民战略行动不光彩地失败了，自然它们就没有留存于法国民众的记忆中。

---

1. 1901年。
2. 见“后记”，359页。

然而这些战略行动曾引起普遍关注和动用了大量财力。现在是将它们公之于众的时候了。

1902年5月17日。有两个人到达老街方向的第四号军事领地。他们都身着旅行装。在宽大的望远镜后面，哨兵锐利的目光突然迟疑了。其中一位无疑是男士，他身穿旅行上装，脚蹬粗大的旧皮靴。但是他的同伴却是位女性。从她的圆脸、宽松的裤子以及遮盖住身形的宽松衬衣勉强可以判断出她的性别。她短发，戴着帽子，远远看去，使人产生至美的幻觉。

一对夫妇出现了，他们是埃莱娜和于勒·热尔韦—库尔泰勒蒙(Jules Gervais-Courtellemont)[1]。他们自称是探险家并且肩负一项特殊使命，要去云南进行一次长时间的旅行。他们解释说，他们必须完成一项对穆斯林的研究。而库尔泰勒蒙介绍自己就是伊斯兰教徒。这位“和蔼可亲的文人”[2]在殖民界不是一个陌生人。他曾因是1894年进入麦加的第一个法国人而获得一定的知名度。对于赴中国云南省的目的，他讳莫如深。

库尔泰勒蒙和他的使命体现了法国对中国南部的政策的暧昧和神秘的目的。殖民部和奥赛码头怀有拉拢云南穆斯林的企图，寄希望于将他们变为法国在云南的同盟者。为了达到目的，他们根据情况，不惜采用各种手段，无论公开的还是隐蔽的。对殖民部来说，这种干涉策略构成了对吞并政策的理想的补充。外交部似乎在以

1. 于勒·热尔韦—库尔泰勒蒙(1863—1937)以他的摄影才华而出名。尤其是他曾跻身于第一次世界大战期间的第一批战地记者的行列。他在云南铁路事务中的作用却不为人知。
2. 出自当时发表在《海防邮报》上的一篇文章。据印度支那报界报道，他大概要去云南度过至少一年时间。

更加谨慎的态度考虑问题，由于很难判断它们成功的几率，外交部面对类似举动采取了宽容的中立立场。审慎是必要的，因为这些国家决策机构懂得打法律的擦边球。因此，在领事馆里，这些为目的服务的“使命”的庇护者们经常使用迂回的说法和婉转的措辞，抑或其他只可意会的言辞。在殖民部长看来，问题在于“使云南的穆斯林热爱法国，在于与他们一道研究使他们忠实于我们国家的最好的方法”。而殖民军则经常谈论“将他们与法国母亲更加紧密地联系在一起”的必要性。我们无法在这种巧辩中找到区别“崇拜”与顺从的界限。

三个星期之后，方苏雅得知库尔泰勒蒙夫妇到达云南[1]。他远未料到，这是保罗·杜美在回法国之前撒下的最后一颗种子——玩弄权术的杰作。这颗种子在河内职位空缺期注定要发芽，然后远离播种人秘密绽放。这次，领事还是必须亲自了解情况。“于勒·库尔泰勒蒙如同麦加朝圣者般出现。他可能是由法国亚洲委员会派遣的。他收到印度支那资助的35 000法郎[2]。”领事给鲍渥写信说。方苏雅就这个形式怪诞、毫无意义、完全不合时宜的神秘使命征求鲍渥的意见。

实际上，当这个使命还在策划时新总督就已经知道了，并予以反对。他赞同取得穆斯林支持的意向，但不赞成杜美主张的方法和目的。方苏雅被激怒了，写信给奥赛码头“恳切要求政府中止对云

---

1. 为了越过边境，他们化装成中国苦力。
2. 他后来承认他从印度支那得到的资助超过这个数目。

南的阴谋和干涉政策，这种政策迟早将使我们陷入全面介入的绝境”。他同时对库尔泰勒蒙的缺乏谨慎表示遗憾，他在河内延长逗留期间就已经失密。由于有间谍的情报，中国人提前知道了库尔泰勒蒙的意图：“在我们控制范围内的一个中国边境省份寻找敌对分子，可以在那里与他们会面并与之建立联系。”继这封信后，泰奥菲尔·德尔卡塞部长办公室向这位“文人探险家”表达了匪夷所思的意见：“情况知悉，本部[1]对您的使命保持沉默；意见是：此行的风险由您个人承担。”换句话说，一旦成功，外交部可以说支持他的行动；反之，一旦失败，库尔泰勒蒙的存在与奥赛码头无关。这难道不是一贯为神秘人物保留的命运吗？

实际上，法国长时间以来把希望寄托在穆斯林问题上。云南的穆斯林[2]是曾在13世纪随忽必烈在云南作战的军人的后裔。六个世纪之后，中央帝国面对了一场声势浩大的暴动，这场战争从1856年至1873年震撼了整个云南。反叛者的防御据点大理城适时变成了杜文秀统治的独立王国的首都。杜文秀是精明的战略家，具有很强的个性。清朝军队最终镇压了起义。

在十七年的起义期间，法国的密使采取了一种变化不定的策略：有时站在清朝政府方面，例如涂普义，他同意用400万法郎来武装清朝正规军；有时站在穆斯林方面，例如弥乐石的所作所为。法国开始寄希望于云南的穆斯林能够变为他们政治上的“助手”。

然而，德尔卡塞直到1900年才发现前蒙自领事职业生涯的这一

1. 即奥赛码头。
2. 有时他们也被称作“潘泰人”(Panthay)。

面。一封秘密报告详述了这些“迄今为止不为人知的事实”。弥乐石向他承认“一直与云南穆斯林的高级官员和大元帅保持联系，充当这些反叛者的顾问和中间人”。但是方苏雅后来证明：这位领事也是起义军的异常残暴的对手岑毓英 (Ceng) 的同盟。至于这位清军总督，连中国官员都对他保持着“恐怖”的记忆。方苏雅还补充道：“他们尤其反感弥乐石为了献殷勤和牟利而旁观那些镇压暴行，而他的欧洲人的身份又可以使他置身于外。他现身广益 (Guang Yi) 包围战和其他许多地方，目睹了岑在接受穆斯林首领们的投降并许诺确保他们的性命，甚至加官晋爵后，让他们遭受可怕的折磨。这一切得到弥乐石的极大赞赏。”

起义结束时，对起义持支持态度的法国人得到穆斯林的普遍好感。在有些地方，他们甚至受到好评。于是，浮夸的华丽辞藻在法国本土和殖民者群体内盛行，这种浮夸之风将穆斯林的好评看作是联盟战略的基础。实际上这是无法实现的。与某些自吹与穆斯林有接触经历的旅行者[1]拼凑的理论相反，事实证明从属伊斯兰教和不加入中国的秘密社团都不是轻易与穆斯林建立关系的保证。但是，因为这股浮夸之风维系了轻松征服的希望，所以这种论调持续吸引着殖民党和某些政治权力领域的人。我们不是说最瞎的人是不愿正视现实的人吗？

---

1. 尤其是于勒·库尔泰勒蒙和他的竞争者夏尔—厄德·博南 (Charles-Eudes Bonin，1865—1931)。后者同样具有探险家的形象（在最近的出版物中他还保持着这种形象！）。然而他与于勒·库尔泰勒蒙一样扮演着对穆斯林有影响的角色。档案显示，在这两个人之间存在着竞争。夏尔—厄德·博南的“探险”充满了不大光彩的事件和钱财上的不端行为（据我所知，出版的游记中未提及这方面）。

法国对云南穆斯林的兴趣也涉及另一个意义更加广泛的问题，即列强之间[1]竞相影响中国的这个特殊群体。1901年，法国政府担心地看到昂凡帕夏（奥斯曼王朝苏丹阿布杜拉米二世[2]的副官）对中国的穆斯林进行了一次巡访。这次旅行颇得德国人的好评，而君士坦丁堡方面非常重视德国人的意见[3]。至于法国人，他们打算将中国的穆斯林置于一种宗教保护权之下，如同对中国的天主教徒已经确立的保护权一样。鲍渥在北京公使团就职时就已经朝这方面做出了努力[4]。

作为对德国实行的战略的反应，他起草了一个秘密通报[5]，旨在评估穆斯林在什么范围内能够支持法国的政策。这项调查涉及十多个问题（宗教习俗、团体凝聚力、麦加朝圣等），被发送给所有外交代表机构[6]。一年以后[7]，鲍渥甚至建议奥赛码头提交一份亲法的伊玛目（教长）的请愿书，该请愿书要求为中国的穆斯林提供保护权。德尔卡塞认为他的计划外交成分太重，于是将这封有创意的信搁置一边。

鲍渥的调查表和方苏雅提供的信息表明，中国的穆斯林几乎不存在任何泛伊斯兰主义的感情。他们是信徒，但首先认为自己是中

1. 当时有德国、英国、法国和土耳其。
2. 阿布杜拉米二世（1876—1909）。
3. 尤其信服他们在铁路领域的能力，如同对工程师奥托·冯·卡普的信任一样。
4. 与当时的公使馆秘书夏尔—厄德·博南通力合作。
5. 日期是1901年8月28日。
6. 发送给了蒙自领事馆，但没有发送云南府。鲍渥后来以非正式的方式与方苏雅讨论过这个问题。
7. 1902年6月3日。

国人[1]。虽然受到来自家庭传承的伊斯兰教的熏陶，尤其遵守饮食禁忌，但是他们很少懂阿拉伯文。在云南，他们过于贫困而不能去麦加朝圣，并且很少穿区别于汉人的服装。总之，由于缺乏确认的族源，这个穆斯林群体从地缘政治上讲不大容易被控制。

但是法国人愿意相信他们可以做到，依仗在他们的殖民帝国里有为数众多的穆斯林。"根据夏尔—厄德·博南的看法，一种责任应该属于欧洲最强大的穆斯林国家[2]，这就是发出所有先知的子女们等待的号令，而他们成百万地分布在东方和远东的法兰西帝国里。"库尔泰勒蒙也随声附和说："法国可以最大限度地利用了解穆斯林世界和世界第一穆斯林强国的优势。"博南证实库尔泰勒蒙的确是被派到中国去，其目的是通过假扮穆斯林苦行僧的形象进行活动，使法国与穆斯林的关系"更加密切"。库尔泰勒蒙曾经穿上阿拉伯人的衣服潜入麦加，无疑是执行那个年代保罗·康邦[3]委派的使命。对于他来说，当时的使命在于调查确定能有效影响北非和奥特曼帝国的穆斯林的方法。

方苏雅继续了解库尔泰勒蒙使命的情况。殖民部、法国亚洲委员会、地理协会、里昂公司和保罗·杜美均被列入使命倡导者的行列。一个私人探险旅行作家的说法不能自圆其说。印度支那政府表明："库尔泰勒蒙没有任何印度支那的使命。"但是档案保留了一

1. 这种评价总体上至今有效。
2. 暗示法兰西帝国和英格兰帝国的竞争。
3. 保罗·康邦在结束驻土耳其外交总代表的任务后（1882年）担任了驻君士坦丁堡大使（1891—1898年）。

份支付委托书和一张来自印度支那预算的付款通知，总数为43 000法郎，并附有一份开支报销申请，经保罗·杜美口头许诺，用于支付库尔泰勒蒙夫妇从马赛至西贡的跨洋旅行费用。这么大一笔钱远远超出了一次普通的旅行需要的经费。据领事看，这笔钱可能是印度支那为他们的使命而支付的[1]。此外当事人自己也证实了这种说法。在云南旅行游记中[2]，于勒·库尔泰勒蒙写到自己承担了总督委派的"一项赴云南的特殊使命"。这本书甚至题词："献给保罗·杜美，他使云南省向法国的影响开放［……］谨此表达我对他在远东的业绩的敬佩之意。"事实上"这位文人探险家"完全赞同杜美的思想，不时逐字引用杜美的论据。在1898至1899年间，杜美就曾经资助过第一次库尔泰勒蒙使命，目的是为1900年博览会写一部关于法国殖民帝国的著作。该书在多方的赞助下得以出版，赞助人中有非洲委员会、欧仁·埃蒂安、地理协会[3]、法国殖民联盟等，以及作为前殖民部长的泰奥菲尔·德尔卡塞。

于勒·热尔韦—库尔泰勒蒙公开称云南为"腹地和东京必要的经济延长线"；对东京而言，铁路是一条"大胆深入"的道路；因此他的第二次"使命"是在继续实现杜美追求的目的。而方苏雅不久就弄清了此事。他将这个使命看作秘密的非法行动，而且是疯狂的行动。他向光若翰神父如此描述："计划是在河内设计的，根本不考

1. 他在给重庆领事的一份公文里提到。
2. 于勒·热尔韦—库尔泰勒蒙，《云南游记》，Plon，巴黎，第二版，1904年。
3. 与它的名称可能给人的印象相反，地理协会在19世纪末与殖民党保持着紧密的联系，它赞助的"探险"使命往往带有经济和地理的双重目的。在法兰西帝国权力范围内的所有地区尤其如此，战略利益与矿产资源紧密相连。

虑政府的想法。他们派库尔泰勒蒙先生去云南做穆斯林的工作，企图鼓动他们为我们的利益而造反。这个计划的设计根本不了解穆斯林民众的情感。实际上他们已厌倦了斗争，没有任何重新开始的渴望，也没有取悦杜美先生本人或者法国的愿望。”领事将自己的意见直接告知库尔泰勒蒙，同时表示“不得不无视他的存在”。敌对开始了。对方苏雅的攻击以法国探险家发泄式的反应拉开序幕：“我一进入云南，他就表示担心北京把我的研究性质的旅行理解为串通穆斯林反对他们的统治的行动。[……] 但是，维护王朝的切身利益并且表现出比他们更加担心这种利益受到侵害，这难道是一个法国领事的责任吗？”

在云南，库尔泰勒蒙与穆斯林进行的接触确实引起了中国官员的怀疑。他们养成了担心印度支那入侵企图的习惯。魏道台决定将这位法国密使安置在他的衙门旁边，以便监视。

在领事方面，他接受了一位云南穆斯林首脑来访的请求。这位富有而具有影响力的人对领事说了一通友好而节制的话。他没有表达为法国利益服务的愿望，只是简单地向领事提出几个请求。他希望得到阿拉伯文的出版物，希望能够与阿尔吉利亚的教友接触，另外希望法国能为他们去麦加朝圣提供方便，允许他们通过东京地区[1]。方苏雅告知德尔卡塞，“这些谈话没有涉及任何政治主题”，并建议奥赛码头为这些穆斯林提供法国航运公司的服务。总之，他认为唯一理智的态度是与穆斯林保持良好的关系，满足他们的这些要求，不

1. 因为云南的穆斯林必须去新加坡借用来自印度的穆斯林的船。

做更多的承诺。

然而库尔泰勒蒙继续他与穆斯林的接触[1]。随着时间的推移，领事发现他超出了调查研究的范围而“涉入商业活动，谋求个人经济利益，这违背了官方资助的初衷”。他对鸦片贸易感兴趣，但是里昂公司刚刚获得供应印度支那的鸦片专卖权。在蒙自供铁路公司使用的房屋里，里昂公司的代理人同时还代表两家贸易公司[2]。在为于利斯·比拉公司的利益效过力后，“探险家”似乎悄悄地在为该公司的竞争者的利益行动。面对这种行为，方苏雅认为有责任提醒于利斯·比拉公司在当地的代表以及董事会主席本人。在法国本土，尽管库尔泰勒蒙是一个受尊敬的人物，殖民商业圈的人还是为他大胆妄为的行为而震惊。在他们眼里他应该受到惩罚，相反，殖民事业的英雄才应该受到颂扬。

为了表彰库尔泰勒蒙在亚洲逗留了18个月后归来，殖民部举办了一个库尔泰勒蒙展览会。他的勇敢探险家的声誉也因这次中国之行而被颂扬。他写信给方苏雅说他周游了一些以前无人涉足的地区。报界和殖民党的重要人物参加了开幕式。这些人当中有欧仁·埃蒂安、保罗·杜美、殖民部主任，以及众多的参众两会议员和殖民者。在致辞中，于勒·库尔泰勒蒙向杜美表达了他的“感激”之情，感谢杜美给他提供了一部分完成这次使命的经费；他同时感

1. 方苏雅嘲笑他雇用了一个广东人做翻译，“这人是河内大都会酒店的前服务员”。他写信给光若翰神父说：“我们知道云南的中国人只听得懂官话，并且还不是所有人……”
2. Godard & Co公司和法国商行。

谢法国亚洲委员会,“因为它体现了法国在亚洲的整体利益”,因为它的帮助是“所有支持中最宝贵的”。

列举他访问过的地点使听众如入梦境。相反,方苏雅质疑这些“探险活动”的独创性。经过核实,他为此给鲍渥写了一封信。他指出,库尔泰勒蒙只是走了蒙自—云南府—水富这条路,“然而走过这条路线的欧洲旅行者不计其数”。他还说:从缅甸回来,库尔泰勒蒙走的是大理的路线,“然而这条路英国人经常走”。他绕道丽江(他不恰当地将该地划为西藏的领土),走的是一条官道,而这是英属印度的工程师和部队军官长期研究的区域。这样一来对异国文化的研究价值就大打折扣了。领事得出肯定的结论:“库尔泰勒蒙先生在去蒙自的路上走了15天,在去水富的路上走了27天,在去大理的路上走了一个半月。然而他没有带回任何能与印度支那资助他的经费相称的情报。”不难想象在这样的质疑后,像库尔泰勒蒙这样有个性的人会做出什么样的反应。这种质疑大概是从印度支那总督办公室流传出来的。

又一场针对方苏雅的新闻攻势在东京和法国本土展开。这场攻势很可能是由保罗·杜美引导的,主要响应者有巴伯齐厄医生、铁路监理部主任、云南府前中学教师库尔赛勒(在此期间被解职)。领事最终厌烦了这位教师经常缺课和无休止的抱怨,最后印度支那政府秘书处应领事的要求宣布解雇他。

卡伯什开始攻击领事对库尔泰勒蒙的质疑,揭发领事“阻止实现铁路计划的企图”。在殖民部那里,那位探险家表示拥护铁路计划,他认为这个计划对繁荣法国在中国南部的贸易是必不可少的。

在《政治和议会》杂志中，他再次表达了他对铁路公司行动的支持。他大胆断言："铁路公司获准修建它认为有用的铁路分岔，这相当于允许将铁路建成未来云南铁路网必然的干线。"他还说："宽松的条件可以使铁路公司尽可能迅速地推进工程。"应该相信这不难做到。

对方苏雅的批评与1900年他向东京撤退之后报纸对他的批评如出一辙。这种批评既针对他本人又针对他的职务。事实上批评者是同一些人或者属于过去攻击他的圈子内的人[1]。雷纳尔中尉说由于领事没有尽到保护的责任致使他在云南几乎丧命。然后，他发动了真正的攻势。他表示："我们根本无法充分估量这位古怪而愚笨的官员对法国的事业造成的危害。[……]而一位持偏见的部长却支持他与所有人作对，尽管他明显屡犯错误。这位部长执意推行他的节制和退让政策。"

论战触及政治领域。两位众议员对云南府领事提出指控。在《政治与文学》杂志里，"一位酷似杜美先生的人"[2]指责方苏雅和德尔卡塞，力图为干涉云南的政策辩护。有的人因领事扼杀了法绍达引发的征服梦而不能原谅他。这次，方苏雅行使了回应的权利，他给报纸寄去一份事实更正书。很明显，尽管时间流逝，但什么都没有改变。这次运动是上一次的续篇，如同斗牛场上致死一击前的又一把投枪。方苏雅被击中了。只有愤怒激励他衰退的斗志。情况不再像1900年一样。领事决定破釜沉舟，背水一战。愤怒之余，他

1. 例如方苏雅得知在那个时期，雷纳尔中尉请求库尔泰勒蒙在发表的文章中转载他的观点。

2. 在私人信件中，方苏雅断言前总督的行动受到前外交部长阿诺托和前法国公使施阿兰的支持。

威胁要把他掌握的所有材料公之于众，以揭穿保罗·杜美的谎言。他写信给德斯图尔奈勒·德·贡斯当说："我不管外交部对此怎么看。这个人不能再继续撒谎而不受到惩罚。他最好闭嘴，否则我将把与他有关的事实公之于众。如有必要，哪怕辞职我也要斗争下去[……]。这样杜美先生将有机会重温自己的谎言。如果他仍然坚持声明他的灵活策略和对云南的和平主义观点，那我们走着瞧。当他需要为自己辩护时，最好三思而行，免开尊口诋毁我来为自己脸上贴金。我，我将战斗，直到最后。"

报纸对他的影射在1903年持续了很长一段时间。他得知一位名叫米莱 (Millet) 的大使延续了库尔赛勒和库尔泰勒蒙的攻击。领事说[1]："我恨不得踢他一脚，作为给他唯一合适的回应。"德尔卡塞对领事的信任也在摇摆。他全然忘记了对领事1900年7月英勇和沉着的行为的赞扬。部长试图让他承担1901年在他返回中国后没有派兵进驻云南的责任。方苏雅注意到，无论是公使团还是巴黎都不再给他传递继续执行使命的信息。中国官员有所察觉，向他表示诧异。他很清醒，苦涩地说："一旦有人担心失去部长的职位，我们就可能被随随便便地抛弃。"

* * *

1903年末，约瑟夫·博韦给方苏雅翻译了一封信。这封信是云

1. 在一封私人信件里。

贵总督寄来的，上面盖有紫红色的印章。他的口气非常坚决，申明不能容忍铁路公司违反施工协议，在几个路段同时施工。站在严守法规的立场，领事给他的部长写信说：“我已经表示这个要求是绝对合理的。”他补充道：法比（法国—比利时）公司修建京汉铁路时，从来没有在超过120公里的路段同时施工。

铁路建筑公司企图嫁祸于云南府领事。一方面，面对中国官员，他们承认自己的行为是非法的；但是，另一方面，莱翁斯·居拜尔下令加快施工。方苏雅头脑敏锐，他没有让有权要求赔偿的第58条条款生效。机敏的领事写信指出这种行为不合法，但在任何时候都没有要求停止施工。他仅限于询问铁路公司打算“如何回复云贵总督”。对此居拜尔回答他不接受云南政府的任何命令。

面对这样的口是心非，领事要求与他会面。见面时两人的眼睛对视良久以示挑战。工程部经理首先宣布，“根据维塔利先生的请求”，外交部长向中国政府发出指令“迫使其允许铁路公司按照自己的意愿行事”。方苏雅的自尊心受到伤害，他反驳说：奥赛码头的信息“无须借助铁路公司的渠道”转到他这里。他要求莱翁斯·居拜尔对被揭发滥用职权的问题做出明确答复，并警告对方要对此负全部责任。在领事看来，问题在于挫败铁路公司，迫使他们自己暂停施工。但是工程指挥长声称他无权决定此事。领事说他将此事记录在案，并且要通知政府和公使团。方苏雅怒不可遏地声明，他知道他们可以决定“悄悄”开工，而且不顾他、监理部和中国人的反对执意继续施工。回应方苏雅此番话的是居拜尔的冷笑。方苏雅带着恶心的感觉结束了这次谈话。难道此人根本就没有职业道德和行为底线吗？

他带着厌恶的心情在纸上写下这次会面的结果，将报告寄给德尔卡塞。他不知道维塔利对他的部长的影响力有多大。但他无所谓。哪怕是遭到处分，他也无法容忍“这种将铁路公司凌驾于政府之上的行为”。他补充道：“云南政府的行动是完全正当和无可争议的。此外其做法符合印度支那政府的利益。而我们面前的这家公司却企图把它的意志强加给法国政府和中国政府。”方苏雅因此提出个人请求：“我无法面对中国人处于这种无能为力的状态［……］。这种局面对我来说是无法忍受的，所以部长先生，我已经恭敬地[1]去电请求您，尽可能迅速地解除我的使命。”方苏雅决定孤注一掷。

在河内，鲍渥从那时起已经把云南府领事看作是修建云南铁路的障碍，甚至更严重一些。他对奥赛码头说：“执行章程，以及消除铁路公司与中国当局之间的纠纷都需要一个代表在场。这个代表应该是没有涉及先前的事端和谈判的。”

在巴黎，铁路公司和铁路建筑公司的人十分高兴并暗中采取行动。他们的行动方式证实了方苏雅的推测。马克西姆·热当[2]听任事态的发展。埃利·德瓦塞勒男爵[3]和阿贝尔·德·比戴尔玛[4]婉转地告诉德尔卡塞，方苏雅领事“恐怕没有必要的职权来应付这样的局面”。两个企业试图扩大优势，他们给部长施压，将他们的利益与国家利益

1. 他不知道在他写信时发出的电报是否已交给部长。
2. 当时铁路公司的总经理。
3. 据档案记载，此人兼任铁路公司董事长、兴业银行董事长、法比公司副董事长的职务。法比公司负责修建了京汉铁路。
4. 此人是印度支那铁路建筑公司董事会有影响力的成员。

混为一谈。铁路公司有一套奇谈怪论：它认为自己“在某种程度上是法国在中国的代表”；当它“遭到失败或被中国当局干扰”，抑或特许权“受到质疑或实际上被削弱的时候”，这是“关系到法国的权利和声誉的事情”。不言而喻，由此而得出的结论是：“保护他们是你们的责任。”

* * *

不久后，加斯东·杜梅格给泰奥菲尔·德尔卡塞寄去一封信，最终赞成方苏雅提出的线路。领事根本不知道这个问题在被搁置了数月之后，殖民部长终于向奥赛码头承认“方苏雅先生重新推荐的修改方案具有很大的优势”。似乎奥托·冯·卡普全力支持这种选择[1]。自从维塔利伯爵在河内见到云南领事之后，他也支持这个方案。

杜梅格过去反对这种方案，因为它脱离了民主体制的控制。此时，他在第一时间内就寄希望于专业委员会认可这种线路的改变。但是他碰到了司法上的障碍。经过两周的工作，他明白必须把文件提交国会。实际上只需在1901年6月15日的法律文本中增加一条附加条款，就可以否定原先将铁路分为四个走向的定义[2]。条款于1904年1月25日经议会同意确立。夏尔—马利·吉约莫多的线路就此被正式否决。我们没有找到任何他对此作何反应的文字记录。总之，方苏雅若干年来坚持的方案是一个相对简单的解决办法；这个方案突然得以迅速实施。

1. 据宋嘉铭领事说。
2. 老街、蒙自、新江、云南府。

在云南，方苏雅终于可以将线路图交给云贵总督。中国人决定采纳的建筑章程的最终版本也因此得以生效。然而方苏雅感到极大的困惑。浪费了多少时间！他给德尔卡塞写信道："现在实现的完全是我自1901年以来就提出的计划。印度支那公共工程部甚至在1902年底发现错误后仍固执己见。他们的抵制导致一个必要的决定推迟了一年多，结果到现在才开始实施建筑工程方案。"

在法国本土，《殖民邮报》庆贺法国终于能够全力以赴地开始云南铁路的建设。各方面都在催促方苏雅尽快推进建筑工程。然而他想自己了解情况，并且等待监理部的代表里夏尔来蒙自视察工地。在方苏雅看来，问题在于彻底消除铁路公司任何不满的理由，"尽可能给他们提供所有施工场地"。这将是他证明忠实遵守共和国法律的方式。根据中国的礼仪规则，领事事先拜访了林 (Lin) 巡抚[1]。他请巡抚宽容已经发生的事情，并说自己正要去巡视。面对领事的尴尬处境，巡抚表示理解。但是他声称非常不满意铁路公司最近的行为。不过他还是指定了一个代表[2]陪同领事。不久，在寒冷的1月末，方苏雅、霍以及里夏尔带领一队脚夫离开了云南府。

他们从东面绕过邻近的湖泊地区，再朝偏南方向走。在临近阿密州时，他们越过一片荒无人烟的石山，在没有道路的情况下缓慢前进。走了433公里，罗萨迪公司的工地呈现在方苏雅面前。他们

1. 此处应是林绍年。——编注
2. 霍 (Huo)，时任中方铁路委员会执行主席。

要在这里的岩石中挖掘一个66 000立方米的基坑。不远处，瓦尔培达公司的广东苦力在忙着调整一条水道，他们要在岩石堆上建一座单孔桥。随着工程向南延伸，更多的土地被占用。连接不同地段间的是一条间断的简陋便道。这种便道长200公里，是为提供给养而修的。

寒冷和劲风的考验使三人团结在一起，他们不得不“在敞开的货棚里冒着零下好几度的严寒”过了好几夜。一天早晨，铁路公司的工段长指给他们看一片土质疏松的危险区域，没人知道在爆破后这个地方会变成什么样子。往前走几站地，在湖泊溢水口的峡谷里，他们有机会看到员工们借助绳子下到山谷深处，为了到达未来铁路要通过的某几个位置。在下面，可以看到小队的工人在用大木槌设置一条通道的路标。接下来的路必须穿过塌方地带。对于承包商来说，地势的复杂性还不是唯一的障碍，他们经常面临当地农民的反对。方苏雅和霍与承包商达成一次和解，他们起初不愿意让出位于半山腰上的稻田。对于一方来说，稻田占据了未来铁路要经过的地点，对于另一方来说，这意味着放弃祖宗留下的土地。与生存对抗的是冰冷的成本计算，这种冲击是可怕的。领事的官方报告保留有与这些当地民众接触时感受到的心灵震动的痕迹。“这些没有迁移的人只拥有很少的耕地。”一想起他们，方苏雅就忽略了外交语言风格。他写道：“很难补偿这些民众，他们赖以生存的资源是不到20公顷的耕地。”然后，霍、里夏尔和方苏雅乘一只独木舟顺着蜿蜒的峡谷顺流而下，“两岸是岩石构成的绝壁”。在这个地方，工段长德洛姆说，需要根据探测结果修改线路。根据地势情况，霍同意他进行改动，无须特别申请。

在蒙自南面可见第一批大规模的工程。骡马队向预定的地点运送枕木。在那里，铁轨已经入库，远远依稀可辨一些轻型轨道动车停在西方人临时搭建的监视岗哨旁。承包商向领事抱怨被铁路公司的许诺所诱骗。他们事前对工地的困难闭口不谈。承包商想撤离，但无奈没有回头的余地。绝大多数人都被需要偿还的预支款和低估的工程预算书套住了。另外还有招工的困难。方苏雅保证等他到河内时向总督反映这些问题。但是眼下他必须考虑继续视察的事情。他们在施工方代表的陪同下往下走了2 000米高程差的路。在到达铁路线低处之前还要赶几天的路。那里的气温要高一些。

又走了两个多星期的路，他们最终进入最可怕的通道——南溪河谷。这里，植物顽强地攀附在被山脊分割的巨大的悬崖上。霍的脸阴沉下来，领事和里夏尔注目观察此地的险恶地势。在有些地方，需要技术的奇迹才能在隘谷峭壁上的突出部分凿出路。里夏尔第一次在近处观察岩石，他看到渗水的侵蚀作用在上面留下明显的痕迹。他们想象在雨季这片地会是什么样子。然而这里的工程正在如火如荼地进行着。

在环山路转弯处，他们奇迹般地看到一个由矿物构成的巨大的火山口……呈现在眼前的场景犹如梦魇中的地狱一般。在一个巨大的穹隆下，涌动着成千上万手握镐和锄的身影，工具碰到岩石发出撞击声。走上前去，可以看到50人为一队的工人群体，他们留着长辫子，开裂的赤脚踩在不稳固的路堤下的片岩上。另一些可怜的人正在加固路堤。

到处皆然，搞建筑就需要夯实基础。各种行业的人都聚集在这里。他们当中有挖土工、泥水匠、铁匠、木匠。挖土工劳作时发出的哎嗬声与工头的命令声交相呼应。意大利承包商俯身在图纸上，他们的指令被翻译过来，再由监工呼喊传递，一会儿是安南话，一会儿是中文。只有监工与西方人一样穿着鞋子。他们也模仿了凌驾于弓腰劳作的大众之上的生硬态度。马在岩石遍布的河中饮水。在下游，一些工人在费力地用竹篮收集砾石。有的人在寻找珍贵的沙子，找到后在原地筛滤。多么奇特的场景啊！一时间，方苏雅希望泰奥菲尔·德尔卡塞就在身边。但是部长在巴黎。所有人的报告都无法使他想象这种震撼人心的画面。在巡视的最后几天，旅行者们接近铁路线的起点。空气是潮湿的。在这个地段，他们远远看到一群群的工人被隔离在一边，处于严密的监视下。这些犯人戴着枷锁工作，甚至下河洗澡也不能摘掉这些劳什子。他们是中国人或安南人，其中有惯犯、秘密团体中的“强盗”、不法商人，或者是违规越境者……四号地区的军人对他们熟视无睹。他们仿佛是《神曲》里的诸多幽灵。

* * *

领事在河内度过了五天。鲍渥已经不是原来的鲍渥。他似乎被日趋复杂的铁路事务所困扰。东京的铁路公司代表德·塔斯先生和在总督这儿访问的朗特诺瓦被介绍给方苏雅。他趁机向他们提及承包商和中国当局的怨气，并向他们反映了技术上已经十分艰难的工程在进行中所面临的极其恶劣的条件。此外他强调，铁路公司有充分理由抱怨，因为铁路用地未能顺利清空，图纸和铁路中心线至今未能准确测定。最后他提到最令人担心的招工的问题。德·塔斯认为，要顺利解决这个问题，不仅取决于铁路计划的完成期限，而且还与计划本身的可行性有直接关系。尽管铁路建筑公司不得不投入比预计高出四倍多的工资，但是公司仍然在这方面遇到了问题。第一批死亡的人和南溪河地区的恶名产生了可预见的后果：招聘人员招不到工人。云南是“取之不尽的劳力库”的想法只是一个错觉。另一方面，最近从欧洲乘“悉尼号”邮轮来的意大利工人团队拒绝登船去老街。因为在最后时刻，铁路公司的分包商不愿意与他们签订雇佣合同。以三年期限招聘40 000个长期工人来完成铁路工程的计划[1]显然无法实现。

* * *

回到领事馆后，围着一桌热饭菜，方苏雅给约瑟夫·博韦讲述他的旅行经过。主任秘书告诉他：两广[2]总督岑[3]给领事寄来一封信，表示允许招聘外地工人，同时表示“相信法国政府的正义感能够使人遵守善待他的同胞的法律”。领事被这种信任的表示

1. 莱翁斯·居拜尔做出的。
2. 广东和广西。
3. 此处应是岑春煊。——编注

所感动，但是他无法对大多数意大利承包商的行为方式做出任何保证。

由于不断接到人员告急的各类报告，铁路公司最终决定扩大招工范围。它首先派特使去四川，然后是广东和福建，也派人去中国北部省份（直到山东和河北）。但是公司抱怨一直没有看到招聘的苦力来到工地。原因是他们担心健康问题，或者是有更好的工作可选择。北京公使团发现，这些工人"犹豫不决"是因为要进行长途旅行，要面对彻底改变的气候；而且"他们将身处'帝国'的南端，在那里他们将面临交流困难[1]，并且他们对那里的生活也不大了解"。一派温和委婉的说法。难道他们认为这些工人需要付出的代价只是从满洲里结霜的工地转移到有害健康的南溪河谷工地吗？说好听点是去服苦役，说难听点就是去送死。急于求成的决策者的无知又一次暴露无遗。一厢情愿是不够的。但是另一些因素也说明了问题。方苏雅发现，投资人和中间商试图利用其身份牟利或者使其收益最大化。这些投机行为引起了拖延，放弃和解雇。其中一个中国招聘者招聘了一些安南苦力，末了却谎报说是从沿海省份招来的中国工人。因此他在交通费上实现了节余，额外收取了预定的最大额度的佣金，在被揭露前获取了一大笔钱。另有一些小代理商，他们每招聘一个新的苦力可领取一笔奖金。他们的投机做法是：将一个工地的工人带到别处去应聘（有时连续几次），在这个过程中苦力可得到微不足道的一点钱。

1. 因为那里的方言和土话与中国北部使用的普通话相去甚远。

在链条的另一端，铁路公司也没有忘了投机。档案显示了在铁路公司、瓦利高赫斯基公司、天津领事和德尔卡塞之间签订的一份协议，目的是从迁徙税中得到回扣。通过这个四方协议，经维塔利伯爵同意后，12 000个从广东地区招聘的苦力的迁徙税降低至2皮亚斯特（而不再是3皮亚斯特）。获悉结果后[1]，外交部长满意地说："赚了25 000法郎。"利润可观。招聘工人被明确看作是一个有其自己的合法或不合法规则的"市场"。他们尽量撇开不谈人力资源的问题。但是这个问题不可避免地再次凸显出来，尤其出于工地上的卫生条件的原因。

在工程规章中，方苏雅有心附入了预备与中国当局商议的条款，即工人应当享受的待遇和在事故或生病时接受治疗的权益[2]。但是在文本通过前，各种强加的修改大大减弱了这些条款，为的是避免铁路公司以如此明确的方式面对雇员。出于降低成本的考虑，铁路公司企图避免这种保障的系统性。这部分说明了招工的困难。然而最终现实情况迫使铁路公司重新审视其立场。

北海副领事要求印度支那云南铁路公司遵守规则，指出他们的做法会产生相反的结果。方苏雅主张的英国式标准有利于调节招聘市场，因此绝对有必要予以参照。在新加坡和苏门答腊，"自由劳动者"可以保证享受医疗待遇，并可领到定价的稻米（原价）[3]。按照

1. 莱翁斯·居拜尔和维塔利在致外交部长的鸣谢中祝贺这笔交易的成功。精致的致谢卡印有加水印的笺头和他们各自在巴黎的地址。
2. 与法国不同，荷兰和英国政府已经在与苦力签署的合同中注明保障医疗待遇的条款。领事主张取这种保障标准的上线。
3. 由此可以推断这种生活必需的食物也成了投机的对象。

惯例也要保证在自然灾害和不可抗力的情况下支付他们非工作日的工资。而且他们有权事先知道是否有遣返回国的津贴。这些在今天看来属于常理的义务当时在云南执行起来都很困难。在蒙自，负责南溪河工地“配备”的工程师阿尔贝·迪弗尔再次试图要求宋嘉铭招聘苦力。方苏雅劝阻宋嘉铭这样做。但是他的同行与铁路公司一样担心挖土工工资的意外增长。这可能会造成，宋嘉铭解释道，“一个小的财政危机”，或者涉及一笔政府难以接受的额外预算开支。此外他对方苏雅说，在这个河谷疾病泛滥成灾，尤其是在第一区的路段上[1]。铁路公司的欧洲职员和来自遥远省份的中国雇员适应不了这里的气候。死亡人数不断增加，其中意大利工人居多[2]。他们不习惯中国的饮食以及临时住所。这种房子既不防蚊又不隔热。赤贫的当地挖土工之所以能忍受这里的气候和工作条件是因为他们吸食鸦片。当派去沿铁路线巡诊的三个西方医生病倒时，病人就拥向蒙自的医院。那里唯一的医生不得不夜以继日地工作。方苏雅无法抗拒当地严酷的气候和自然条件。但是他更加接受不了各种各样的敲诈勒索，他收到越来越多的证据。

河口至蒙自段的承包商抱怨挖土工从工地逃走。但是宋嘉铭证实，这是由于粗暴对待工人和削减他们的工资所致。此外，建筑公司利用各省间货币行市的差价来欺骗迁移的苦力。南溪河工地的雇佣合同规定工资为每天35皮亚斯特，但是他们到达现场后领

1. 相当于首段铁路约180公里路程。
2. 他们大多数是从伦巴第省的瓦雷泽市招聘的。

到的却只有25皮亚斯特，相当于损失了30%的兑换差价[1]。因此就不难理解为何人员会减少到勉强能施工的程度。于是，懒散、没有发泄途径的怨恨、不会受处罚的感觉促使某些意大利人使用他们的权力或武器来攻击留在工地上的苦力。这些苦力成了替罪羊。只需炎热、酒精和团体效应就足以使暴力发生。

中国官员为此向北京公使团多次表达不满。六个中国工人在领工资时被人用木棍和铁棍击打，然后被捆绑着送去见承包商。次日一个工人遭虐待时试图自卫却挨了一枪。一个工段长自己动手在这个雇员背部打出十处伤口。"铅弹射入肉体还没有穿透。"他们写道。而凶手在宋嘉铭的眼皮底下躲藏到铁路公司的住地。道台要求宋嘉铭干预，他回答无能为力。方苏雅惊愕地看到蒙自领事重复铁路公司的仇外论调。在他看来，"苦力虽然愚昧和下贱，却很容易发怒"。方苏雅将自己的反感情绪向光若翰神父表露："这些意大利人虐待工人，他们再也找不到劳动力。局面一片混乱。我已告知政府我不愿牵扯到这些事情当中。"

蒙自政府外事办公室对相关情况做出令人沮丧的陈述："铁路章程（方苏雅的）明确规定要善待工人。然而外国承包商不仅不善待他们，而且还克扣他们的工资。承包商依仗外国人的势力开枪伤害工人，这的确是极端的暴行。"一位事件的目击者抗议道："意大利工人为了牟利成群而来，他们表现出非同寻常的残暴。"北京公使团私下承认这是地方主义。但是他们仅停留在观察的层面。外交

1. 一个皮亚斯特在四川值1 000铜钱，在云南值700铜钱。

部长通过某些招聘人员得知，这种残暴同样波及普通的佣人。佣人们抱怨："类似的暴行和虐待在英国或荷兰的殖民地不会发生，在美洲[1]也不会发生。"中国当局声明：如果民众的愤怒造成有害工程的暴乱，那也不足为怪。换句话说，他们不排除动乱的可能。

承包商要求携带武器的权利。但是方苏雅提醒奥赛码头必须严格控制使用武器，务必将其限制在正当防卫的范围。任何民族都没有虐待他人的特权。"禁止外出的心态[2]"传染给安南监工，他们以有人逃跑为借口，在老街的军事轮渡附近打死了一个中国囚犯。自从在东京受委任以来，方苏雅被西方人做出的无端的暴力行为所激怒。殖民化的这个方面在他内心引起了厌恶和羞辱。难道西方文明的形象就是这样吗？在一份大概是给印度支那报界的材料中，领事提到了一些令人沮丧的事件。如同投出一枚回飞镖[3]一样，他的行动引起边界另一边的诽谤者的攻击。"他们指责方苏雅先生对待民众态度粗暴，指责他使得印度支那的职员无法待下去。然而印度支那的代表们友善地对待中国人并赢得了他们的友谊。"这些来自印度支那的言论激起了方苏雅的愤慨。作为回应，他列举了一系列事实：马斯由于行为粗暴被他的下属抛弃；被派遣去进行铁路研究的伊波斯中尉以不能很快明白他的命令为借口枪杀了一个脚夫；维尔中尉因与卫士的谈话不爽，放火烧了此人的野营用具。最后领事还列举了一桩他不得不亲自干预的挖土工事件：铁路建筑公司的一个职员用

1. 根据经验丰富的苦力招聘人的评价。这些招聘人通常把苦力输送到那个时代的德兰士瓦省。
2. 边境领事杜邦使用的话语，指被包围的感觉所造成的不正常的思想状态。
3. 澳洲土著用的一种武器，投掷后不中目标能飞回原处。——译注

棍子打坏了这个工人的一只眼睛[1]。他对法方的反应表示遗憾，因为他们没有追究此事的责任，反而对伊波斯的行为保持沉默，为的是“不损害他隶属的部队的荣誉”。好一种匪夷所思的荣誉观。

* * *

铁路公司成为蒙自的肺部，在那里它占据了5公顷土地。1 000多个欧洲人生活在那里，其中一半是铁路建筑公司的职员，另一半是承包商的雇员。根据方苏雅的描述，这里俨然是一座真正的巴别塔。亚洲的译员和制图员[2]混杂在法国人、意大利人、希腊人、土耳其人和“巴尔干人”中间。铁路公司的医院同样接待为数众多的当地人。他们被免费就医和舒适的环境[3]所吸引。

铁路公司和印度支那的商行和睦相处。在1904年，根据宋嘉铭的记录，里昂公司“在云南几乎只做我们印度支那殖民地向它订购的鸦片”[4]。铁路公司也协助运输印度支那的皮亚斯特货币。这是一个危险和强制性的工作，如同方苏雅曾经做过的一样[5]。铁路公司通过从河内、香港或上海[6]账户开具的支票再将皮亚斯特买下。为了方便这种交易，他们甚至考虑过在云南省建立一个印度支那银行的分

1. 此人被交给领事，方苏雅让领事馆的医生给这个工人治疗，然后给了他一笔赔偿款让他回家。
2. 他们利用自己的专业技能来绘制有中文附注的图纸。
3. 医院设在公司旁边，有12间诊室供欧洲人就医，5间诊室供当地人就医，还有一间隔离病房。
4. 次年，贸易额达到300万法郎（相当于1990年的5 000万法郎）。
5. 印度支那银行将铁路公司在巴黎筹集到的资金换算成皮亚斯特。运输与云南铁路工地相关的资金由铁路公司的中介部门（来自法国本土的或者印度支那方面的机构）完成。见147页。
6. 设有与西方有联系的银行代理机构的最近的城市。

行，但没有成功[1]。在此期间，铁路公司试图在中国银行家那里争取建立一种在云南流通的纸币[2]。蒙自因此变成一个小社会，在那里外交人员必须选择他们归属的阵营。他们必须表明立场：赞成或反对"最伟大的法国"的观念，赞成或反对与铁路公司达成秘密而有利可图的协议。1901年方苏雅就预言，这个城市将成为"印度支那式流言蜚语的中心"，"东京作风"将在那里盛行。监理部大肆宣扬，印度支那出资1 200万，它将自己看作是铁路公司的最大股东。

自恃强大的铁路公司继续施展行贿的勾当。方苏雅提醒鲍渥提防他们真正的目的，即促成第58项条款。"他们以索赔作为威胁，迫使您[3]承认铁路的原定线路。"他们没有放弃这种企图，因为诱惑实在太大。他们现在试图收买中国官员造成停工或制造一个事端。中国官员将事情告知了领事。中方的愤然拒绝让领事肃然起敬。方苏雅写道："铁路公司万万没有想到他们的收买居然对中国官员无效；他们无法理解，无论从爱国主义的角度还是从衙门习气的角度看，这些人毕竟是中国人。虽然他们也想中饱私囊，但是这些中国官员没有向洋鬼子妥协。他们尤其不容许别人随便干预中国的内政，如同维塔利得以与塞尔维亚的米兰国王达成协议那样。"

相反，宋嘉铭的警惕性似乎又有所松动。他承认"铁路公司企图控制所有人"。"您所说的完全正确。"他说。但是他保证没有卷入任何阴谋，例如提议进行募捐救助行动。云南府领事持怀疑态度。

1. 尽管有于利斯·比拉的干预。他于1905年进入银行董事会。
2. 由于没有纸币，公司不得不用皮亚斯特银币支付（这种货币很重，运输困难且库存危险）。
3. 即"强迫您"。

他一贯认为，国家利益与私人利益混淆在一起是危险的。他认为，一个外交官的职业道德在于将这二者严格区分开。经过思考，他冒险提醒泰奥菲尔·德尔卡塞提防维塔利伯爵身兼数职的不正常状况。维塔利既是铁路建筑公司的董事长，又是矿业联合会的股东。方苏雅主张切断奥赛码头与这个同业公会的一切联系，以免受到牵连。可以想象在巴黎的外交部长能对此作何结论……

方苏雅看得很准。尽管宋嘉铭不承认，但实际他已在为法国铁路公司服务。乔治·维塔利在一封信中告知德尔卡塞，宋嘉铭在为公司进行斡旋活动。1904年秋天，伯爵甚至直接在部长那里进行公开活动，旨在聘用宋嘉铭。“无需向您强调，在云南法国的利益与公司的利益紧密相连。”他说。他甚至向部长建议应该采取的步骤：给予宋嘉铭领事编外干部的身份并提拔他进入二等领事的行列，凭借这种身份他就可以保留他的退休权益，尽管他被临时借调到铁路公司。1905年2月，宋嘉铭开始兼任铁路建筑公司秘书长的职务，这个职位是专门为他设置的[1]。尽管铁路建筑公司貌似强大，实际上却越来越脆弱。围绕修建铁路的竞争是世界性的和毫不让步的。云南铁路的紧张局势来自这样的事实：铁路建筑公司的巴格达铁路计划刚刚流产；至于它以为从比利时人手里争夺来的广州铁路，最终也落空了。然而，凭借铁路事务外交部代表的职权，方苏雅在这方面起到了举足轻重的作用。这回轮到他被铁路公司所“求”。公司有些匆忙地从准备阶段领事的合作态度推断可以将他变为“自己

1. 奥赛码头保证他2 000法郎的工资，外加公司的30 000法郎的工资。

人”。居拜尔和维塔利轮流使用威胁和收买的手段。

居拜尔告诉领事，试图违背铁路公司意志的人是自找倒霉。他还暗示，许多人对公司的事情感兴趣[1]，这大概有助于选择立场。领事的回答掷地有声：“对待一个工业公司我将始终保持我的独立性。我将站在总体利益上一如既往地帮助它，但不是拿它的钱为它效力，决不。[2]”维塔利也亲自接近领事，使用的手法与过去杜美使用的如出一辙。领事给鲍渥写信说：“维塔利给我［……］开出了相当透明的条件。他甚至认为可以让我动用他的秘密资金。他对我说，他的代表受命不打收条地为我提供我需要的一切来铺平道路。”

方苏雅有充分理由相信印度支那总督本人也是铁路公司拉拢的对象。根据与一位留宿在领事馆的印度支那职员的交谈，领事可以确定鲍渥的办公室主任阿尔杜因已受铁路建设公司控制。他提醒道：“铁路公司可能已经发觉我的服务是无偿的，但是这种服务是有底线的。我不介意无偿服务，但是一味顺从必然是没有止境的。对此，他们搞错了。”然而铁路公司继续有条不紊地实行它的包围政策，尤其针对云南府的领事馆人员。

以拥向蒙自医院的病人人满为患为由，铁路公司向领事馆的医生德莱提议让他来帮助公司接诊病人。令方苏雅高兴的是德莱拒绝了这个请求。同时，医生表示愿意接受无法就医的欧洲人。铁路公司骑虎难下，转而接近主任秘书博韦。由于博韦拒绝服从，铁路公司首先使用威胁手段。然后他们又宣布雇用他弟弟做翻译，试图

---

1. 在物质上感兴趣，换句话说：贿赂。
2. 出自一封私人信件。

以此收买他。“他们以为这样就把一只脚踏进了领事馆。”方苏雅评论道。但是约瑟夫·博韦拒绝告诉他弟弟铁路公司想知道的信息。最终博韦兄弟成了障碍，于是铁路公司解雇了博韦的弟弟。后来他弟弟只找到一个仓库管理员的工作，而且是在南溪地区遭人嫌弃的低洼处——蛮耗。比惩罚更加严重的是真正的侮辱。这件事情深深地伤害了约瑟夫·博韦，以至于他要求终止他的职务。忠实的助手遭受的这一恶意打击深深地折磨着领事。他要反击，但是他的朋友比利劝他克制自己。方苏雅给比利寄去一封控告信，希望他把这封信转给德尔卡塞。“这个公司令人匪夷所思！它总以为自己在土耳其，它不容许别人不归顺它。它想控制所有人。这是一个怪癖，然而它极其自然地放纵这种怪癖。除了贿赂它想象不出别的办法。”领事给出评判，“这个老爷公司，一个强盗公司。”

方苏雅陷于痛苦之中。最近的这个阴谋是他到亚洲以来所领教的一系列阴谋的高潮。贝尔、埃蒂安、科洛布科夫斯基、夏耶、吕斯、杜美、布罗尼、毕盛、施阿兰、格约、吉约莫多、马斯、布兰、雷纳尔、弥乐石、库尔泰勒蒙、居拜尔、比拉、维塔利，没有一个人不让他失望。对宋嘉铭的行为能怎么说呢？对德尔卡塞的政治手腕又能说什么呢？责任感难道是天真的代名词吗？他始终坚信他过去的观点是正确的，现在的观点也是正确的。但是为什么他总是固执地说出来呢？喇伯第、邦·旦迪和杜邦的报告向他证明：过于真实的声音必然要遭到严厉的指责。毕盛、施阿兰和杜美，他们反而受重用。但是，在方苏雅看来，保罗·杜美的言行可以用一句不中听的话概括:“他的大胆是别人的怯懦造成的。”方苏雅讨厌那群“狂躁的生意人”,他们不知羞耻地赶来亚洲发财,而又按捺不住地想扮演政治角色。“不可忽视这类跳梁小丑。他们的意见具有权威性。人们向他们咨询,公布他们的主张。”领事说。荣誉是为这些人准备的。因为他们善于阿谀奉承,善于制造强大的表象,善于杜撰梦想。即使他们信口开河又有什么关系!他有必要如此严肃和认真吗?罗贝尔·德·比利不是说过分妨碍别人不好吗?他的友情,例如与鲍渥的友谊,在个人野心面前解体了。他们不再给他写信,因为他处于微妙的境况中。只有他的知己让娜·德·比利与他保持着真挚的感情。档案保留下了他失望的痕迹。方苏雅给我们留下了孤零零的一页纸,上面草草写道:“我厌恶这些人的做派。”

他最终意识到,他在苏元春、银行家王鸿图和许多中国官员身上看到了一种荣誉感,而远东的西方人似乎已经丧失了这种东西。他写道:“我不知道如何对您说我有多么厌倦这里的工作和这种工作方式。我羞于启齿,中国人比我们更有逻辑头脑,更具有连贯和有序的思维。此外,有些时候,尤其是面对铁路公司,他们比我们更守诚信。”这是一个能给21世纪的中国人脸上增光的评论,因为他们的官方历史中有太多那个时代的中国向西方人的妥协。情况不都是那样,如同云南府领事所证实的一样。

* * *

铁路建设步履艰难地进行着。铁路公司决定用一些参加过修建满洲里铁路的中国雇员取代部分意大利工人。成千的中国工人在天津上船，在海防下船，然后未经解释地在那里等待。这些人开始烦躁不安。实际上铁路公司想对他们隐瞒因气候原因延迟了运送大批大米的船到达的事实。蒙自的大米库存开始短缺。在这种混乱的局势下，铁路公司优先向他们供给粮食，唯恐发生暴乱。在宜良[1]，第一批机车和车厢不久从法国运到，货物是德科维尔 (Decauville) 公司发送的。

在领事馆，方苏雅在等待外交部长批准他正式离任。外交部似乎不急于答复。相反他收到了他的同行杜邦表示同情的来信。杜邦领事同样处在强大的压力之下[2]。针对一个印度支那的主任秘书为了获得方苏雅的职位而进行的活动，杜邦不无幽默地预测："不久将会有某个热衷权力的人要求得到您的职位，而您将被派到克朗代克地区或堪察加半岛去！"但是笼罩领事馆的是一片凄凉，对方苏雅来说，流放到那些不宜居住的地区也与他在这个"衙门"履行职务没有多大差别。冬天，冰块覆盖院子，他的个人住房没有任何光线透入。室内阴暗，潮湿，没有取暖条件。夏季，要是领事不得不到红河谷底的"火炉中"去，等待他的是卡宴[3]般的苦役。在任何季节，海拔高度加重了他到达亚洲后染上的疾病的症状。他和博韦的健康状况就是令人沮丧的证明。"哦，令人讨厌的职业！为一个明知是荒唐的使命所累，而且还要忍受恐怕连监禁犯都不如的严酷的生活条

1. 在云南府东部40公里处。
2. 压力来自附近四号地区的军人。
3. 暗示卡宴 (Cayenne) 苦役犯监狱，那里的炎热和潮湿仿佛严酷的刑罚。卡宴，法属圭亚那首府。——译注

件。”奥赛码头的奢华环境已是一场遥远的梦。

据推测，一个名叫勒迪克 (Leduc) 的人将来云南府接替方苏雅。工程指挥长很满意这个任命并已经将消息告知蒙自所有的人。这个人选无疑体现了“维塔利的意志”。另外，领事已经接到召回的命令。“还是老一套！”方苏雅痛心地说，“伯爵买通了所有人。”无独有偶，居拜尔成立了一个政策办公室，这个机构的运转主要依靠被降职的中国官员的帮助，他从这些人那里用钱购买信息。如同以前的马斯办公室一样，这个机构以不正当的方式运行。

然而方苏雅不相信铁路公司的说法无可厚非。他要将他的使命进行到底。他至少要强迫铁路公司对中国的土地所有者履行责任。因为铁路要从他们的土地上经过。这将是他的荣誉之战。

因此他决定做最后一次巡查以确定铁路公司有无可争议的权利占有土地。在违法施工的地方，即将卸任的领事想在谎言的现场捕捉到证据，使铁路公司无话可说。他将计划通知鲍渥。与几个月前一样，为了避免争议，他将由一个监理部的代表陪同前往。但是他虚弱的身体将使这最后的行动变成一次可怕的考验。

他已记不清疟疾发作和眩晕的次数，他已习惯了自我治疗。他只字不提一氧化碳中毒后引起的充血和头痛，这是由于使用一个蹩脚的燃煤炉子取暖造成的。他一直默默地忍受着病痛，直到1903年12月才第一次承认自己行动不便。因为在风湿病的基础上又增添了左腿严重的神经痛。医生给他腿上涂抹了药膏，再用石蜡固定以减轻痛苦。另外他按医嘱口服乙酰水杨酸[1]。遗憾的是治疗效果并不明显。但是他并没有因此放弃他的使命。

1904年春。方苏雅在马夫[2]的帮助下艰难地骑上马。他的腿让他忍受着痛苦。与将在南溪河地区受的苦相比，云南府高原炎热和干燥的气候在他看来已是一种恩赐。在雨季到来之前多走一天就是胜利。必须出发了。

路过蒙自时，人们首先发现昔日的重骑兵[3]丧失了骑兵优雅的坐姿。他变了。他的双颊凹陷下去。他的脾气更加粗暴，经常陷入内心的沉思当中。不管怎样，他依旧令人肃然起敬，他的眼神仍保持着猛禽般的锐利。在路途中，领事有时在马鞍上度过九个小时。便道总是没有完工，尽管冯・卡普许诺过。在有便道的地方，路宽也不会超过60公分。土地非常疏松，在旅行队的路线上，一块巨大的岩石塌落时卷带走了离队伍10米处的一棵树，将它“像火柴棍一样折断”，同时卷走了三只动物。

队伍在崩积物中间颠簸而行，涉过河流，像猴子般穿过最深谷底线。方苏雅默默地忍受着痛苦。在隘谷边，在险峻的峭壁脚下，他仔细观察工程的每个部分，查看每个与图纸不一致的地方、每一片交付使用的土地、每个需要再研究的细节。长期与广袤的中国的这一小片土地如此亲密地接触，而不久就要离开它，令他别有

1. 即阿司匹林。这种药于1853年由霍夫曼合成，1900年投放市场。
2. 饲马员。
3. 方苏雅曾经在这支优秀的骑兵部队服兵役。

一番滋味在心头。他每每被无遮蔽的露营地点的“原始美景”所打动。

在见识过南溪河冬季潮湿的“阴”天之后，现在又要领教它的酷热的“阳”天。沿着陡峭的河岸，头顶烈日，几百个裸露的上身流淌的汗珠闪闪发光。相反，另一些工人则穿着粗布衣服。由人体形成的“履带”[1]在运送建筑材料。酷热像着了诅咒一样不肯消退。吸食鸦片的人眼周环绕着黑眼圈，领事与他们的目光交错而过。锥形的帽子和紧系的头巾保护着工人的颈项。西方人头戴殖民地头盔，走动时随身携带折叠椅，身旁跟着狗，摆出一副趾高气昂的样子。监工躲避在宽大的阳伞下。中国人花了一定的时间才习惯西方人的衣着。在夏天，他们从头到脚穿着洁白的衣服。白色在这里是服丧的颜色！狂风周期性地卷起红色和赭石色的灰尘，将他们包裹在其中。

午饭时分，施工的噪声停息下来，听得到鸟鸣。工人们聚集在几间冒着炊烟的房舍周围。米饭的味道升腾开来。他们吃得很快，为了去分散开的草房的阴凉下躺一会。傍晚，当日头偏西时，他们去河里洗澡。

方苏雅观察着他们。远处传来爆破的回音。有人在上游炸开岩石开通隧道。方苏雅赶上前去，远远看到一些赤着脚的工人，他们被派去清理石块。他心想，不久后，当雨季来临时，他们将在满是泥泞的地上行走。领事最终完成了“施工场地的交付使用［……］。

1. 见插图“铁路修建中：在烈日下运送沉重金属部件的‘人肉运输链’”。

他在500多公里的线路上一米一米地推进工作，忍受着剧烈的疼痛，徒步走完这段行程”。他给马克西姆·热当写信道：“您可能注意到问题实际已经解决，因为您的承包商已经被安置在各自负责的路段。”领事始终没有屈服。

* * *

回到领事馆后，方苏雅努力汇集笔记和地图。他想将任期内得以收集到的信息形成一个尽可能完整的报告。他不知道能否做到，也不知道高层人士会如何看待这份最后的研究报告。“如果报告使人不快，我也不在乎。”他向鲍渥宣布。他首先想做到问心无愧，完成铁路代表的使命。不过他高兴地得知奥赛码头终于明白设置一个监督蒙自意大利人的外交代表机构的必要性。旧金山副领事格里玛尼 (Grimani) 先生有可能担任这个职务。“亡羊补牢。”方苏雅这样想。不过这个职务还得具有实效才行。

他将离任的消息告知光若翰神父，并且给他寄去一份在后者的协助下实施的行动的总结。他发现他们共同创造的成果遭到暗中破坏[1]。邮局关闭了。云南府的第二任小学教师走了，没有安排人顶替他，法国学校就此关门。医院的情况也同样如此，第二任医生的位子空缺着，药剂师的位子也被取缔。印度支那决定将行动集中在蒙自，但同样缩减了医院的工作人员。巴贝齐厄医生很失望，请求

1. 真是命运的嘲弄。我们今天在蒙自还能看到两尊漂亮的铜像，表现了第一次寄信的场景，但是没有任何解说词，也没有提到邮局的“教父”光若翰神父和方苏雅。

方苏雅在鲍渥总督那里说情，帮他在老挝谋一个行政管理人员的职位，因为他再也无法忍受依附于铁路公司[1]。方苏雅向光若翰神父表示，他对于铁路的意见一直没有改变。他以讽刺的眼光看待法国政府对云南铁路的反应。巴黎一直为法国突破云南而感到庆幸，然而实现突破云南的法国铁路公司却在实地将法国承包商置于少数地位[2]。

离任前，方苏雅在鲍渥那里为他的主任秘书说情，因为博韦没有获得过印度支那的任何勋章[3]。"比他年轻的领事馆管理人员都拥有舒适的岗位，"领事说，"您看这是您可以为他做的事情。"他同样为银行家王鸿图请求一个荣誉头衔，因其一直表现出对法国人的忠诚。最后他请求总督，如有可能帮助他落实总领事的正式头衔。

针对这个问题，方苏雅同时给罗贝尔·德·比利写信，谴责法国外交部和殖民部对他玩弄的卑鄙手段。因为四年来他始终担任"名誉"[4]上的职务。"该死的名誉，可恨的收入，尤其是无赖的承诺！"他愤然写道。他自从1901年回到云南后就再没领过工资；他不得不垫付房租和个人开支，甚至支付电报的费用。虽然他曾经向外交部长表示过，他不可能继续变卖家产来为国家服务。面对他的要求，殖民部和奥赛码头继续互相推卸支付他的工资的责任。"似乎在你们与印度支那达成协议之前，我的待遇问题就无法解决。[……]我已经没有生活来源。"他们含糊其辞的回答使方苏雅明白这个问

1."什么都想干预，铁路公司令人窒息。"他抱怨道。

2. 在二十七个承包商中只有两个法国企业，而且这两家法国承包商只占有微不足道的份额。

3. 而方苏雅获得过安南荣誉勋章和柬埔寨骑士勋章。

4. 名誉总领事。

题要等他回到法国后才能解决。

勒迪克的到来促使方苏雅加快了准备动身的节奏。原先，他打算从北方离开中国，甚至到北京，在那里乘西伯利亚铁路的火车。但是英国领事威尔金森先生在一次来访中告诉他，俄日战争的爆发会阻碍他的计划。北京公使团的吕班甚至没有留心告诉他这一事件！“我需要制订一个新的计划。”他写道。他打算接受光若翰神父的建议。传教士答应过为他提供帮助，如果他有一天想穿越倮倮的山区和与扬子江大回路[1]垂直的剑川走廊。回程将是最后一次考察的机会。他后来给奥赛码头的报告说：“为了补充已进行的研究，我强迫自己做了一次旅行。这次旅行延续了七个月，我考察了扬子江上游地区和倮倮的地盘，一路到了西藏。”

1904年5月14日，前领事最后一次受到云贵总督、巡抚和四位道台的隆重接待。他们身着最漂亮的镶边丝质衣服出席，方苏雅也是身着盛装。按照习俗，他们互相道谢，互致吉利的祝愿，互赠礼物。整个告别仪式热情洋溢。但是这种热情以中国人的方式含蓄地表露出来，体现在对客人的关切和严守礼仪，而不是浮夸的言辞。

次日，方苏雅穿上他的护腿，整装待发。他坐在一个无遮盖的轿子里离开云南府，身边只跟着几个脚夫。他在排成一行的领事

1. 位于洱海和大理城东北部100公里左右的地区。

馆工作人员的注视下渐渐远离他的"衙门"，然后进入送行的人群。在场的民众俯伏在地向他表达最后的敬意。一时间，领事重又想起了1900年7月那个死里逃生的夜晚。在城市的高处，他要求驻足片刻。天空万里无云。他最后一次凝视这个被城墙包围的城市的漂亮屋顶。"Zou!"[1]弗朗索瓦[2]下令。然后他转身告别这五年不寻常的生活。

* * *

迎接方苏雅的是进入云南北部边界地域后的雨，接着是到达剑川后的雪，最后是抵达西藏后的疲乏和寒冷。但是面对眼前美丽卓绝的景色，他无论如何都不会止步不前。周游这些奇妙的地区，置身于大自然中，与倮倮近距离接触，凡此种种使前领事浑身充满了活力。他记述下当地人骄傲的举止和简约别致的服饰。因为，在他看来，这些人身上具有一种高雅的格调。他通过笔记和照片来记录这些令人惊叹的事物。他捕捉到的镜头犹如画面。"置身于这片大自然赐予的处女地中怎能不令人陶醉！"他写道。

转道四川，他放弃了成都之行，因为雨下得很大。他取道水富[3]，在那里将一张银行家王鸿图的期票交给光若翰神父，然后走水路到宜昌。在汹涌的扬子江上他经受了45度的高温。这次旅行

1. 这个词的意思是"走""开路"。
2. 方苏雅的法文名字。
3. 宜宾。

使方苏雅有一种复活的感觉。进入四川，他看到的净是山，这些山通常是“陡峭和光秃秃的”。他记录道：难以想象老街—云南府铁路可能的延长线能带来什么样的贸易。一次与宜昌[1]英国海关职员安文先生（一位很好的人）的交谈最终坚定了他的观点。“只有愚昧无知的决策者和我们殖民地报纸的鼓吹者才会接受这样的计划。”方苏雅讽刺道。长途旅行的劳顿居然使他找回了幽默感。在不约而同的笑声中，安文和方苏雅下了结论：四川可能不久将同样成为异想天开的人杜撰的“乐土”，然后再以某些傻瓜的投资失败而告终。

在途经交趾支那圣雅克海角时，方苏雅本想去拜访一下鲍渥。但总督一直待在东京。他在香港登上回法国的船。这个港口较之他上次经过这里时变得更加繁荣了。当轮船驶离海岸时，前领事打算总结一下这些年来对他自己和对中国的反思。

就个人而言，他的行为方式与苏元春遵循的行为准则[2]不谋而合，遥相呼应。他写道：“我根本不是野心家，[……] 我的愿望很容易满足。因此我完全不在乎这些殖民地的先生们私下抑或公开表达的对我的看法。我的使命是说出我看到的东西，说出关于这个地区的事实和我所观察到的显而易见的真相。什么都无法阻止我说出我的看法。[……] 我的财力虽不甚充裕，但已足以使我衣食无忧。在任何情况下我都无需为贪图钱财而仰人鼻息。[……] 我的

1. 如今建有三峡大坝的地方。
2. 见83页。

意见现在已无足轻重，但是我相信将来人们会发现我以往的观点是正确的。”

关于中国，他道出一席带有预言性的话：“我认为我看到的中国正在脱胎换骨，正在奔向生机勃发和欣欣向荣的崛起之路。反之，我们年迈的欧洲已经疲惫不堪、苟延残喘。”

轮船驶向本土，他的目光落在遥远的地平线上。

第四章

寻找一个宁静的避风港

与行政当局的抗争

回到法国后，方苏雅感到很矛盾。

一方面，经历了在云南的孤苦生活，他确实想重回法国社会寻找人间的温暖。另一方面，内心的痛苦回忆迫使他需要一份宁静来与前尘旧事说再见。像他这样既没有财产又没有关系的人，紧要的是结清担任领事期间的工资，保证退休前有一笔钱过日子。换言之，就是要求法国外交部对他负责，正如他从前不懈地与法国铁路公司周旋斗争一样。

在那段日子里，方苏雅不停往返于布列塔尼和巴黎之间。

在布列塔尼时，他借宿在朋友乔治·法斯涅建在洛内—盖罗的城堡中。他们两人经常长时间地谈论历史和政治。方苏雅想在乡间寻一处好地安家，过清静日子，整理他关于中国的笔记，希望整理出一份完整的材料，“也算做点有益的事情”。计划的一部分很快就实现了，前云南府领事在莫尔比昂省的木依拉克选定住所。他看中了一处名曰邦姆的房产，这是一栋宽敞的花岗岩房子，四周被一个巨大的园区围绕，园中还有小湖。这个与自然环境并存的住所让他十分满意。但平静生活的喜悦常常被奔走于巴黎处理烦琐手续的烦恼所代替。1905年起，他不得不多次向行政部门争取自己在云南时期和退休之后的权利，尽管当初鲍渥和毕盛保证过会落实他的待遇，这场官僚主义的马拉松却一直延续到了他生命的结束。

1899年12月，法国外交部正式任命方苏雅到云南任职。外交部长泰奥菲尔·德尔卡塞在电报中向他宣布：“您被任命为云南省名誉总领事，作为外交部代表与云贵总督打交道，希望您能接受这项充满危险和挑战的工作。”外交部在另一封信中向他承诺将向他支付35 000法郎的薪金外加5 000法郎的活动经费[1]。他们向他保证，由于涉及相关人事问题，他的任命将在几个月后下达。但自1901年起，方苏雅就再也没有收过到工资，任命也迟迟没有下达。在多次托比利和鲍渥两人同法国外交部交涉未果后，方苏雅决定直接找外交部长。

他提醒德尔卡塞：1901年部长曾感谢他重返职位的“热忱”，并亲口保证他可以被视为于1901年1月6日获得云南领事职衔。方苏雅还说：“我一直以来都以这种身份与中国人、印度支那总督和

1. 如果保罗·杜美控制云南领事的计划实现，印度支那将向方苏雅支付50 000法郎的薪金。

铁路公司打交道，与云南政府以及铁路公司签署合同，与巴黎、北京和河内的政府机构互通信件。作为回应，英国政府也向云南派遣了总领事。所以我没有理由怀疑我的职务的真实性。”然而在随后的日子里，他的书面任命却迟迟未到。作为一个严守法规的人，他没想过会被愚弄。然而他长久以来对法国外交部的信任却真的被滥用了。

后来，方苏雅多次通过书信与外交部沟通他的职位问题。鉴于他的健康状况，外交部人事处表示可以保留他在云南府的同等职位直到他的身体允许履行新的职务。在这期间，方苏雅的巴黎私人医生古耶米诺发现他的神经痛正转化为股神经功能紊乱，可能将导致左腿肌肉严重萎缩。1905年，法国外交部终于做出了决定：任命他为总领事，但不在中国，而是在另一个气候舒适的国家。当时方苏雅没有任何理由怀疑外交部的意图。

但是外交部有其不可告人的目的。实际上，由于当时德尔卡塞不想为印度支那总督在云南的行动承担部分责任，因此他想到了一个万全之策，即实施一个隐秘的行动来抑制杜美的野心。这是他的初衷。作为一个老练的政客，德尔卡塞精心设计了他的策略。不过一切都基于一个先决条件：法国必须压制英国在云南的活动。这里要说明的是，云南府当时属于蒙自领事区，由此产生了双重职位和权限冲突的矛盾。蒙自是当时唯一开放的城市。外交部长不希望让一位有总领事正式头衔的公务员来干预法国铁路委员会的工作，这样会使法国政府在云南的活动变得过于公开化。因为英国也可能会要求在云南府任命同样级别的外交官员[1]。所以他决定仅授予方苏雅“特别行动名誉总领事”这样一个前所未有的头衔。

这种方法是一种实用主义还是一种犬儒主义？从不同的角度审视会有不同的解读。这个职位既可以让法国在云南捷足先登，同时又使事情留有余地；既可以给职位的持有者一定的权力，同时这个头衔又不等同于现有的任何职务。这简直就是一个外交界的不明飞行物！总之，这个职位具有很强的实用性：既神秘又具威慑力，且不失体面。事实上，被当作工具使用的“领事”对于法国外交部来说是无足轻重的。

凭借敏锐的洞察力，方苏雅到达云南府仅几天时间便主动汇报分析了他所面临的危险局势，使得法国外交部相信他拥有足够的能力来应对这种复杂局面。方苏雅临危受命。回顾历史，我们不禁要问当时有几个职业外交官具有这种“明知山有虎，偏向虎山行”的勇气。

根据法国殖民部的说法，设立这个职位时没有考虑在云南建立常设的法国领事馆。因为没有任何法定条款或条约允许在这个城市建立外交代表机构。因此，法国政府决定给方苏雅一个“名誉领事”的头衔，并赋予他仅限于负责铁路事务的“特殊使命”。此后，德尔卡塞觉得没有必要大费周章去更改一个本来就不真实的职务，但是身为主要当事人的方苏雅却一无所知。可笑的是，法国外交部把这种拖延政策美化为“推迟决定是为了改变这一使命的临时性质”。

1. MAE档案，第1366卷，宋嘉铭个人资料，毕盛给方苏雅的信，归档为政治书信，编号158，北京，1899年12月29日。

直到1906年方苏雅才意识到这是一个骗局:“我知道他们从没有下达过任何关于我的任命的政令,也从未计划过云南领事馆的开支。”经计算,最终离开中国时,方苏雅已经为领事馆的运转[1]预付了127 000法郎[2]。而他仅在1906年正式领到过一笔工资。在此期间,他得到过德尔卡塞对此的解释。外交部长空泛地说:“我对这种情况感到非常遗憾。”[3]他承诺补偿方苏雅自1899年以来的损失。然而他的承诺马上变成了一张空头支票,一文不值。

9月,德尔卡塞的继任者,法国新任外交部长莱昂·布尔热瓦约见了方苏雅。这位新外交部长显然比他的前任要好沟通得多,他向方苏雅承诺外交部已经开始着手处理自1901年4月6日起未向他发放工资的问题。得到这句承诺后,方苏雅放心地离开了外交部。但一个月后,外交部办公室通知方苏雅,完全弥补他过去的损失是不可能的。“他们向我表达了深深的歉意,却坚持说现任部长不能为其前任的所作所为负责。”方苏雅气愤地叙述道,“他们表示同情我遭遇了一个‘既成事实的问题’,他们只能部分弥补我的损失,即日给我补一个编外[4]的头衔,向我发放一笔够我缴纳退休金的工资,让我等待调换到另外一个总领事馆工作(日期不确定)。”他们承认方苏雅的抗议是“正当的”……

1. 博韦和卫兵的工资、运转费、房租和其他个人费用。
2. 作为对比,一个在巴黎中央菜市场负责接收货物的主管当时每月的工资为100法郎。
3. 德尔卡塞试图用这句矫饰的话来规避他在这件事中的责任。
4. 根据当时行政部门流行的行话,法文原句中的“编制”(cadres)一词为复数。

他的事情很快变成了外交部走廊里的谈资，这让他感到十分难堪。为了尽快了结这件事，外交部向他提出了一个令人吃惊的方案：放弃以前的资历，按照虚拟的驻突尼斯总领事的级别给他补发工资(仅2 000至3 000法郎)，同时给予6 000法郎的补偿。这一可耻的交易让方苏雅怒气填胸："我是不会接受这种交易的，接受突尼斯领事的待遇简直就是对我的尊严的亵渎。"前云南府领事强硬地告诉外交部长他决不会再次被愚弄："要让他们知道我不是那么容易打发的，至少我不会放弃退休应得的权益和我职业生涯结束时希望得到的荣誉头衔。"莱昂·布尔热瓦最终在他的决心面前做出让步，于是方苏雅带着允诺的名誉外交公使的头衔走出了布尔热瓦的办公室。这个头衔部分弥补了他的总领事职衔资历的损失，但他并没有因此得到该补发的全部工资……这样一来他的主管部门无疑可以节省一笔钱。

* * *

方苏雅在巴黎活动期间经常借宿在比利一家位于十六区的豪宅。有时他也住在巴黎大酒店[1]或者圣拉扎尔火车站酒店。他很喜欢这两家酒店的起居设备和先进的设施。

让娜·德·比利和方苏雅一直是很好的朋友。罗贝尔·德·

1. 巴黎大酒店位于歌剧院附近，作为当时欧洲最大的酒店，它因此得名。许多名人经常光顾这家酒店，如莎拉·伯恩哈特、费尔迪南·德·勒赛普斯、龚古尔兄弟、维克多·雨果以及卡米耶·柯罗。经过2001—2003年的一次全面翻修，巴黎大酒店恢复了原貌。

比利对他也很客气。但是自从方苏雅发表了自己的观点后，他感觉得到他们之间的尴尬。身为两个女儿的父亲，他的老朋友罗贝尔当时已经成了法国外交圈和经济界的大人物。罗贝尔的岳父是法国著名的银行家保罗·米拉波，在岳父的引荐下，他得以进入法国上层社会。时至今日，两人的地位已经发生了翻天覆地的变化。那个时期，米拉波家族的势力达到了顶峰。这个胡格诺派新教徒家族之前从法国移居到日内瓦避难，随后又在米兰经营银行生意。1847年，米拉波家族重回法国定居。为了在法国站住脚，米拉波家族法国分部的创始人亨利与当时巴黎金融界有名的皮埃尔兄弟不动产银行[1]展开了激烈的竞争，并参与创建了一个金融联合集团，即第二帝国时期法国最重要的商业银行之一，也就是兴业银行的前身[2]。罗贝尔·德·比利新近入选了法兰西银行[3]董事会，并因参与创建了巴黎联合银行而声名鹊起。米拉波家族的名望也随着财富的剧增不断上升。这个家族的势力扩张如实反映了20世纪初开始的经济全球化。他们几乎在所有经济快速发展的行业中都占了一席之地：涉足磷酸盐的开采[4]，并且在突尼斯斯法克斯地区的磷酸盐矿区修建了铁路；投资联合船运公司的航海运输业务；投资贝纳罗亚矿业冶金公司[5]的铜铅冶炼；投资阿尔及利亚公司[6]和博勒欧矿业公司[7]的矿

1. 1871年开始现金结算业务。
2. 米拉波家族同凡尔纳家族、纳夫利兹家族，特别是和罗斯柴尔德家族一同参与了创建。
3. 于1906年。
4. 突尼斯大公将这片矿区的开采权转让给了米拉波家族。
5. 在西班牙。
6. 该公司在叙利亚和黎巴嫩设有分支机构。
7. 在墨西哥。

产开采；通过与其他家族联姻，米拉波家族的势力范围还扩展到了纺棉业[1]和纺纱业[2]。这个家族企业 (Mirabeau & Cie) 的投资方向仅出现过两次失误：一次是在美国圣达菲与法孚—里尔铁路公司共同注资修建铁路时[3]；另外一次是收购了巴西一个无法开采的钻石矿区[4]。总之，米拉波本人具有很强的前瞻意识。他在1905年法国汽车公司创建之初便开始向这家公司投资，这就是后来巴黎的第一家出租车公司[5]。

对于方苏雅来说，他和罗贝尔现在已经不是一个世界的人了，他只能以一个访客的身份暂住在罗贝尔的家中。

罗贝尔·德·比利变成了周旋于各种关系之间的实权人物。在外交界，他深得德尔卡塞的信任。为奖励比利在外交部所做的“突出贡献”[6]，德尔卡塞在1903年向他颁发了法国荣誉勋位骑士勋章。另一方面，在岳父的帮助下，他不久得以进入岳父创立的航运公司的理事会。这些情况说明了他对前领事疏远的态度，虽然方苏雅常在他家借住。另一个事实也说明了为何比利会反感方苏雅以前从中国寄回的那些抨击性的报告：自从他的岳父与伊莲娜·道尔夫斯结婚后，他和毕盛[7]就变成了亲戚。

---

1. 同道尔福斯—美格公司合作，即DMC公司。
2. 同科士林家族合作。
3. 如同龙州铁路，与法孚—里尔铁路公司的合作以法律清算告终 (1892年)。
4. 在1897年。
5. 一开始配备有250辆雷诺汽车，1909年增加到3 000辆。
6. 比利曾在阿尔赫西拉斯国际会议期间负责媒体关系。这也是比利和德尔卡塞间相互信赖的一个证明。
7. 毕盛是前法国驻北京公使，与道尔夫斯家族的继承人 (母系分支) 玛格丽特·维迪尔结婚。

与艾莲娜·德·马尔芒的相遇

方苏雅从未体验过家庭的“负担”，并为此感到庆幸，因为他的精力几乎全部投入到工作当中，很少有闲暇的时候。由于常年四处奔波和生活在艰苦的环境中，他认为这种情况不允许他拥有传统的婚姻生活，所以也就摒弃了结婚这个念头。然而他心中仍然渴望爱情。

尽管这个男人的私生活几乎静若止水，我们还是可以看出某些迹象。我们提到过他曾为伊冯娜·巴贝齐厄女士所吸引，以及他可能与领事馆的洗衣女工欧叶妮的关系。此外，在他刚到达中国时，他似乎与比利的朋友巴尔特尼小姐有着密切的联系。他们一直保持着书信往来，但是距离使他们的关系慢慢变淡了。相反，让娜·德·比利小姐则在方苏雅的生活中拥有非常特殊的地位。方苏雅与她的书信联系从未中断，显然她成为方苏雅的知己。方苏雅常在信中既风趣又细腻地向让娜介绍中国的日常生活和各种有趣的事物。那些充满文学色彩的文字、温柔的口吻、真诚的信任以及礼物（特别是一只玉雕手镯）都让人不禁猜测两人之间存在着一种柏拉图式的恋情[1]。似乎让娜对方苏雅的感情要超过这种界限。

1907年初，在回归巴黎生活几年之后，这位前领事仍是孑然一身。他从回到法国起，便忙于看病和与外交部周旋。时年五十岁的

1. 方苏雅在给她的信中这样写道：“孤独就是我生活的常态；无边的寂静和深沉的宁静让我发现了蕴于其中的魅力。我已学会享受孤独。我认为如果能够与别人进行心灵交流的话，自己也不至于像现在一般笨拙。但情况就是如此*。”

方苏雅想找个伴共同生活。他过于谦逊，甚至有时怀疑自己的吸引力，且反感在人前自我炫耀。他自认为是一个内向的人，前些年的孤独时光使他变得更加木讷。或者说他已经习惯了一种一成不变的生活，担心这种生活被打乱，尽管他不承认这点。但最后他还是委托维勒芒 (Villemain) 夫人给自己介绍对象。固然不能否认这位夫人的作用，但是她的身份却不太清楚。总之，她是方苏雅的朋友，经营着一家婚姻介绍所。维勒芒夫人把方苏雅介绍给她的女友们，从中为他物色适合的人选。

方苏雅就这样被介绍给了艾莲娜·德·马尔芒 (Hélène de Mallmann)[1]。他被这位年轻的女士所吸引。艾莲娜也拜倒在方苏雅的地位和魅力下。艾莲娜当时已经三十岁，仍和她的母亲同住在巴黎佛拉得翰大街的一处公寓中。

艾莲娜的家庭曾经非常富有[2]。拿破仑三世曾授予她父亲法国国籍，随后她的父亲在担任法国驻阿根廷总领事期间发了大财。她的祖父，乔安·利比格则来自一个超级富有的大家族。这个家族当时已经将其触手伸到了欧洲国家的各个行业，如纺织业、啤酒业、木材业[3]、制铜业、玻璃制造业[4]和制糖业。除了涉及上述行业，他们在银行业也有一席之地。他们在维也纳创建了一家颇有名气的银行[5]。马尔芒一家的生活一直很富足，直到1890年，这个家族遭遇了金融危

1. 艾莲娜·德·马尔芒 (1876—1974)。
2. 艾莲娜的家族起源于德国 (父系) 和奥地利 (母系)。她的母亲爱赫米讷夫人是利比格人。
3. 在西班牙加利西亚。
4. 在波西米亚。
5. 利比格银行。

机，原因是涉足冒险的投机生意。在家境没落之前，他们一家长期居住在位于克莱贝尔大街上的一家豪华酒店中。那个时候，艾莲娜的姐姐得以体面地嫁给阿尔福德·赛杜[1]。

艾莲娜没有在家族的昌盛时期觅得佳偶，到了这个年纪，她必须想办法把自己嫁出去。因此顶着总领事光环的方苏雅无疑获得了艾莲娜小姐的青睐。同样，方苏雅也迷上了艾莲娜。她表示与方苏雅一样对大办婚事的俗套不感兴趣。他们很快就开始书信来往和相互走访。方苏雅在信中欣喜地表达了摆脱单身生活的愉悦："我不知道你是否能感觉到我发自内心的激动。我终于可以用'我们'这个词了，而以前我只能用'我'（当我说话的时候！）。"两情相悦，连他的文笔也变得富有诗意了。

1907年2月23日，在两人第一次见面的十几天后，方苏雅与艾莲娜·德·马尔芒订婚了。那天，方苏雅以未来的夫人为受益人立了一份遗嘱。我们从中可以感受到方苏雅的责任感，同时可以看出他对自己健康状况的担忧。但为了不使艾莲娜担心，方苏雅没有在遗嘱中提及这一点。在之前的书信中，方苏雅经常提到感冒和短暂性头晕，其实这些病痛都是他在亚洲就患上的疾病的各种后遗症。不到两个月，方苏雅和艾莲娜认定彼此已经有了足够多的共同点来组建一个家庭[2]。8月23日，他们在巴黎十六区[3]举办了婚礼。婚礼的豪华程度大大超出了方苏雅希望从简的本意。

1. 纺织业的大实业家，同时也是法兰西银行董事。
2. 方苏雅夫妇的婚姻协议书存放在兰克斯特和谷克多［作家、编剧让·谷克多（1889—1963）的父亲］家中。
3. 在圣奥诺戴乐教堂。

* * *

方苏雅夫妇一开始住在布列塔尼的彭穆尔德。这处住所是他们于1907年买下的[1]。为了让艾莲娜住得更加舒服,方苏雅自己动手重新修整了房屋。从不热衷于社交的方苏雅十分享受在布列塔尼的简单生活。但对他的夫人艾莲娜来说,社交生活是必不可少的,即便一开始她并没有表现出这种狂热。从9月起,她就一直催促方苏雅在巴黎买一间落脚的房子。不久之后,他们在巴黎龙骧大街买下了一套公寓,之后艾莲娜就开始频繁地往返巴黎和布列塔尼。

就在这段时期,方苏雅瞒着艾莲娜继续与法国外交部抗争,以期得到对他的权利的承认。随着他的收入越来越有限,方苏雅不得不再次写信给外交部:"你们带给我的不公平待遇已经影响到我的家人和我本人,像这样下去我无法再继续保持冷静。"除去没有按领事职衔补发的工资外,方苏雅在中国任职期间还损失了60 000法郎[2],另外也迟迟没有收到外交部给他报销的返法旅费[3]。养家的重任促使方苏雅不得不继续抗争以求扭转局势。

法国外交部一直没有给方苏雅一个满意的答复。方苏雅无奈地写道:"外交部长明确否决了追认我的职务任命,我知道这是由于你们不想公开法国在云南活动的内幕,不想为德尔卡塞的错误买单。

1. 此前方苏雅都是租房住。
2. 这一损失是一个公证员挪用公款造成的。
3. 总费用为10 000法郎,法国外交部只给他报销了4 000法郎。

对于布尔热瓦先生来说，这可能是件棘手的事情。”方苏雅无法接受他的职业生涯就这样稀里糊涂地“宣告结束”。他要求法国外交部给予合理的补偿，否则他将求助调查委员会。同时他要求法国外交部给予他“名誉全权公使”的头衔——一个简单的名誉上的晋升[1]。他苦涩地说：“我担任名誉总领事六年多，你们没有理由拒绝给我这个形式上的晋升。”屡遭这一系列卑鄙行为伤害的方苏雅显露出疲态。他向外交部人事处处长倾诉：“亲爱的朋友，我遭受被抹杀以往资历的不公待遇而又被百般刁难，不能讨回公道，您是否能理解这种痛苦和悲伤？这件事情从物质上和道义上都说不过去。这是我第一次向你们提出请求。我被逼无奈，有苦难言。”年末，为了安抚这位前铁路代表，外交部交给方苏雅一份差事：鉴于方苏雅的能力，他们委派给他一项研究跨比利牛斯山铁路网[2]的使命，并以此为名向他发放1 000法郎的报酬，以使他在接下来的几个月内配合地办理好退休手续[3]。

1908年至1909年，方苏雅夫妇在地中海沿岸国家进行了长途旅行。他们游历了突尼斯、埃及、巴勒斯坦、土耳其和耶路撒冷。1910年，他们离开布列塔尼，迁居到白尼涅的加勒尼城堡[4]。这个新家明显比之前布列塔尼的住宅更上档次，更加符合艾莲娜的胃口。对方苏雅来说，他看重的是这栋房子的位置：离附近的小镇不远，既相对安静又有一个树木繁茂的花园。对住处的选择如实地反映了

1. 在他的墓碑上刻有这样的头衔（可能是他的夫人为了保持他所珍视的名誉而授意雕刻的）。
2. 研究新铁路线启用后对经济和运输量产生的影响。
3. 方苏雅坚持要求外交部提高他的退休工资。
4. 在法国大西洋卢瓦尔省。

方苏雅的个性和为人处事的态度：他的一生一直坚守着我行我素和低调的生活态度。他情愿自由地选择与世人相处的时间和方式。

方苏雅夫妇的所有房间充满了各种亚洲元素和回忆。客厅就是一个浓缩的小中国：地上铺着一张豹纹地毯[1]，一面墙上挂着一幅巨大的书法条幅，一个角落里放置着一套漂亮的日本武士盔甲。艾莲娜在壁炉上方挂了一幅方苏雅担任总领事时期身着盛装的画像。这间房里还摆放了许多他们从游历过的地方带回的物件和小玩意儿，营造出一种异国情调和怀旧气氛。然而这幢屋子也不乏欢乐的气氛。他们经常邀请家人和朋友做客，家里十分热闹，侄儿和侄女们更是常客。艾莲娜十分好客，也不乏幽默感，对家人慷慨大方。也许是受家族衰落的深刻影响，她十分看重礼节、殷勤待客、爱面子。艾莲娜注重中产阶级的生活排场和规矩，她似乎仍旧怀念帝国时期的贵族习俗。在马尔芒家族中，亲戚们都很尊重方苏雅的意见。如果说艾莲娜的长处是机智和有判断力，方苏雅则被公认为有阅历、睿智和沉稳。方苏雅经常为他们出谋划策，甚至调解纠纷[2]。他喜欢岳母家的人并与他们常来往，但是每况愈下的健康状况使他对纷至沓来的访客感到厌倦。

日子一天天过去，方苏雅夫妇的爱情也慢慢转淡为友情。不同的兴趣爱好使两人之间产生了距离。方苏雅关心政治和国际问题，喜好在家修修弄弄和进行些小发明，乐于用各种精巧的设施“装备”

1. 或许是他猎到的那只豹子的皮毛。

2. 正如他职业生涯时期的行为，面对那些他所认定的与原则相悖的事情，方苏雅总是清楚地让别人知道他的不满。这些原则成为他个人的行为准则。

自己家以方便日常生活。相反，艾莲娜对静下心来过日子没有任何概念。她喜欢发号施令，热衷于维护她的社交圈子，并为之投入了大量时间和精力。她甚至用一个小本子记录她的社交活动。虽然艾莲娜崇拜方苏雅，但是她对丈夫过去的职业经历没有一丝好奇。

方苏雅夫妇没有生育孩子。这种选择的理由一直是个谜。也许方苏雅认为没有精力去履行父亲的职责。但是他喜欢孩子，甚至在云南任职期间还收养了一个小仆人。艾莲娜可能对做母亲提不起任何兴趣。或许因为这对夫妻表面亲密、实际已疏远的关系导致他们最终没有要孩子。除了他们的结婚照和一张夫妻双人的戏仿素描画外，他们很少在一起拍摄照片。这在当时是很奇怪的事[1]。他们似乎不想拍摄当时流行的刻板的夫妻照来塑造外人眼中的夫妻形象。

在白尼涅孤独的日子里，方苏雅与他的司机兼勤杂工皮埃尔·鲁索成了好朋友。鲁索信教，方苏雅十分欣赏他的直率、机敏，以及栽培技术和园林设计方面的能力。他们趣味相投，一起为住宅安装设施[2]，一起管理家务，一起维护家中的花园。对于前领事来说，他与鲁索的默契似乎填补了早年与约瑟夫·博韦建立的友情。

中国情结

回到法国后，方苏雅对中国的热情从未减退。为了保持对中国

---

1. 特别是对于守旧的艾莲娜来说。

2. 一个菜园浇灌系统；一个远距离查看信件是否送到的装置；等等。

的关注，他与考古学家、探险家，同时也是敦煌石窟研究专家的保罗·伯希和(Paul Pelliot)[1]保持着长期的书信往来。尤其是通过保罗·德斯图尔奈勒·德·贡斯当的来信，他持续地了解着来自中国的新闻和法国议会有关中国事务的讨论。

此外，方苏雅至少两次，分别在1906年和1907年，表示出重回中国任职的意愿。他首先向鲍渥抛出橄榄枝，表示如果印度支那政府需要，他可以到中国完成绘制云南地图的研究。鲍渥总督给予方苏雅肯定的答复，于是他开始计划重返云南府续职。艾莲娜似乎也同意和他一起去中国。因此方苏雅计划在云南待一段时间。他写道："我至少要绘制117幅地图，还要尽可能地提供各类信息，这项工作将相当漫长。"然而，由于身份引发的行政管理方面的麻烦，他的中国之行最终流产了。根据《权威》报上一篇文章的说法，政府打算用杜美替换鲍渥在印度支那的职位，因而方苏雅的提议被否定同样与此有关联[2]。

另一次，方苏雅向外交部建议利用他的经验来加强对滇越铁路的管理。他甚至准备接受一个非正式的任命[3]。"我有能力，"他写道，"把分散在蒙自和云南府之间的铁路事务集中起来管理。目前两地没有联系。"他还说："只要你们为我提供一笔旅费，够我缴纳退休金，我就同意接受这项使命。这个要求大概印度支那政府能够做到。"然而他的努力一直没有结果。

1. 保罗·伯希和(1878—1945)。
2. 根据这份报纸的说法，大概杜美拒绝考虑与方苏雅和解。
3. 他可能仅仅获得法国外交部驻云南代表的头衔。

无尽的孤独

对于方苏雅来说，离开二十多年的中国只是一个遥远的回忆。他经常病卧在床。在身体上，他饱受疾病的折磨；在精神上，他衰弱不堪。他知道自己大限将至，但仍然只能看着自己的正直和真诚任由他人践踏。然而他就是在那样的精神熏陶下成长起来的。鲍渥已经去世，比利与他保持距离。在政治上，人们警惕地将他隔离开；在经济上，他向外交部提出的补偿诉求也始终被束之高阁。在给外交部的信中方苏雅写道："唉，我知道［……］我的这种情况不在既定的规章制度考虑之内，但我受到极大伤害且没有任何法律可以保护我。［……］所以我只能一次次向你们申诉我所遭受的不公待遇。"然而厄运始终对他穷追不舍：第一次世界大战后法国多次修改了退休金法，因而他的待遇也随之缩水。1930年3月，他的退休金为13 765法郎。至此，他希望享受总领事退休待遇的美好愿望宣告破灭。[1]

出身卑微的方苏雅几乎没有什么财产。1914至1918年间，他把自己唯一的银行存款作为战争捐款捐献给国家。"我把我所有可以动用的现金都捐献给了国家。这样一来，我赖以生存的财产减少了五

1. 这里需要补充说明一下方苏雅的旧相识安托尼·科洛布科夫斯基（见"初出茅庐"一节）在这件事情中的作用。安托尼·科洛布科夫斯基于1908年开始在印度支那任总督，1910年回到法国。自1880年以来，即保罗·贝尔时期，他用多年的时间酝酿了一场对方苏雅的报复行动。他将一本记录方苏雅在印度支那履职的档案毁尸灭迹。此外，以前被方苏雅称为安托尼的"死党"的吕斯成为鲍渥的内阁成员。政治上遭到排斥的云南府前领事没有力量与他们抗衡。

分之四。这笔捐款大约至少相当于国家给我的退休金。战争期间，我的退休金缩减了一半，而法国公务员的工资则至少以五的系数上涨。”他苦涩地写道，“我已经七十三岁了，拖着越来越疼痛的残疾之躯。这些病都是在中国履职期间患上的。而国家的退休金不够支付我的治疗和器械的医护费用。”至此，奥赛码头已经把他看作废人。

在生命的最后五年里，由于健康状况急剧恶化，他受到了法国高层的一些关注。在他最后的政治支持者的帮助下，特别是在雷蒙·波昂卡赫 (Raymond Poincaré) 的活动下，法国总统同意向他发放一笔特殊补助金，但是仍未同意向他支付固定的补助，以防开了先例。

在他的雇员和邻居眼中，方苏雅是一个坚强的人。尽管他两颊凹陷，拄着拐杖步履蹒跚，在他们心中，他仍然是前法国驻云南总领事、法国驻云南全权公使，依然是上了《名流》杂志头版的人。每当方苏雅夫妇周末去教堂做礼拜时，遇到他的人不禁都会对他肃然起敬。方苏雅在外人面前把自己包裹成一块坚硬的岩石，但这块岩石已经裂开了。孤独和绝望压得他喘不过气来。艾莲娜经常和她的朋友们厮混在一起，方苏雅只好与忠实的皮埃尔·鲁索为伴。他也曾尝试提笔记录下在中国的日子，却又渐渐对此失去了兴趣。这项工作只能由他的朋友和妻子去完成。但是德斯图尔奈勒在1924年去世了，约瑟夫·博韦在随后那年也撒手人寰。艾莲娜经常离开他们位于白尼涅的家。此外他的名声和影响已消失，他也知道别人不再对他感兴趣了。如果要写的话，有何用呢？给谁看呢？完成这项工作需要的精力，再次面对和回忆不公平的过去需要的精神力量，凡此种种都使方苏雅感到力不从心。如果方苏雅感到自己仍受爱戴，他也许会振作精神提笔。但是现在人们只不过是对他过去的荣誉心存敬意，对他的性格力量予以肯定。这不足以赋予方苏雅勇气去面对往日的梦魇，描述人性的卑劣，驱散命运的阴霾。

1935年的夏天，方苏雅预感到疾病将夺走他的生命。艾莲娜已经在巴黎住了三个月。她去那里参加亲友的葬礼，并留下来帮助朋友筹备婚礼。

7月4日那天，方苏雅的脸色苍白得吓人，他睁大双眼最后一次打量这个世界。往事一幕幕从他眼前掠过：1900年6月10日的那个晚上、他的父母、苏元春、南溪河、下龙湾、云南的红土地、河内的官邸、博韦、杜美……皮埃尔·鲁索陪伴在方苏雅的身旁直至他咽下最后一口气，最后为他抹下眼睑。

几乎整个白尼涅镇的居民都来到城市公墓参加方苏雅的葬礼。这位前法国驻云南府领事沉睡在公墓中央小路尽头的一处墓地，这是艾莲娜为他争取到的荣誉之位。他的墓碑上刻着这样一句话："我等待主的佑护，主将拯救有正直心的人。"[1]

---

1. 可以推测，方苏雅生前就选择了这句格言，因为这句话印证了他的内心世界。可能在他谢世前不久就委托皮埃尔·鲁索将这句话刻在了他的墓碑上。这句话也可以被认为是来自他对中国文化的认知和感悟。他于1899年在云南有幸读到过一段有预兆性的中国箴言："习古训颇有裨益。如此可自省吾身。守德遵规，循礼行善，谨言慎行，乃觉醒而自主其行。德高且明智者唯正身直行为戒！"

后 记

命运多舛的铁路

无论从哪一方面看，这条全长约465公里[1]、连接老街和昆明的铁路都是一个不同寻常的壮举。如同安第斯山脉铁路、喜马拉雅山脉铁路和近期的青藏铁路，滇越铁路无疑也是一条历尽艰难险阻建造而成的铁路。在完成了这条铁路最艰难路段的计划落实工作后，方苏雅离开了云南，没能亲眼看到中国段铁路的铺轨。继越南海防至老街段铁路竣工后，云南铁路于1906年初开工。同年3月，鲍渥第一次赴工地现场，但是很久之后他才得以亲眼看见这条倾注了方苏雅心血的铁路。同样，为铁路呕心沥血的有36 000多名工人，外加10 000至15 000名后勤和运输人员。

1. 确切长度为464.470公里（官方数据）。

滇越铁路中国段的工程充满了事故和意外。1906年4月的整个雨季，工人们都在疲于应付路段出现的数次滑坡。不幸的是随之而来的瘟疫光顾了老街。法国铁路建筑公司十分担心来自南溪的18 000名苦力会染上疾病，所幸他们中的大部分人都与死神擦肩而过[1]。

1907年6月27日，一列运送给养的火车压垮了一段挡土墙，呼啸的机车伴随着隘谷的回声坠落。之后不到一年，一段铁道旁的山体滑坡将路基卷下200米的山谷[2]。事后，经铁路工程师评估得出结论：完成这段夹在峭壁间的铁路加固工程至少需要20年。20年！差不多一代人的间隔时间！各种数量级的列车拥挤在铁路线上，意外情况频频发生。由于当初低估了岩石的压力，连最坚固的木质支撑的构架也无济于事。1908年的政治动乱导致苦力们离开工地；1909年的一次地震再次造成了严重的破坏。

滇越铁路的人字桥（111里程标处）和花边桥（83里程标处）两座铁路桥可以说是铁路史上技术和人力的壮举，至今仍然是令人肃然起敬的历史性建筑物。

第一座桥归功于保罗·波登（Paul Bodin）[3]，他是巴底纽勒建筑公司[4]的管理人员兼工程师，同时也是法国威敖（Viaur）铁路高架桥[5]

1. 最终只有两人死亡。但是霍乱造成了35名苦力死亡。
2. 这段铁路在5个半月后修复。
3. 保罗·波登（1848—1926）。
4. 斯皮—巴底纽勒建筑公司的前身。
5. 位于塔尔纳省和阿韦龙省交界处，是卡尔莫—洪戴铁路上最为精巧的建筑。这座桥1902年启用，1984年被评为历史遗迹。

的设计者。人字桥是一座连接悬崖两边打通的岩石隧道的人字形大桥[1]，两端由两个三角形梁柱支撑，桥身距谷底100米，桥下激流奔腾。梁柱下的拱基石由重达650多公斤的花岗岩构成，这些花岗岩都是靠工人用肩膀搬运的。建桥所用的铁链长达335米，由于不能原地起吊，只有动用200多名工人将每条铁链经辅助便道运送至工地。在20世纪初的技术条件下完成这项工程就如同希腊神话中大力神赫拉克勒斯创造的伟业。人字桥于1908年3月11日正式开工，其人字拱架于7月16日晨完成衔接，桥面于11月29日完成铺设。

花边桥是一座高架长桥，桥身由8个拱形金属塔楼和精致的横梁[2]支撑。它的精巧细致使人不禁联想到蕾丝花边，因此而得名。花边桥位于战略要地，很容易被发现，曾在1941年遭日军飞机轰炸而毁。随后它被重修为一座有8个桥墩的砖石桥，其魅力部分丧失。尽管如此，如同人字桥一样，花边桥如今仍像被珍藏的瑰宝，以她如诗如画的美景受人称道。

滇越铁路于1909年1月13日连通蒙自，1910年1月30日连通昆明。米轨铺设的最快纪录是63天铺设92公里。铁路全段共计有107座重要的高架桥，155条隧道，平均约130米就有一个桥隧工程[3]。

1910年3月1日，人们为滇越铁路全线竣工举行通车典礼。一场盛大的庆祝宴会在云南府火车站机车库内举行（由于没有其他的

---

1. 因此被中国人起名为“人字桥”。
2. 类似法国埃菲尔铁塔的建筑结构。
3. 该术语指铁路沿线加固或配接交通道路的整个建筑体系（桥、支撑墙体、高架桥、隧道等）。

接待大厅）。维塔利伯爵代表法国铁路公司致辞道："滇越铁路是在所有人的不辞劳苦和坚忍不拔的努力下建成的。它将为法国带来特殊的重大利益。总之，它体现了深远的国家利益和民族荣誉。"对于那些了解滇越铁路历史的人来说，维塔利所说的"荣誉"的确是一个耐人寻味的词语[1]。

* * *

滇越铁路不仅在工程建造上事故频发，在财政预算上也几经波折。

吉约莫多计划起初估算造价为7 000万法郎，随后不断攀升，先涨到9 500万法郎，后来涨到1亿零100万法郎的承包价。1906年4月，这个价格又再次上涨。法国政府颁布了一项法律，允许殖民部继续建造滇越铁路。但是法国云南铁路公司要求重新审议铁路的特许权协议。一个跨部联合委员会被指定来调查铁路公司不满的理由，并派遣了一个小组到云南审查该公司的管理情况。法国政府高层似乎一度也考虑过转向策略，但是在云南铁路诱人的经济和政治利益的驱使下很快就放弃了这种考虑。

1907年2月15日，法国政府与云南铁路公司签订了一个协议。按照1907年3月30日通过的法律条文，政府下令继续修建滇越铁路，并成立一个仲裁委员会。一份法国官方报告不容置疑地宣称：

1. 法国铁路公司的资料只是用被动态提及方苏雅在滇越铁路修建中起到的关键作用，但从未提及他的名字。

“云南铁路在政治上的特殊地位迫使法国政府同意做出让步。”换句话说，就是不惜一切代价，即便损害法国纳税人的利益，也必须实现铁路计划。

1908年4月13日，仲裁委员会做出了裁决：滇越铁路的总预算为158 466 888法郎，其中法国铁路公司承担25 419 403法郎，印度支那政府承担133 047 485法郎。这个预算相当于铁路公司之前投资预算的两倍。

1908年5月14日，由于不满仲裁委员会做出的预算决定[1]，铁路建筑公司提出友好协商清算的提议。这样铁路公司必须依靠铁路建设公司招聘的人员来完成铁路建设。铁路建筑公司明确拒绝反省自身的问题，将增加预算的要求归因于“无法预见的因素”。铁路建筑公司叫苦道：“我们发现法国政府给我们的预算是一个骗局；在滇越铁路的建造过程中我们公司遭遇了无数复杂和难以想象的困难，这些困难有些是自然灾害，有些是人为因素；公司可能要在遥远的将来才能收回投资。无论在什么情况下，我们一直在为法国政府的扩张和影响有效工作，不断努力为法国政府巩固其与周边利益相关的邻国的友好关系。”最后铁路公司找到一个摆脱困境的办法，即借贷1 050万法郎[2]，同样印度支那政府也借贷5 300万法郎（75年还清）。

总而言之，滇越铁路的总造价最终为163 750 000万法郎。根

1. 以桥隧工程数量、单价与“实际需要”对比得出的结论。
2. 在1909年。

据每公里造价计算，滇越铁路在当时创造了新纪录：354 881法郎/公里，远远超过上海—南京铁路（233 600法郎/公里），北京—武汉铁路（156 400法郎/公里），以及北京—沈阳铁路（125 000法郎/公里）。如同方苏雅的预见一样，印度支那铁路网的收益最终只够弥补中国段的赤字。

清政府被推翻后[1]，为了保护滇越铁路的安全，印度支那云南铁路公司不得不与军阀势力接触与合作。1913年，滇越铁路共运送旅客200万人次，其中95%是乘坐四等车厢的中国旅客。印度支那云南铁路公司的收益几乎都用来偿还它沉重的债务了，以至于连修建铁路的设备和材料费用都没有还清。1920年是滇越铁路经营最为红火的一年，但当年铁路公司发放的红利仅为印度支那银行红利的三分之一或四分之一。1926年，印度支那政府拒绝资助滇越铁路的电气化改造。随后，为保障铁路运输量不断攀升的需求，法国政府不得不分担购买新的机车和列车车厢的费用。

总之，老街—云南府铁路远没有起到“有效地为法国的势力范围扩张服务”的作用，到后期主要运输的是武器和鸦片。可笑的是，这条铁路后来还充当了越南独立同盟会运输对法作战的武器装备的通道，为1945年越南独立同盟会在奠边府战役[2]重创法国军队作出了贡献。这真是名副其实的历史的嘲讽[3]，这让打着国家荣誉的旗号策划修建这条铁路的人情何以堪！

---

1. 1911年。
2. 印证了方苏雅的预言：“滇越铁路有可能成为一条我们出钱修建的向法属印度支那地区输送敌人的铁路。”
3. “远亲不如近邻，邻居就应该互相帮助！”2007年一位中国朋友对笔者说道。

方苏雅的旧交

约瑟夫·博韦

约瑟夫·博韦曾是方苏雅的左膀右臂，出任过法国驻广州领事。法国外交部承认他的能力以及他对中国文化的深刻了解，但是认为他的性格过于内向，故没有委以更高的职务。约瑟夫·博韦以其在1900年法国驻云南领事馆被包围期间的出色表现，获得了法国荣誉军团勋位骑士勋章，随后在1924年1月又获得法国荣誉勋位。他一生未婚，于1922年在河内收养了一个名叫珍妮的女孩。他与方苏雅一直保持着书信往来，仅在第一次世界大战期间中断过联系。从约瑟夫·博韦给方苏雅写的书信中可以看出他对方苏雅的尊敬和爱戴。在1921年给方苏雅的一封信中他写道："您说的对，我们俩在一起共事的八年时光已经深深地印刻在我的记忆中，无法抹去。"在博韦生命最后那段日子里，与方苏雅一样，他饱受疾病的折磨。由于患有贫血症，博韦的视力减退，几乎看不见东西，眩晕也常常发作[1]。从1923年6月起，博韦告假待在法国本土，两年后去世。

保罗·杜美

保罗·杜美于1931年5月13日成为法国第13任总统。任职不

1. 他的右脚由于肌肉严重病变而萎缩。

到一年，于1932年5月6日在巴黎遭人暗杀。凶手名为保罗·戈尔古洛夫(Paul Gorgulov)，暗杀动机至今不明。被害后，保罗·杜美获得了法国民众明显的同情，以至于为他以往的声誉增添了砝码。人们没有忘记：他曾任法国财政部长，倡导实行法国的个人所得税；他也是印度支那政府机构的改革者。但是保罗·杜美专断独行的恺撒式作风，以及不惜挑起中、法、英三方战争来吞并中国与印度支那邻近各省的野心却鲜为人知。

鲍渥

鲍渥的仕途道路十分平坦。在任法属印度支那总督期满后，他被任命为法国驻布鲁塞尔全权公使特派员[1]。之后，他于1911年被任命为法国驻瑞士大使。第一次世界大战期间，他不得不离任，之后被调至奥地利任职。他曾在1915年给法国外交部的信中说："战争夺走了我在奥地利的职位、6 000法郎的年薪和温暖明亮的公务住宅。那栋建筑有8间屋子和16扇临街窗户，对面没有遮挡物，是欣赏卡罗索河的绝佳位置。但是现在那里只能看到战争的场面！这就是我所失去的。"鲍渥于1918年退休，他的退休金明显要比他的朋友方苏雅高出许多。1926年，他在巴黎去世。

罗贝尔·德·比利

在圆满完成了阿尔赫西拉斯国际会议的工作后[2]，1907年，罗贝

1. 鲍渥很看重自己的名誉，在法国政府授予他头等荣誉勋位勋章后，他才同意出任该职务。
2. 在会议期间他负责媒体关系。

尔·德·比利被任命为法国驻索非亚大使一等秘书，之后，担任法国驻罗马大使馆秘书。1917年，他相继担任法国驻索诺尼卡政府外交代表、驻克基拉岛公使和驻雅典公使。再后来，他又在罗马和贝尔格莱德任职，随后被任命为法国驻罗马尼亚王国特使兼全权公使。他任职的最后一个城市是日本东京[1]。罗贝尔·德·比利于1929年12月退休。

苏元春

苏元春与法国人的友好关系和他对法国人的信任使他付出了沉重的代价。方苏雅在给法国外交部的信中写道："我们不光彩地连累了一个曾经帮助过我们的人。我们的轻率让他遭到了报复，使其处于危险的境地。"方苏雅还在信中说道："我对他的记忆将永远不会被抹去。"苏元春的命运是悲剧性的。在失去清政府的宠信后，他被流放到中国东突厥斯坦[2]。那个时代对苏元春并不宽容。他在1904年7月17日的信中写道："如今我被戴罪流放［……］，等待我的是万里[3]跋涉和无尽的苦难。我不能去，恐怕我将在途中饿死。"由于与法属印度支那政府的关系过于亲近（换句话说就是亲法），1907年苏元春被判叛国罪。事实上法国人利用了这位有个性的人，然后抛弃了他。

1912年，布里叟（Brissaud）少校[4]指责鲍渥不体面地利用了苏元

1. 1926—1929年。
2. 新疆塔里木盆地。——译注
3. 形容难以想象的遥远。
4. 印度支那政府军事参谋部的官员。

春，所以应该为苏元春的悲剧命运负责[1]。布里叟还强调："苏元春在广西任职的十年里，法国从未兑现曾不止一次给他许下的承诺，他从未从我们这里获得过物质和荣誉的回报。他所得到的只是不幸和毁灭。"苏元春于1908年去世。

王鸿图

作为云南首富的杰出银行家，王鸿图经常帮助法国人，并于1900年为此承担了后果。虽然方苏雅极力推荐王鸿图，但是无论法国政府还是印度支那政府都从未给他颁发过勋章。王鸿图于1904年去世。

宋嘉铭

1908年，宋嘉铭完成了他在印度支那云南铁路公司的工作。根据当初与维塔利伯爵签下的合同，他希望重回法国外交部。然而他重回外交部的计划却因所谓的行政困难而一再搁浅。宋嘉铭与方苏雅一样都错在轻信了别人的空头支票。他在信中向法国外交部长抱怨道："我从来没有拿到过这种承诺的书面材料[2]，你们的拖延和言而无信愚弄了我。"他还曾以闹到法国行政法院来威胁法国外交部，但是依然无功而返。按照合同规定，铁路公司应向宋嘉铭发放工资，直到他完全回到法国外交部。但是该公司后来以失信为名起诉了宋嘉铭，使他丧失了所有权利。

---

1. 鲍渥明明知道苏元春不应该承担叛国的罪名，却从未在任何时候出面帮他说话。
2. 保留他的一切权利直至他重新回到法国外交部工作。

宋嘉铭在与法国外交部和铁路公司的周旋中被弄得虚弱不堪，六岁养子雷内[1]的死亡成为打垮他的最后一击。他写道："养子是我人生中唯一的希望，然而我刚刚却失去了他。我从来不是一个拥有远大志向的人，现在就更无所谓了。物是人非，我已心灰意冷。"

勒迪克

勒迪克于1904年担任法国驻云南总领事。和他的前任一样，勒迪克也面临来自印度支那政府的压力和操纵的企图。印度支那政府当时重新启动了"策反穆斯林"政策，并开展了一系列活动。这一政策的执行在今天看来是十分可笑的。鲍渥计划以保卫滇越铁路为由，使部分云南穆斯林归顺法国。总督希望随后[2]引发一场遍及整个云南的穆斯林亲法运动。

1904年8月，印度支那总督采纳了其内阁政策办公室主任夏尔—厄德·博南的提议，同意派遣三个穆斯林士官到蒙自警察部队保卫铁路工地，同时将此事通知了勒迪克。新领事还得知，印度支那政府出于同样的目的，先行派遣了一名从黎巴嫩贝鲁特医学院毕业的叙利亚医生到铁路建筑公司工作。不过这名穆斯林医生没有印度支那政府的官方任命。总之，这又是一次类似库尔泰勒蒙的使命。但这次行动的目的是企图通过穆斯林精英来影响整个云南的穆斯林民众。

1. 生于1907年。
2. 根据法国驻北京公使团的说法，鲍渥的最低目标是在越南东京和云南之间建立一个穆斯林缓冲区。

这三个来自阿尔及利亚卡比利亚地区的穆斯林官员从法国马赛港出发来到云南。他们是穆罕默德·布拉希米·德贾鲁，拉格·阿玛拉·邦克里以及塔哈·德贾法。印度支那政府看中了他们的能力和所谓的影响力：这三人曾分别在法国某市政府担任秘书或从事律师工作。政府承诺支付给每人3 000法郎的工资。当时媒体发问："鲍渥先生把三个穆斯林官员分派到河口、蒙自和云南府工作。这样一来，每个法国领事馆都将有一个阿拉伯人。但是他们被这样分散开来，能做成什么事呢？"

印度支那政府的指令几乎是异想天开的。要"融入欧洲同事的群体"，这三个阿拉伯人"必须小心地隐瞒宗教信仰以免引起注意，他们只能对穆斯林信徒逐渐透露他们的身份"。即便在云南这样一个多民族地区，这三个卡比尔人[1]也很难不引起中国人的注意……

1904年12月，德尔卡塞向法国殖民部长提起勒迪克在获悉有三个穆斯林官员来云南这一消息时的吃惊态度。因为在滇越铁路蒙自至河口段没有任何一个穆斯林聚居地。德尔卡塞还说："当地信仰其他宗教的居民并不买他们的账；欧洲人也不把他们当作法国人看待。"因此他们一方面引起了中国人的注意，另一方面难以"融入"欧洲同事群体，出于种族主义立场，欧洲人也不会对他们一视同仁。这样荒唐的策略简直令人无语。

这一尝试最终以失败告终。这三人非但对交给他们的任务根本不理解，反而经常无事生非，最后简直令人无法忍受。结果他们

1. 指居住在阿尔及利亚的柏柏尔人。——译注

被迅速遣返回国。然而面对这样失败的结局，夏尔—厄德·博南却总结道："有些人不知道该如何，或者根本就不想让这一尝试获得成功，所以不能说我的想法是行不通的。"他还主张通过另外一种方式继续走这条路。即"送一些中国官员的儿子到河内去受教育，利用法国刚刚在那里建立的名叫巴约德的学校，将其中的一些穆斯林教育成亲法人士，以便通过他们向云南的穆斯林宣传法国；在河内或者海防建清真寺；拉拢杜文秀（1850—1870年云南回民起义的首领）逃亡在缅甸的儿子；再者，通过法国驻上海的代表向穆斯林团体成员直接发放认购债券"。由此可见"杜美主义"在当时的印度支那依然存在。

光若翰神父

光若翰神父的传教士生涯持续了50年，其间他在中国生活了35年。他编写了第一部倮倮语词典。为表彰他对法国的贡献，法国政府在1913年授予了他法国荣誉勋位骑士勋章，后来法国殖民部授予了他更高级别的勋章[1]。法国地理公司还制作了印有他头像的纪念章。

1916年，梵蒂冈教廷将光若翰神父调至广东担任主教。那时约瑟夫·博韦也在广东任总领事。之后他连续两次当选为巴黎对外传教会会长，任职时间长达14年。1935年光若翰神父在巴黎去世。他曾如此评价中国人："这个民族是我见过最和谐、最勤劳、最崇尚

1. 在1932年。

和平、最善良和最有生命力的民族。总而言之，我确信他们是最好的民族。这个民族在未来的世界将扮演什么样的角色是个未知数，但我相信将是了不起的角色。”

方苏雅给我们留下的遗产

在思索这位前法国驻中国龙州领事和驻云南府领事究竟给我们留下了什么的同时，我们不禁要问：在同样的情况下，如果换一个人，历史会变成什么样子？

方苏雅承担了一项十分艰巨的使命。他成功地完成了这项使命。如果没有他，老街至云南府的铁路将无法实现。这条铁路的修建计划经常面临失败的危机。然而每当紧急关头，方苏雅总能凭借坚忍不拔的精神和坚守法规的意志使计划重回正轨。虽然他打乱了法国外交部和印度支那云南铁路公司的常规做法，但他是与中国当局对话必不可少的关键人物。在那个时代，很少有人能像他那样摒弃偏见、尊重事实、坚持真理，反对无稽的空想，不曲意逢迎殖民党和达官显贵，对黑金政治嗤之以鼻。中国《孙子兵法》有云：“知己知彼，百战不殆。”用这条兵法描述方苏雅很合适，他已经身体力行。

作为一个普通的领事，他敢于独自对抗印度支那总督，反对印度支那政府几次试图吞并云南的行动。如果没有他，法国很可能会陷入与中国及英国的战争，而法方明显处于弱势。这样后果将不堪设想。他敢于理直气壮地说出他认为正确的话，不惜顶撞所谓的权威人士和政府的部长们，甚至是共和国总统。试问有几个人能做到或敢于这样做？正如希腊神话中的安提戈涅，方苏雅属于那类坚持原则、敢于说不的人。他的经历告诉我们：尊重别人才是开启合作之门的钥匙；有时凭借个人的力量也可能改变局势。他保持谨慎、坚守道德并自主地维护道德，因而做到了别人不可能做到的事情。他把个人的道德观贯彻到实际行动当中去，在为国家工作时尤其如此。这靠的不仅仅是勇气，更是一种内在的信念。

方苏雅所遭受的排挤令人思考法国殖民行动在亚洲的特性，试问大众对这段历史了解多少？在法兰西殖民帝国的"珍珠"——印度支那模式的埃皮纳勒[1]的形象后面，到底隐藏着什么呢？恐怕只是维系法兰西强国之梦的最后一个庇护所吧。总之，是揭开围绕法国第三共和国在远东地区的外交政策的内幕的时候了。希望本书及其网站[2]能对研究这段历史有所助益。

---

1. 法国孚日省省会。——译注
2. [www.augustefrancois.com]。

作者鸣谢

感谢对本书出版给予帮助的：

新世界出版社。

特别感谢我的出版人亚尼克·德艾(Yannick Dehée)，感谢他理解方苏雅的经历所涉及的问题的重要性。

特别感谢方苏雅协会，尤其是布鲁诺·赛杜(Bruno Seydoux)先生，方苏雅的小侄子，感谢他对本书出版给予的大力支持和为本书提供的照片。

此外，还要衷心感谢以下人士：

Barbier Guy，巴黎矿业学校图书管理员。感谢他为我推荐那个年代的著作和报告并查找学校馆藏的资料。

Brox Delphine，感谢她对我的接待和向我捐赠的历史书籍。

Depaulis Anne，感谢她对本书初稿所做的评论。

Fieux Agnès，感谢他对本书出版提供的建议。

Ghesquière Jérôme，吉美博物馆图片图像资料管理员，感谢他的热情接待以及对我查阅方苏雅照片资料提供的帮助。

Gramain Nelly，感谢他提供的关于其祖先乔治·弗拉斯涅的资料。

Hélène Pierre-André，1900年博物馆工作人员，感谢她向我提供的有关“美好年代”上流社会生活的宝贵资料。

黄得尤，感谢他在龙州的热情接待和帮助。

Hugot Michel，感谢他为本书历史照片进行数字处理并设计了本书网站。

Jouvenel (de) Christine，已去世，感谢她提供的关于光若翰神父的资料。

Laffon Marine，感谢她对本书初稿给予的建议。

Macouin Francis，吉美博物馆图书管理员，感谢他为我查找方苏雅资料提供的帮助。

Marbotte Pierre，布朗什—奥古斯特·妈尔波特协会成员，感谢他为本书提供的历史照片。

(R. P.) Moussay Gérard，巴黎对外传教会档案室主任，感谢他允许我查看照片库保存的大量图片资料。

Pelosi Pascale，感谢她在法国萨尔特档案馆为我查找资料提供的帮助。

饶培辉及其夫人，感谢他们帮助我联系蒙自的行政部门和朋友以方便我的研究工作。

Sesmaisons (de) François，感谢他为光若翰神父所做的工作和对我的帮助。

田建，昆明历史博物馆工作人员，感谢他为我提供的帮助。

Vachier Lucette，法国海外档案中心印度支那区负责人，感谢她在我查找资料期间提供的帮助。

Van Wijland Claude，感谢他为我提供了大量珍贵的历史资料，并允许我把这些资料写入书中。感谢他的友善和信任。

许儒慧及其夫人，感谢他们帮助我联系其在建水的朋友及艺术家以方便我的研究工作。

殷晓俊，通过他的努力，越来越多的中国人知道了方苏雅。感谢他和他的朋友们为我沿滇越铁路昆明至河口段进行实地考察所提供的帮助。

感谢以下机构的工作人员对我的研究工作提供的帮助和指导：

法国外交部档案处。

吉美亚洲艺术博物馆图书馆。

法国国家图书馆海外档案中心（位于法国艾克斯—普罗旺斯地区）。

巴黎法国海外事务资料处。

巴黎行政资料图书馆。

法国国家官方报纸档案馆。

法国乔治·蓬皮杜国家文化艺术中心图书馆。

萨尔特地区档案馆（勒芒）。

荣纳地区档案馆（奥塞尔）。

中国昆明市档案馆。

感谢设计本书网站 [www.augustefrancois.com] 的：

Michel Hugot。

GREP信息搜索功能：用来定位文件中关键词的搜索引擎。

感谢以下人士在本书研究、创作和出版过程中对我一直以来的支持：

我的朋友、家人，尤其是我的丈夫伊夫（Yves），他们都感染了“方苏雅病毒”。

译者鸣谢

谨此感谢法国历史学者YANN LE THIEIS先生在本书的翻译过程中给予的慷慨帮助和指导。

参考文献

本书的信息来源主要来自前面所提到的官方档案资料。

作为补充，读者可以参考以下文献。

关于方苏雅

Dominique Liabœuf, Jorge Svartzman (dir.), *L'œil du consul, Auguste François en Chine (1896–1904)*, Paris, Editions du Chêne, 1989.

Pierre Seydoux (dir), *Le Mandarin Blanc, Souvenirs d'un consul en Extrême-Orient, 1886–1904*, Paris, L'Harmattan, 2006.

P. Baudis et al., *De la mer de Chine au Tonkin, photographies, 1886–1904*, Paris, Somogy, 1996.

Sophie de Sivry (dir.), *Aventuriers du Monde (1866–1914), Les grands explorateurs français au temps des premiers photographes*, Paris, L'Iconoclaste, 2003, pp. 183–193.

关于历史背景

Paul Doumer, *L'Indo-Chine française,* Souvenir, Paris, Vuibert & Nony,

1905.

P. de la Brosse, *Paul Bert, une des plus grandes énergies françaises*, Hanoi, Imprimerie d'Extrême-Orient, MCMXXV.

J. de Galembert, *Les Administrations et les services publics indo-chinois*, Hanoi, Imprimerie Mac Dinh Tu, 1924.

Indochine française, les services militaires de l'Indo-Chine, Hanoi, Imprimerie d'Extrême-Orient, 1931.

Albert Septans, *Les Commencements de l'Indo-Chine française*, Paris, Challamel aîné, 1887.

Jules Gervais Courtellemont, *Voyage en Indochine*, Paris, La Découverte illustrée, 1985.

Bernadette Chovelon, Bernard Chovelon, *Doudart de Lagrée, marin, diplomate, explorateur*, Grenoble, Presses universitaires de Grenoble, 1997.

Geneviève Salkin, *Le Triple destin de Jules Harmand, médecin, explorateur, diplomate,* Commission française d'histoire maritime, Paris, Économica, 1992.

Jean-Pierre Gomane, *l'Exploration du Mékong, La mission Doudart de Lagrée-Francis Garnier (1866–1868)*, Paris, L'Harmattan, 1994.

Éric Deroo, *La Grande Traversée de l'Afrique, 1896 Gongo-Fachoda-Djibouti 1899*, Paris, LBM-ECPAD, 2010.

Th. Chesnay, François de Boisadam, *l'Avenir du Tonkin à l'Exposition de 1889*, Paris, Hanoi, Villa de l'Avenir, 1889.

Congrès colonial international de paris, 30 juillet au 3 août 1889, Paris, A. Challamel, Librairie algérienne & colonial, 1889.

Robert Dubois, *Le Tonkin en 1900, Exposition universelle de Paris*, Paris, Société française de l'éditions d'art, 1900.

Philippe Levillain, *Boulanger, fossoyeur de la monarchie*, Paris, Flammarion,

1982.

François de Sesmaisons, *Un missionnaire breton en Chine, Jean de Guébriant, évêque de Canton (1916–1920)*, DEA d'histoire, Sou la direction de Jean-Pierre Poussou, Paris, Université Pairs IV Sorbonne, 2001.

关于政治经济

Robert Lee, *France & the exploitation of China (1885–1901), A study in Economic Imperialism*, Oxford, Oxford University Press, 1989.

Nicola Cooper, *France in Indochina, colonial encounters*, Oxford, New York, Berg, 2001.

Stuart Michael Persell, *The French Colonial Lobby, 1889–1938*, Hoover Institution Stanford University California, 1983.

Marc Lagana, *Le Parti colonial français, éléments d'histoire*, Montréal, Presses de l'université du Québec, 1990.

Jean-François Klein, *Ulysse Pila, vice-roi de l'Indochine (1837–1909), un Lyonnais en Extrême-Orient*, Lyon, Édition lyonnaises d'art et d'histoire, 1994.

Bernadette Angleraud, *Catherine Pellisier, Les Dynasties lyonnaises des Morin-Pons aux Mérieux, du XIXe siècle à nos jours*, Paris, Perrin, 2003.

Exposition universelle de 1900, la colonisation lyonnaise, Rapport présenté par le Comité départemental du Rhôme, VIIIe Section, Colonisation, Lyon, A. Rey& Cie, 1900.

Joël Dubos, *André Lebon, un homme d'affaires en république (1859–1938), le patriotisme et l'influence*, Rennes, Presses universitaires de Rennes, 2001.

Marc Meuleau, *Des pionniers en Extrême-Orient: histoire de la Banque de l'Indochine (1875–1975)*, Paris, Fayard, 1990.

关于滇越铁路及其得失

Le Chemin de fer du Yunnan, Compagnie des chemins de fer de l'Indo-Chine et du Yunnan, Société de construction de chemins de fer indo-chinois,

Paris, Imprimerie G. Goury, 1910, 2 tomes.

Fréderic Hulot, *Les Chemins de fer de la France d'Outre-mer, Volume 1, L'Indochine, le Yunnan*, Chanac, La Régordane, Chanac, 1990.

Mamadou Fall, «Les Chemins de fer de l'Indochine: l'acier du rail, l'argent du budget commun, 1887–1930», dans *Revue de l'histoire des chemins de fer* , n°7, automne 1992.

Honoré Lantenois, *Questions minières du Yunnan se rattachant au choix du tracé de chemin de fer Laokay-Mongtse-Yunnansen*, Rapport de mission (5 septembre 1903–5 janvier 1904), Bibliothèque de l'École des mines, 1904.

Albert Auguste Fauvel, «Le Transsinnien et les chemins de fer chinois», dans La *Revue politique & parlementaire*, n°63, 10 septembre 1899.

Monique Lakroum, Marie-Noëlle Polino, *Les Réseaux français d'Outre-mer, Actes de la quatrième journée scientifique de l'Association pour l'histoire des chemins de fer de France, École nationale des pont et chaussées, 15 novembre 1991*, Paris AHICF, 1992.

Pierre Marbotte, *Un chemin de fer au Yunnan, l'aventure d'une famille française en Chine*, St-Cyr-sur-Loire, Alan Sutton, coll. «Témoignages & Récits», 2006.

Joseph Marchisio, *Les Chemins de fer chinois*, Paris, Youfeng, 2005.

关于方苏雅时代的中国

Georges Soulié de Morant, *Tseu-Hi, Impératrice des Boxeurs (1834–1908)*, Paris, Youfeng, 1997.

Danielle Elisseef, *Ci Xi, Impératrice de Chine*, Paris, Perrin, 2008.

Diana Preston, *The Boxer Rebellion, China's war on foreigners, 1900*, Londres, Constable & Robinson, 2002.

Jean Chesnaux, Feiling Davis, Nguyen Nguyet Ho, *Mouvements populaires & société secrète en Chine au XIXe et XXe Siècle,* Paris, François Maspero, 1970.

Jean Chesneaux, *Les sociétés secrètes en Chine, XIXe et XXe siècles*, Paris, Juilliard, coll. «Archives», 1965.

Henri Cordier, *Les Lolos, état actuel de la question*, Paris, E. J. Brill, 1907.

Martin Booth, *Opium, a History*, Londres, Simon & Schuster, 1997.

Chantal Descours-Gatin, *Quand l'opium finançait la colonisation en Indo-Chine*, Paris, L'Harmattan, 1992.

Site internet de l'ouvrage [www.augustefrancois.com] .